35
ANOS

CB003423

o guarda-
-roupa
modernista

o guarda--roupa modernista

o casal tarsila e oswald e a moda

CAROLINA CASARIN

COMPANHIA DAS LETRAS

*Grafia atualizada segundo o Acordo Ortográfico
da Língua Portuguesa de 1990, que entrou em vigor
no Brasil em 2009.*

Capa e projeto gráfico
Raul Loureiro
Foto de capa
Fundo Oswald de Andrade, Centro de Documentação
Cultural Alexandre Eulalio
Preparação
Ana Cecilia Agua de Melo
Revisão
Ana Maria Barbosa
Marise Leal
Índice remissivo
Maria Cláudia Carvalho Mattos

Dados Internacionais de Catalogação na Publicação (CIP)
(Câmara Brasileira do Livro, SP, Brasil)

Casarin, Carolina
    O guarda-roupa modernista : O casal Tarsila e Oswald e a
moda / Carolina Casarin. — 1ª ed. — São Paulo : Companhia das
Letras, 2022.

    ISBN 978-65-5921-259-0

    1. Amaral, Tarsila do, 1886-1973 1. Amaral, Oswald de, 1890-
-1954 3. Aparência pessoal 4. Guarda-roupa 5. Literatura brasileira 6. Modernismo I. Título.

21-88207   CDD-789.81

Índice para catálogo sistemático:
1. Guarda-roupa : modernismo brasileiro : Artes   789.81

Maria Alice Ferreira – Bibliotecária – CRB-8/7964

[2022]
Todos os direitos desta edição reservados à
EDITORA SCHWARCZ S.A.
Rua Bandeira Paulista, 702, cj. 32
04532-002 — São Paulo — SP
Telefone: (11) 3707-3500
www.companhiadasletras.com.br
www.blogdacompanhia.com.br
facebook.com/companhiadasletras
instagram.com/companhiadasletras
twitter.com/cialetras

Ao meu pai, Carlos Henrique,
e à minha amiga Daniela,
que teriam adorado conhecer o guarda-roupa modernista.

Tudo quanto artistas e literatos produziram naquele tempo poderia ter sido melhor, mas a verdade é que não estavam preparados para encarar a vida com o espírito de hoje. A sensibilidade, o caráter e a inteligência também amadurecem, não se podendo nesse caso abstrair o fator tempo. Não se deve nunca sofrer pelo que fizemos nem pelo que deixamos de fazer: o passado é incondicionalmente bom, mesmo com seus sofrimentos, mesmo com suas misérias, porque pode resumir-se nessa coisa preciosa que se chama experiência.

Tarsila do Amaral escreveu no *Diário de S.Paulo* em 6 de setembro de 1942, depois de ler a conferência "O movimento modernista", pronunciada por Mário de Andrade em 30 de abril daquele ano.

sumário

agradecimentos

Este livro é o resultado da minha pesquisa de doutorado, realizada no Programa de Pós-graduação em Artes Visuais da Escola de Belas Artes da Universidade Federal do Rio de Janeiro (UFRJ) e orientada pela professora Maria Cristina Volpi. Agradeço muito especialmente à Maria Cristina, cuja colaboração generosa foi fundamental para a elaboração da tese. Sem o apoio da Capes (Coordenação de Aperfeiçoamento de Pessoal de Nível Superior), que me concedeu bolsas de estudo, não teria sido possível o desenvolvimento da minha pesquisa com profundidade. Além da bolsa regular durante quatro anos, ressalto a importância da bolsa-sanduíche, que permitiu que eu encontrasse documentos inéditos sobre a relação de Tarsila e Oswald com a moda francesa. Tive a oportunidade de permanecer seis meses na França, pesquisando nos museus, nas bibliotecas, nos acervos, nos centros de documentação, em especial os *dépôts de modèles*, os "depósitos de modelos" da alta-costura, guardados nos Arquivos de Paris, fontes importantíssimas para a tese. Agradeço à Sophie Kurkdjian, que me recebeu no seminário Histoire et Mode no Institut d'Histoire du Temps Présent, em Paris, durante o segundo semestre de 2018. E aos professores Maria Lucia Bueno, Ivair Reinaldim, Mara Rúbia Sant'Anna, Marize Malta, Cláudia Oliveira e Maria do Carmo Rainho, que participaram da minha banca de defesa.

A todos que atenciosamente contribuíram para a pesquisa no Arquivo-Museu da Fundação Casa de Rui Barbosa, Rosangela Rangel e Cláudio Vilhena; na Casa Mário de Andrade, Greissy Rezende e Tânia de Freitas; no Instituto de Estudos Brasileiros da Universidade de São Paulo, em particular Caroline Borges, Denise de Almeida, Elisabete Marin Ribas, Flavio Ribeiro e Marcos Antonio de Moraes; no Museu Paulista da USP, Maria da Glória Cruz dos Santos, Teresa Cristina Toledo de Paula, Valesca Henzel Santini e Adilson José de Almeida; no Museu da Imagem e do Som de São Paulo, Maria Augusta, Patricia Lira e Renata Tsuchiya; na Pinacoteca de São Paulo, Eliane Barbosa, Larissa Alves, Cleber Silva Ramos, Diego Silva e Leandro Araújo; no Centro de Documentação Alexandre Eulalio, na Unicamp, Anibal Carvalho e Cristiano Diniz; nos Arquivos de Paris, Dominique Juigné e Jean-Charles Virmaux; no Museu de Artes Decorativas de Paris, Emmanuelle Beuvin e Marie-Hélène Poix; no Museu Palais Galliera, Marie-Laure Gutton, Nathalie Gourseau, Sophie Grossiord, Sylvie Roy e Christian Gros.

Às minhas alunas e aos meus alunos na faculdade Senai CETIQT, pois foi na sala de aula que a ideia da tese surgiu, e às colaborações preciosas de Alessandra Vaccari, Carlos Augusto Calil, Clarissa Marini, Johanna Zanon, Eduardo Jardim, Eucanaã Ferraz, Farid Chenoune, João Dalla Rosa Júnior, Luiz Claudio da Silva e Monica Figueiredo. Agradeço às minhas amigas e aos meus amigos, cuja parceria e cooperação foram essenciais para a realização da tese, e à Luciana Borghi, ao Francisco de Araújo, ao Elcio Nogueira e ao Renato Borghi, pela acolhida em São Paulo.

À Gênese Andrade, pelo incentivo para que a tese fosse publicada, e à equipe de produção da Companhia das Letras, especialmente Alice Sant'Anna e Marina Munhoz, pela edição do livro, e Erica Fujito e Celso Koyama, pelo licenciamento das imagens que compõem o guarda-roupa modernista.

Agradeço à minha mãe, Mayse, a meus irmãos, Carlos Eduardo e Pedro Henrique, à minha família e também ao Eduardo Coelho pela paciência, pela dedicação e pelo amor que me ofereceram durante o período do doutorado e da elaboração do livro.

Por fim, agradeço à presença de Tarsila do Amaral e Oswald de Andrade no mundo. As lembranças são comoventes. Peço licença para fazer delas um meio de reflexão sobre a importância da aparência, das roupas e da moda no modernismo brasileiro.

apresentação

montar o guarda-roupa

As imagens de Tarsila do Amaral e Oswald de Andrade são continuamente exploradas pela história da cultura no Brasil — nas artes plásticas, na literatura, na imprensa — e reverberam há cem anos no imaginário nacional, gerando uma teia discursiva que cobre tanto a produção artística do casal quanto o próprio ato de vestir. À medida que os dois, cada um a seu modo de autorrepresentação, iam construindo sua persona, criaram também uma aparência que colaborou para o fortalecimento e a definição estética do modernismo brasileiro nos anos 1920. Em outras palavras, as roupas contribuíram para o projeto artístico de elaboração de uma estética moderna e nacional, e a ideia de "brasilidade modernista"[1] se inscreveu na aparência e nos trajes do casal — seja pela atenção que eles dedicaram ao vestuário e à moda, seja pela maneira como os registros de suas roupas foram assimilados pelas narrativas sobre o modernismo de 1922.

Depois de reunir e cruzar diversos documentos, peças de roupa, fotografias, pinturas, obras literárias, correspondências, depoimentos e recibos, montei o guarda-roupa que correspon-de ao período em que Tarsila e Oswald estiveram juntos, entre 1923 e 1929. Esse *corpus* amplo evidencia a importância da aparência, das roupas e da moda no percurso artístico e literá-rio de duas figuras centrais do modernismo brasileiro e permi-te esmiuçar a relação do casal com a alta-costura francesa na década de 1920, em especial com a *maison* Paul Poiret. A per-formance da aparência corporal acompanha a performance ar-tística, e algumas das escolhas de Tarsiwald — apelido que Má-rio de Andrade deu ao casal — no campo da moda podem ser pensadas de maneira análoga às proposições estéticas da pri-meira geração do movimento.

Escritores, artistas e outras figuras públicas se preocupam com a "dimensão performática"[2] de sua aparência, que ganha lugar de destaque nos eventos sociais, como vernissages, festas, almoços, conferências. Entram em cena maneiras de atrair a atenção para si, que ultrapassam os conteúdos de sua ação. Se a aparência resulta do vínculo entre corpo e roupa, e o estilo nasce da relação entre aquilo que se veste (o objeto, a roupa) e o modo como se veste (o corpo), é interessante observar que o impacto que as aparências de Tarsila e de Oswald causaram — e ainda causam — é resultado de uma ação calculada, consciente. O casal investiu maciçamente em seus trajes, dando medida de produto artístico à elaboração de suas personalidades.

Poucas peças do guarda-roupa de Tarsila e Oswald foram preservadas, e nem todas as que sobreviveram estão acessíveis ao público. O guarda-roupa modernista não estava previamente or-ganizado como um acervo ou uma coleção catalogada em alguma instituição. Assim, com a intenção de montá-lo, reuni documen-tos — espalhados em arquivos, bibliotecas, centros de documen-tação e reservas técnicas, no Rio de Janeiro, em São Paulo, em Campinas, em Paris e em Londres — que compreendem diferen-tes tipos de registros das roupas vestidas por Tarsila e por Oswald.

Os fortes laços de convivência que permearam o grupo modernista de São Paulo na década de 1920 proporcionaram uma quantidade razoável de representações visuais e escritas dos trajes. O guarda-roupa modernista é, portanto, eclético, feito de peças de roupa e retalhos de tecido, mas também de fotografias, retratos, autorretratos, desenhos, croquis, caricaturas, recibos, cartas, crônicas, poemas, diários, memórias, recortes de jornais, depoimentos sobre o grupo.

Juntei, então, certo número de trajes — o suficiente para formar um guarda-roupa, no sentido das peças que compõem o vestuário de um indivíduo ou de um grupo. Uma vez combinados os vestígios da presença e da aparência de Tarsila e Oswald, adotei um método de cruzamento das fontes, depois comparei os documentos e circunscrevi tramas de relações que surgiram desse método de confronto. Montado a partir de um conjunto de fragmentos, o guarda-roupa modernista resultou da aproximação de documentos que, juntos, ganharam um novo sentido e uma nova interpretação.

A maior parte desses documentos é composta de imagens, que fornecem uma vasta gama de evidências visuais relacionadas ao vestuário e à moda. Os registros fotográficos guardam ocasiões específicas: são retratos que mostram reuniões de amigos na cidade, almoços, confraternizações. Temporadas nas fazendas, que costumavam coincidir com aniversários ou com as festas de fim de ano. Ocasiões oficiais, aberturas de exposições e conferências, flagrantes da vida social. Viagens a Minas Gerais, ao Oriente, pela Europa, durante toda a década de 1920; muitas travessias do Atlântico, cenas de despedida e de reencontro. As roupas de Tarsila e de Oswald analisadas dão conta sobretudo de situações em que havia certo nível de formalidade, até mesmo nos espaços privados das fazendas, em momentos mais íntimos.

Um dado importante é que as fotografias não têm cor — são em preto e branco ou sépia. Informações sobre as cores estão nas pinturas, nos desenhos, em algumas ilustrações coloridas das revistas de moda, nas descrições das peças e nos objetos de vestuário guardados nos acervos, possibilitando uma análise mais acurada da aparência e dos trajes do casal, além da maneira como se relacionavam com a alta-costura francesa, inserida em suas produções artísticas e em suas representações sociais.

Como afirma Gilda de Mello e Souza em *O espírito das roupas*, a moda é "a mais humana das artes", pois "o vestido que escolhemos atentamente na modista ou no *magasin bon marché* não tem moldura alguma que o contenha e nós completamos com o corpo, o colorido, os gestos, a obra que o artista nos confiou inacabada".[3] Ainda que para sempre faltem as pessoas vestidas, em movimento, há vestígios, resíduos, um tipo de memória do vínculo que um dia se estabeleceu entre aqueles corpos e as roupas que os vestiram.

chez poiret

Tarsila e Oswald mantiveram uma relação próxima com a moda masculina e a feminina — em particular com a casa de alta-costura francesa Paul Poiret — e se destacaram por sua aparência não somente como figurões sociais, mas também como artistas modernos. Tiveram uma elegância ousada — ou uma ousadia elegante, modo de dizer que melhor revela que o casal dominava os códigos dos grupos que frequentava — e buscavam originalidade, recorrendo a um costureiro cujo estilo estava associado à ideia de "exótico". Além disso, Poiret era ligado às vanguardas e manteve uma conhecida coleção de arte.[4]

Expressa em termos de brasilidade, a semântica do "exótico" na estética moderna se afina às criações da *maison* Poiret. Vanguarda e brasilidade estiveram amalgamadas nas artes plásticas, na literatura, na música e também nos modos de ser, nas relações sociais, na comida, nas roupas. Para Tarsila e Oswald, concomitante à pesquisa voltada à construção do modernismo, foram definidores as viagens, a coleção de obras de arte, os objetos de decoração, as bebidas da adega, o piano Steinway.

Por mais que o interesse por Poiret seja amplamente citado, pouco se diz sobre seu lugar na moda francesa na década de 1920 e quais seriam as implicações simbólicas da escolha dessa casa de alta-costura pelo notório par de artistas. Como o casal se relacionou com a modernidade do vestuário e da moda nos anos 1920? Que tipo de criação da alta-costura pode ter participado de uma poética do modernismo brasileiro? O apreço de Tarsila e Oswald por Poiret revela o gosto por uma silhueta volumosa e roupas ornamentadas, denotando um luxo exuberante. No entanto, é importante pontuar que, na década de 1920, a figura de Poiret ocupava lugares simbólicos diferentes na França e no Brasil: aqui, era celebrado como uma grande novidade; lá, já era, de certa forma, démodé.

A relação amorosa de Tarsiwald durou seis, quase sete anos, e é notável como a intensidade do casal está relacionada à profusa criação artística dos dois enquanto estiveram juntos, entre 1923 e 1929 — um período decisivo da cultura brasileira, que ainda nos dá o que falar cem anos depois. Àquela altura, Tarsila e Oswald desempenhavam papéis de protagonismo no modernismo brasileiro e estavam no auge de suas carreiras e de suas projeções profissionais, mas foram abalados profundamente pela crise econômica mundial de 1929.

Por mais que sejam, hoje, figuras bastante debatidas e pesquisadas, com a ruína financeira dos dois e os sucessivos rompimentos a partir da década de 1930, Tarsila e Oswald aos poucos passaram a ocupar papéis menores na cena da cultura nacional. Outros acontecimentos trágicos também contribuíram para que, nos decênios seguintes, a fama dos dois não fosse nem de longe esta que têm agora, um século após a Semana de Arte Moderna.

a poesia de cada dia

Com a trajetória atingida pela debacle, Tarsila promoveu, já em 1933, uma grande mostra retrospectiva no Palace Hotel, no Rio de Janeiro, onde pôs à venda 67 pinturas e 106 desenhos. Oswald, por sua vez, era um tocador de flauta profissional. "Tocar flauta é ir de um agiota a outro para levantar dinheiro. Tapa-se um buraco e abre-se um novo", explicou a Mário da Silva Brito, de quem se tornou amigo nos anos 1950.[5]

As roupas e o estilo de Oswald de Andrade contribuíram com a contínua elaboração das narrativas sobre sua figura e sua obra, urdidas como um desdobramento da própria história do modernismo. Por mais que Oswald tenha atuado na imprensa até o início da década de 1950, ele se ressentia por não ter seus romances, especialmente os mais experimentais, reeditados. Quando, em 1970, Antonio Candido escreveu o ensaio "Digressão sentimental sobre Oswald de Andrade", Rudá de Andrade, o segundo filho do poeta, enviou-lhe uma carta emocionante em que falava da "mágoa que Oswald tinha por não ser reconhecido no nível que merecia". Para Rudá, "o distanciamento intelectual" a que o pai foi submetido a partir dos anos 1940 "interferiu na sua obra e na sua vida".[6]

Antonieta Marília de Andrade, a única filha de Oswald, nascida depois de Rudá, contou emocionada em depoimento ao Museu da Imagem e do Som de São Paulo, em junho de 1990 — por ocasião do centenário de Oswald de Andrade —, que via seu pai chorar por não ser reconhecido:

> Eu assisti Oswald chorando porque ninguém queria publicar nada dele. Não tinha interesse, ninguém queria ler [ela se emociona e chora]. Ele dizia que tinha passado a vida inteira escrevendo, e que a coisa mais difícil era ver que ninguém queria lê-lo. E é verdade, ninguém lia, se interessava.

Ele queria muito ver *O rei da vela* montado. Chegou até a construir um teatro. Porque ele fazia muitos negócios, papai vivia de negócios. Num dos negócios, sobrou um edifício na rua Aurora [em São Paulo], chama-se Edifício Oswald de Andrade, e no subsolo tem um teatro, o Nicette Bruno. Me lembro dele dizendo: "Ah, nós vamos conseguir montar *O rei da vela*". Nem que ele pagasse tudo. O José Olympio conversava sobre o *João Miramar*, o *Serafim Ponte Grande*, "Ninguém quer ler, não vende, Oswald, não adianta pôr na praça". Antonio Candido era padrinho do Paulinho [filho mais novo de Oswald, irmão de Antonieta Marília], mas quem era Antonio Candido na época? Eu vi Oswald chorar muito esse fim de vida e eu me desesperava.

Meu professor de literatura no Mackenzie nunca tinha ouvido falar de Oswald de Andrade. Em 1975, na cidade de São Carlos, fui retirar um cheque num Banco do Brasil e, quando apresentei a carteira de identidade, o caixa perguntou: "Você é parente do Oswald de Andrade?". Eu quase desmaiei. Foi a primeira vez que alguém identificou Oswald. Ele disse: "Eu leio Oswald de Andrade". Para mim, foi a maior alegria que podia ter tido. Um dia, o Paulinho disse: "Vão montar *O rei da vela*!". [Era] 1967. E eu não acreditava, sabe, "Ih!, que *Rei da vela*". "Não, vão montar, é um homem lá, fantástico." Eu fui com um pé atrás e outro na frente. E, realmente, acho que eu devo isso ao Zé Celso, ele me revelou o Oswald [risos]. Ele resgatou o Oswald com tudo, ele trouxe o Oswald de volta.[7]

Quando morreu, em 1954, o poeta estava fora do rol dos protagonistas do modernismo, ao qual pertencera nos anos 1920, mas, a partir do final da década de 1960, a situação começou a mudar: o Teatro Oficina montou *O rei da vela*, publicada pouco mais de trinta anos antes, e os poetas concretistas e os tropicalistas "ressuscitaram" — verbo usado por Caetano Veloso — Oswald, figura "até então envolta em silêncio ou lembrada apenas como a de um piadista inconsequente e um vanguardista 'datado'".[8]

Já em 1975, ano em que o caixa de banco em São Carlos se declarou leitor de Oswald de Andrade, Caetano musicou os versos do poema "escapulário" em uma das faixas do disco *Joia*:

No Pão de Açúcar
De Cada Dia
Dai-nos Senhor
A Poesia
De Cada Dia

"quero ser a pintora do brasil"

No campo das artes plásticas, com a proximidade, em 1972, das comemorações do cinquentenário da Semana de Arte Moderna, um grupo de marchands que atuava em São Paulo adquiriu a preços baixos obras de pintores modernistas relativamente esquecidos e as estocaram, numa prática de valorização comercial. Personagens como Ismael Nery, Tarsila do Amaral e Anita Malfatti foram resgatados, sem que isso tenha significado melhora financeira para os artistas que ainda estavam vivos, como era o caso de Tarsila — àquela altura, idosa e passando por dificuldades.[9]

Desde então, consolidou-se o costume de inserir um traço de celebração na maioria das produções intelectuais — e culturais, de maneira geral — sobre o modernismo. Logo depois da morte de Tarsila, em abril de 1973, Carlos Drummond de Andrade contava sobre a inauguração, no bairro de Vigário Geral, no Rio de Janeiro, da Escola Tarsila do Amaral. "Pois é", ele escreveu, "estás reverenciada de maneira duradoura, e o modernismo também está reverenciado, e isto significa que ele passou mas ficou, historicamente inabalável, com seu acervo de obras, ideias e exemplos de comportamento, incorporados ao repertório cultural brasileiro."[10]

É essa reverência duradora e inabalável que impõe ao modernismo uma "moldura celebratória e oficialista que acabou cravando o movimento modernista de 1922", como afirma Sônia Salzstein. Com o fim dos anos 1920, Tarsila parece ter perdido os rumos de sua arte. À exceção de um ou outro quadro de temática social, não é possível reconhecer, nas décadas seguintes, a artista com gana criativa da década de 1920, ou ainda a mulher ambiciosa que se revelou na correspondência trocada com os pais. Assim, as obras e os artistas se tornam mais interessantes na medida em que destacamos a "incompletude e incongruência de suas sagas modernas".[11] No horizonte da modernização de Tarsila e Oswald, a "dinâmica da importação cultural parecia garantir a superação rápida da memória colonial" e a súbita transformação de um Brasil essencialmente violento. Tarsila, por exemplo, foi capaz de expressar "com clareza desconcertante essas tensões, demonstrando adesão sentimental e perspicácia intelectual perante as 'imperfeições' que estavam na origem de uma cultura moderna brasileira".[12]

É com "clareza desconcertante" que Tarsila se refere a essas mesmas "imperfeições" no texto que serve como epígrafe deste livro — sua resposta, publicada no *Diário de S.Paulo* no domingo, 6 de setembro, à conferência de Mário de Andrade, pronunciada em 30 de abril de 1942, no salão da biblioteca do Itamaraty, no Rio de Janeiro. Apesar de se tratar de evento comemorativo dos vinte anos da Semana de Arte Moderna, na fala de Mário sobressai um tom amargo. "Ignorando as misérias escondidas", ela diz, "os modernistas da Semana foram um fruto do seu tempo e do seu meio."[13] De fato, as misérias de um Brasil que não é apenas lúdico e místico não são — nem nunca foram — escondidas. Mas, ao reconhecer a própria incapacidade de ver, é como se Tarsila e Oswald se descolassem da moldura. Porque eles mesmos, gente do seu tempo e do seu meio, encarnam as tensões de um país colonial, patriarcal e escravocrata não sanado, seja na "adesão sentimental" com que Tarsila construiu suas memórias nas fazendas da família e resolveu plasticamente as desigualdades brasileiras nas telas da década de 1920, seja na "perspicácia intelectual" com que o casal planejou suas produções artísticas e forjou suas aparências.

Gosto do uso que Sônia Salzstein faz da palavra "imperfeição". Não porque ela remeta à ideia de que existiria um modernismo "perfeito", concluído, bem-acabado, mas, ao contrário, porque ressalta as contradições não solucionadas, as misérias ignoradas pelos modernistas. É o caráter imperfeito do movimento modernista que desejo sublinhar aqui, no sentido de que ainda não chegou ao fim, é incompleto, está em contínuo processo de realização. É a humanidade do modernismo que tomo de empréstimo quando reafirmo suas contradições.

São as imperfeições que têm a força de livrar Tarsila das imagens que a reduzem à mocinha caipira sonhadora, à mulher moderna de vanguarda ou à pintora nacional, personagens construídas com empenho por ela própria e mantidas por processos de consagração que também submeteram sua gestualidade pública a certa moldura celebratória. A artista parece estar aprisionada a tal ponto que, ainda segundo Sônia Salzstein, "é difícil enxergar uma Tarsila experimental e irreverente por detrás do emblema nacional".[14]

"Quero ser a pintora do Brasil", lê-se na lápide do túmulo de Tarsila, no cemitério da Consolação, em São Paulo. Silenciado no mármore, esse desejo de proporções épicas — ser a pintora de um país, de um povo —, tal qual uma mensagem de Sísifo, é angustiante, porque nunca chega a se realizar. "Quero ser" não é o mesmo que "eu sou" ou "eu fui". "Quero ser" é uma projeção. A inscrição na lápide, parafraseada da conhecida carta enviada por Tarsila, de Paris, à mãe, em abril de 1923, confirma as sutis e constantes revisões a que as figuras públicas estão sujeitas: "Sinto-me cada vez mais brasileira: quero ser a pintora da minha terra", escreveu originalmente a artista. E ser a "pintora da minha terra" é diferente de ser a "pintora do Brasil" — a expressão tem sentido mais telúrico, em vez de sugerir a vontade grandiosa de se estabelecer como referência nacional. O próprio poema "atelier", de Oswald, termina com os versos "Um cheiro de café/ No silêncio emoldurado". Parece-me um desfecho triste, aprisionado, se pensarmos que ele começa celebrando a "Caipirinha vestida por Poiret". Por fim, o que resta é o silêncio e, ainda, enclausurado.

"Os modernistas da Semana foram os pioneiros, cuja vida, não servindo de exemplo, serve, contudo, de lição", disse Tarsila em 1942, na já citada crônica em resposta à fala de Mário de Andrade, reconhecendo aquilo que não fora capaz de fazer ou perceber décadas antes. "O passado é incondicionalmente bom, mesmo com seus sofrimentos, mesmo com suas misérias, porque pode resumir-se nessa coisa preciosa que se chama experiência", ela prossegue. Conhecer essa experiência dos modernistas nos permite elaborá-la para além dos processos de idolatria e celebração que abrandam a Semana de 22.

As roupas são um modo de criar uma identidade visível, que sobrevive, no fluxo da história, em registros fotográficos, obras de arte, discursos. Elas contribuem, assim, com o esforço de tornar lúcido nosso olhar sobre o passado e explicar criticamente o presente. A discussão sobre o legado modernista mostra que não é só por causa da efeméride que devemos lembrar da Semana de Arte Moderna. O movimento modernista tem o papel central de colaborar para a construção de um pensamento sobre o Brasil e a cultura brasileira, mas é na rachadura do pé caloso do modernismo que ele deve ser examinado — na incompletude, na incongruência, na contradição. As brechas, que vão além da celebração, são um aspecto interessante e vivo da nossa cultura. Não apenas nas obras incontornáveis, mas também, olhando de perto, nas complexidades mais profundas que residem nos vestígios e nas memórias.

"minha adorada mamãe"

Oswald de Andrade, filho único de Inês Henriqueta Inglês de Sousa Andrade e José Oswald Nogueira de Andrade, nasceu em São Paulo, ao meio-dia de 11 de janeiro de 1890. O prenome, pronunciado "Oswáld", à brasileira, foi herdado do pai. "Tenho uma vaga lembrança de minha avó, seca, velha, de óculos e grande leitora", contou em *Sob as ordens de mamãe,*

> aliás, atribui-se a ela a origem de meu nome Oswald sem o O final. Ela teria lido *Corinne*, de Mime. de Stäel, quase sua contemporânea, o que me parece espantoso no fundo provinciano de Minas Gerais. Apresentado o nome no batizado de meu pai, na igreja de Baependi — a igreja de Nhá Chica — o vigário teria declarado que aquilo não era nome de gente, exigindo um prenome que foi José. Meu pai ficou sendo José Oswald, tendo minha avó Antônia Eugênia feito questão da inexistência do O final.[1]

A predileção da avó paterna por um nome de herança inglesa é uma atitude excêntrica, mas não estava deslocada do gosto de sua classe. Ela sinaliza a postura arrojada de d. Antônia, a partir da qual podemos estabelecer uma "linhagem" que iria da avó ao neto, Oswald de Andrade, o escritor rebelde que entrou para a história.

"Com a ruína de minha família paterna", disse o escritor, "afazendada em Minas, meu pai viera tentar a vida aqui." Ainda solteiro, José Oswald — o pai — reergueu financeiramente sua família. "As tias trouxeram a escravaria que restava. E foi do aluguel de escravos que a família se alimentou e manteve por algum tempo."[2] Aos quase quarenta anos e estabelecido em São Paulo com um escritório de corretagem, faltava a José Oswald o casamento. Foi quando o desembargador Marcos Antônio Rodrigues de Souza, um de seus clientes, "chamou-o certa noite à razão". "Por que não se casava?", o homem teria perguntado. "Tendo casado uma filha e vendo que outra adoecera e morrera, preocupava-se com o destino da última, Inês. Quase pedido em casamento" pelo futuro sogro, conta Oswald, "Seu Andrade apareceu à minha mãe pela primeira vez, através de um buraco de fechadura. E pareceu-lhe elegante, se bem que não tivesse feito a barba. E foi assim que, da apresentação à intimidade, ele se tornou o esposo de D. Inês."[3]

A mãe, irmã de Herculano Marcos Inglês de Sousa — autor do romance *O missionário* e um dos fundadores da Academia Brasileira de Letras —, descendia de uma família tradicional paraense, uma casta aburguesada de profissionais liberais, mas recebera apenas a educação básica. Seu pai, desembargador, de modo a tentar equilibrar a ausência de capital cultural transmitido à prole feminina, "tendo dado como patrimônio a ilustração aos filhos, deixara a cada uma das filhas, que apenas haviam tido colégio, e que eram Inês e Carlota, a soma de cinquenta contos de réis".[4]

o jovem desafiador

Criado num ambiente de cuidado excessivo, Oswald mostrou-se profundamente marcado pela figura da mãe. Um traço relevante de sua personalidade era, conforme notado por Antonio Candido, a "permanência da infância": "A norma lhe aparece como limite, e a sua sensibilidade busca o ilimitado. O menino reponta no adulto como tendência constante de negar a norma; como fascinação pelo proibido".[5] Esse mecanismo de busca constante do ilimitado e a fascinação pelo proibido requerem que a norma seja transposta, e para isso é preciso conhecê-la e, de algum modo, participar dela. O caráter original e desafiador de Oswald incomodou seus pares, oriundos da elite paulista, que o acusaram, não raras vezes, de inconsistente, devasso, excêntrico, exuberante, palhaço — em outras palavras, alguém dotado de humor, outra característica essencial do temperamento, da obra e da aparência de Oswald.

Oswald de Andrade, de pé, com o queixo apoiado na mão, c. 1905.

Uma fotografia posada em que o escritor, ainda moço, está entre rapazes bem-vestidos representa bem sua atitude irreverente (p. 29). Um grupo de jovens e um homem mais velho — o único de bigode —, que parece ser um professor, posam numa área ao ar livre com árvores ao fundo. O rosto de Oswald ainda é bochechudo, com ar infantil, o que leva a crer que o retrato tenha sido tirado entre 1903 e 1908, quando era aluno da tradicional instituição religiosa Colégio de São Bento. As roupas e as poses dos fotografados estão de acordo com a formalidade exigida naquele tempo, mas Oswald se destaca pela autenticidade.

Todos usam ternos escuros, à exceção de um colete branco e da ausência de colete no traje de Oswald. Gravatas, camisas brancas, colarinhos duros e engomados — alguns até levantados — e pescoços enrijecidos formam um conjunto quase uniforme. O professor, figura central da composição, segura com uma mão o chapéu-coco e, com a outra, um rolo de papel, além de levar um guarda-chuva pendurado no braço. O rapaz sentado à esquerda, com o cabelo repartido ao meio, denota uma elegância informal, vestindo calças claras, gravata-borboleta e chapéu palheta. É provável que todos usassem chapéu, mas apenas quatro são visíveis na imagem — o único lançado à grama, virado para cima, poderia muito bem pertencer a Oswald.

Outros rapazes também pretendem, à sua maneira, desafiar o momento, impondo personalidade no jeito confiante de encarar a câmera, no modo de segurar a lapela do paletó ou enfiar a mão no bolso da calça, como é o caso do rapaz de sobretudo longo e colete branco — símbolo de formalidade — que olha o horizonte, reflexivo. Mas nada se compara à pretensa naturalidade com que Oswald encena uma pose descontraída: a mão segurando o queixo, um dos pés apoiado no banco em que está sentado o professor, o cotovelo pousado no joelho. Sua postura inusitada quebra a atmosfera formal da cena e dá um tom humorístico à gravidade do sobretudo do professor.

Há signos que atestam a classe social dos fotografados, a rara elite letrada do país: sobretudo, terno, colarinho duro, chapéu, guarda-chuva e ainda um livro e papéis de anotações mostram o lugar a que pertenciam e a que futuro se destinavam aqueles rapazes, com trajes que os integravam ao universo dos futuros homens cujas roupas eles já vestiam. Mas, apesar da exibição de formalidade, as próprias peças — escuras, pesadas e enrijecidas — transmitem uma sensação de fora de lugar, de desencontro entre a indumentária dos rapazes e seus corpos em crescimento. Aquele cuja aparência demonstra mais segurança da manipulação das regras do vestir é Oswald. Olhando reto para a câmera, levemente risonho e com o rosto tranquilo, está sem colete — uma infração à norma, mas isso não parece ser um problema, pois sua pose é um convite, uma incitação à conversa. Pousados sobre a grama estão um livro e um rolo de papel, marcas da sua relação precoce com as letras. Com a força de sua informalidade, é ele quem se destaca, parecendo rebelde e desafiador.

"the city of s. paulo"

No primeiro semestre de 1912, Oswald de Andrade embarcou para sua primeira viagem pela Europa, que teve duração de pouco mais de seis meses. Nesse meio-tempo, recebia regularmente do pai notícias das alterações urbanísticas que aconteciam na cidade de São Paulo. Numa carta de 14 de abril, transparece o gosto pelo aburguesamento da cidade: "Agora é que estou gostando bem de São Paulo porque com o crescimento descomunal da cidade já se vive com mais liberdade a vida privada".[6] Outra correspondência, um cartão-postal enviado por José Oswald ao filho em 18 de julho e estampado com a fotografia de um palacete de estilo eclético localizado à rua Martinho Prado, ilustra a prolífica urbanização paulistana, que desde o final do século XIX era operada com a substituição do sobrado colonial por grandes residências aburguesadas para a elite, acomodadas em "bairros jardins". José Oswald comemora o sucesso nos negócios imobiliários, resultado da incontestável modernização — ou, melhor dizendo, europeização e americanização — de São Paulo: "A *The city of S. Paulo* passou a chamar-se *Société Immobilière*. Viva o progresso. O *Pirralho* vai prosseguindo bem. Bençōes".[7]

A história do crescimento acelerado de São Paulo na primeira década do século XX está inscrita na trama de interesses econômicos e políticos que atravessou o Segundo Reinado e a República Velha, composta de acontecimentos como a abolição da escravatura; a queda da Monarquia e a proclamação da República; o federalismo e a descentralização do poder; a ascensão política dos cafeicultores de São Paulo; a ideia de progresso mantida por um titubeante incentivo à indústria e ao comércio; a imigração de mão de obra predominantemente europeia, mas também árabe e japonesa. A Semana de Arte Moderna, em 1922, fez parte dessa série de circunstâncias que ajudaram a fermentar o fim da Primeira República e a iniciar um novo ciclo histórico no país a partir de 1930.

Em *Sob as ordens de mamãe*, primeiro volume — que acabou sendo o único — de *Um homem sem profissão*, sua reunião de memórias e confissões, Oswald descreve São Paulo ainda nos primeiros anos do século XX como uma cidade vazia, pouco asfaltada, assobradada. Seu pai, àquela altura vereador, se colocara a favor da Light, empresa estrangeira responsável por implementar a energia elétrica na cidade. Oswald nos ajuda a entrever a complexa relação do modernismo com a ideia de desenvolvimento e de progresso propagada pela República Velha:

> Nessa ocasião meu pai estava realizando a sua única experiência política como vereador municipal. [...] A eleição de meu pai coincidiu com o primeiro triênio da administração do Conse-

lheiro Antônio Prado [pai de Paulo Prado] como prefeito. Foi um período decisivo de transformação da cidade. Durante três triênios renova-se a eleição de meu pai, sempre ao lado do Conselheiro do Império que agora prestava seus serviços à São Paulo republicana.[8]

É nesse quadro social, no qual permanecem os lastros coloniais e monárquicos, que a oligarquia se firma sobre a sociedade brasileira. E, para Oswald, a "passagem" do Império para a República é um deslizamento de poder percebido de forma natural, mais continuação do que ruptura.

Segundo Oswald, o pai era "um abridor de bairros, que possuíra no 'encilhamento' todo o Brás, todo o Cambuci e a Glória, comprando e vendendo imóveis, não escapava o que seria a condução fácil e rápida para o desenvolvimento de São Paulo".[9] No período conhecido como encilhamento, que se deu logo após a Proclamação da República, uma especulação intensa na Bolsa de Valores brasileira gerou uma grave crise financeira e transformou a economia do país. Como acontece nas movimentações capitalistas, se para alguns a especulação incomum representou transtornos econômicos, para outros, como no caso do pai de Oswald, criou-se uma oportunidade de multiplicação de capital. Assim, no início da década de 1890, no momento em que o país se organizava em torno do federalismo, o encilhamento foi um ponto de virada importante para os núcleos locais, sobretudo São Paulo, pois favoreceu a transferência de recursos para fora do Rio de Janeiro. Nesse processo, consolidou-se a hegemonia política do estado que até aquela altura tinha sido mais relevante economicamente — hegemonia da qual alguns personagens do modernismo brasileiro participariam na condição de pródigos herdeiros.

Oswald recebera da mãe, Inês, o gosto por uma sociabilidade animada. "Minha mãe", ele diz, "trazia do Norte o comunicativo, o animoso e a festividade."[10] Mas Inês também se interessava por objetos modernos e se entusiasmou quando viu pela primeira vez um fonógrafo: "'É uma coisa que a gente põe um fio na orelha e ouve!' Minha mãe fez questão que eu comparecesse a essa apresentação da espantosa descoberta".[11] Quando o poeta fez a primeira viagem à Europa, numa carta endereçada a "Seu Oswaldinho" e assinada como "Recado de Dona Inês" (redigida por pessoas da casa, como era comum ao longo da correspondência entre mãe e filho), ela lhe encomenda cosmoramas — dispositivos ópticos com os quais era possível observar imagens ampliadas de paisagens de diversos países. "Quer também que o senhor traga algumas vistas da Inglaterra não esquecendo do Palácio de Cristal e do Vaticano, e outras vistas de Paris, Alemanha e Itália etc. [...] Seu avô quando veio da Europa trouxe de Paris e disse que eram baratas chamam-se estas máquinas cosmoramas."[12] Por mais que o cinema tenha relegado ao declínio certos instrumentos ópticos com finalidade lúdica, tudo indica que, no contexto da elite paulista da primeira década do século XX, o cosmorama continuava a servir como uma diversão.

Nas cartas sempre afetuosas trocadas com os pais durante a viagem, entre fevereiro e agosto de 1912, José Oswald e Inês falam sobre envio de dinheiro, dão conselhos e notícias a respeito dos negócios imobiliários e a cidade de São Paulo, fazem advertências em relação aos primos, aos gastos e às companhias. Numa carta endereçada à mãe, Oswald justifica sua opção de contrariá-la ao ficar em *appartements* em vez de se hospedar em hotéis, ao mesmo tempo que pede desculpas por gastar demais:

Minha adorada mamãe, escrevi-lhe ontem uma longa carta, desculpando-me de gastar tanto dinheiro. Desculpava-me também de ter tomado *appartement* em Paris e coisa que fiz em Milão e aqui. Então *appartement* é para velhos? Os hotéis, sim, minha adorada mamãe, é que são para velhos que não podem agir e andar como os moços. Os *appartements* custam muito menos e são maiores e melhores do que os quartos de hotel. Como lhes expliquei na outra carta, tenho ainda dinheiro para vinte dias.[13]

Apesar de pedirem prudência com os gastos, os pais deixam clara a intenção de investir no capital cultural do filho: "Não poupe dinheiro consigo, procure boa comida, roupa".[14] Ao final de maio, numa mensagem redigida por José Oswald, Inês se dirige ao filho: "Ela pergunta se você aceitou o conselho de frequentar bons hotéis para fazer boas relações e civilizar-se". Na mesma carta, ressaltam a intenção civilizatória da viagem, que deveria servir como um processo de aprendizagem, um rito de passagem do qual o jovem retornaria adulto. Acreditavam que o contato com a Europa faria do filho um homem civilizado:

> Pelas suas cartas se vê que você não tem feito a vida que te instrua e faça conhecer os homens e as coisas. Entretanto nós muito desejamos que você venha daí homem instruído, civilizado, conhecedor do mundo, enfim um perfeito cavalheiro. Tenha cuidado com a sífilis daí que diz o Murtinho ser terrível.[15]

as encomendas de d. inês

Na virada do século xix, o modelo social das elites agrárias continuava a ser a Europa, e a transição do Império para a República — que representou o deslocamento econômico cafeeiro do Vale do Paraíba para o Oeste paulista — não alterou esse paradigma. O acesso às mercadorias, mas também aos bens "simbólicos" que a viagem proporcionava no imaginário brasileiro, eram marcas de prestígio. Com a família de Oswald não era diferente: as encomendas de compras com descrições detalhadas e a preocupação com o bom uso do dinheiro revelam a importância do consumo no cotidiano da família, assunto constante ao longo das cartas.

Além dos cosmoramas, há diversos outros pedidos — minuciosamente detalhados — de Inês. Um divã de marroquim, "de cor escura como seja grená, verde-escuro, vermelho-escuro e marrom", e que fosse feito na Inglaterra, "porque aí as molas são mais fortes do que nas fábricas de Paris, que as obras têm beleza mas não têm fortaleza". Cestas de piquenique de "palha forte", "e que traga os preparos que as cestas costumam trazer como por ex.: copos, garrafas, pratos e mais pertences pendurados em abas de marroquim nas paredes das cestas do lado de dentro". "Duas dúzias de toalhas de rosto de linho barradas." Diz que "já está ansiosa para ver o senhor e o bonito preparo [de chá, comprado em Londres] que ela faz ideia como não há de ser chique". Pede "volta de coral, brincos de coral, pulseirinhas de coral que d. Inês lhe encomendou para a sua afilhada Maria Aracy". E pergunta pelo preço de uma bicicleta, alemã ou inglesa, "que não seja de luxo, que seja simples de maquinismo forte e de fabricante bom".[16]

Para o marido, Inês encomenda "uma dúzia de camisas de peito de linho bom n. 37 e uma dúzia de colarinhos de linho n. 38 e uma dúzia de pares de punhos de linho. As camisas que sejam todas brancas e que marque tudo com a letra J para não pagar direito".[17] Recomenda que Oswald compre roupas de linho e ternos de brim brancos em Londres, para o verão, e reforça que toda roupa "que trouxer seja marcada ao menos com uma inicial para não pagar direitos".

A compra de itens europeus em viagens fazia parte do estilo de vida de uma elite que buscava para si uma fisionomia aburguesada. Nas cartas que Tarsila trocou com seus pais e Dulce, sua filha, também são feitas encomendas assim — acompanhadas das mesmas recomendações em relação à passagem pela alfândega.

um imperador romano de olhos verdes

A primeira temporada europeia de Oswald está registrada num cartão-postal enviado de Roma à mãe, datado de 4 de março de 1912 (p. 38). No verso da fotografia, a mensagem: "Mamãe, aí vai um instantâneo que me fizeram a bordo. Não mostre a ninguém porque está muito feio, xii! Adeus, abençoe o filho querido. Nonê".[18] Está usando um traje de passeio claro, provavelmente de linho ou brim, e boina, numa pose que remete a uma "estatuária clássica", graças ao movimento das pernas e ao olhar de inspiração romântica, contemplativo e posto no horizonte. Cabe aqui evocar a descrição de Oswald feita por Pedro Nava, comparando-o à "figura escanhoada, arrumada e escarolada de um imperador romano de olhos verdes. [...] Realmente ele tinha no todo maciço alguma coisa de tribunícia, proconsular, imperial e estatuária".[19]

Nos círculos da elite, a boina era uma peça associada aos trajes de esporte e de lazer. Já para os artesãos e a classe operária, representava uma peça da roupa de trabalho. No início do século xx, ainda antes da Primeira Guerra Mundial, começaram a ocorrer mudanças no vestuário masculino, influenciadas por um ideal de juventude, pelo esporte e por novas formas de expressão artística, e a boina foi assimilada, por exemplo, ao vestuário dos jovens artistas parisienses de Montmartre. Entre os rapazes burgueses, a aparência e o modo como desejavam se exibir mudaram: já não era mais interessante que aparentassem ser mais velhos, mais maduros e mais sérios do que realmente eram. Em certo sentido, não queriam mais se parecer com os pais.

Oswald na primeira viagem à Europa, 1912.

Oswald tinha 22 anos quando foi à Europa pela primeira vez, num itinerário que incluiu Londres, Nápoles, Milão, Roma, Paris e passagens pela Calábria e pela Alemanha. Dessas viagens, trouxe consigo a francesa Henriette Denise Boufflers, apelidada por ele de Kamiá, com quem, em 1914, teria seu primogênito, Oswald de Andrade Filho — chamado pelo poeta, desde o nascimento, de Nonê. Em retrospecto, nas suas memórias e confissões, Oswald, com seu bom humor, reavaliou criticamente o saldo da viagem: "Dos dois manifestos que anunciavam as transformações do mundo, eu conheci em Paris o menos importante, o do futurista Marinetti. Carlos Marx me escapara completamente".[20] O contato com o *Manifesto futurista* e com o verso livre, porém, conveio muito bem à sua conhecida dificuldade de metrificar.

Se a viagem trouxe ao autor de *Memórias sentimentais de João Miramar* a experiência de liberdade, ela também significou aquilo que o poeta chamou de seu "dissídio com Deus". A mãe morrera poucos dias antes de sua chegada a São Paulo, em setembro de 1912: "D. Inês expiara com um telegrama meu na mão, enviado da Bahia. Durante dois anos carreguei um inútil luto fechado". Quando ofereceram ao filho a viagem à Europa, d. Inês e José Oswald não poderiam prever os contornos dramáticos que a temporada ganharia, marcando profundamente a subjetividade do poeta. A fotografia enviada de Roma seis meses antes mostrava um rapaz cujas feições infantis logo ficariam no passado: Oswald, ao saber do falecimento da mãe, voltara para casa já adulto. No dia seguinte à chegada, visitou o túmulo da mãe e, num típico corte oswaldiano, partiu "dali para a casa e para a vida". Numa existência marcada pelo movimento, a viagem de 1912 "fecha brutalmente um ciclo". [21]

nêmesis, sibila, musa, tarsila

Na virada do ano 2000, Tarsila do Amaral obteve 69% dos votos numa enquete lançada pela revista *IstoÉ* para eleger o "brasileiro do século" no campo da arquitetura e das artes plásticas. Alguns pontos-chave da trajetória de Tarsila, que ajudaram a vincar seu lugar de ícone da cultura brasileira e musa do modernismo, foram levantados na matéria: o charme e a elegância da artista; a evocação da memória — das "criaturas míticas da infância que saíam das histórias contadas pelas negras descendentes de escravas nas fazendas dos avós" —; a genética caipira, concentrada na figura do avô, conhecido como "o Milionário", que "tinha tanto dinheiro que resolveu comprar o luxuoso Hotel D'Oeste, em São Paulo, simplesmente porque um empregado não o havia deixado se hospedar por causa da aparência de homem simples". E, por fim, o modo particular como Tarsila se relacionava com a roupa, dando conta inclusive de que fora "enterrada de branco, conforme seu desejo".[1]

Em abril de 1969, quando a exposição Tarsila: 50 Anos de Pintura no Museu de Arte Moderna do Rio de Janeiro foi inaugurada, a expectativa era receber bastante público, ainda que àquela altura a obra da artista não fosse muito conhecida pelos cariocas. A reportagem "Tarsila, a arte brasileira em linguagem universal", publicada em 20 de abril no *Jornal do Brasil*, explicava o método da pesquisa de Aracy Amaral, curadora da mostra, e reproduzia o seguinte trecho do catálogo: "É uma mulher tranquila e sonhadora a primeira--dama da pintura em nosso país, recolhida na intensidade de sua vida interior, e que atravessa com simplicidade encantada mais de cinquenta anos de trabalho artístico num Brasil transfigurado...".[2]

Vem de longa data a formulação da figura da artista como uma "mulher tranquila e sonhadora", que possuía uma "simplicidade encantada", cuja intensidade, após sucessivos traumas familiares — Tarsila perdeu precocemente sua única filha, Dulce, e sua neta, Beatriz —, estava reservada à "sua vida interior". Ela é vista como uma espécie de ser mágico — tal qual aqueles representados em seus quadros —, capaz de "atravessar", impassível, décadas de história "num Brasil transfigurado", adjetivo este que reforça certa ambiência mística. Além disso, o epíteto "primeira--dama da pintura" é, sem dúvida, uma forma de adjetivação ambígua e perigosa. Exaltar seu pioneirismo pode excluir as outras artistas que a precederam, e a expressão "primeira-dama" desloca a atenção para uma suposta e implícita figura masculina que paira, sem se fazer presente.

Eis que, noventa anos depois do primeiro vernissage da artista no Brasil, em julho de 1929, Tarsila Popular se tornou a exposição com maior público na história do Museu de Arte de São Paulo (MASP). "Tarsila destrona Monet", diziam os jornais. Inaugurada em 5 de abril de 2019, com curadoria de Adriano Pedrosa e Fernando Oliva, a mostra fez parte de uma série, iniciada em 2016, que reconsiderou a noção de "popular" na arte e integrou, ao lado de duas outras retrospectivas — Djanira: A Memória de seu Povo e Lina Bo Bardi: Habitat —, o ciclo Histórias das Mulheres, Histórias Feministas, que dedicou um ano inteiro da programação do museu a artistas mulheres. O sucesso da mostra de Tarsila está relacionado à valorização do modernismo, tanto no sentido de ressaltar seus substratos da cultura popular quanto no de aproximá-lo do debate público, endereçando questões políticas, raciais e de gênero.

No trabalho de consagração da notoriedade de Tarsila a partir da perspectiva da musealização, o êxito de Tarsila Popular está relacionado a outra exposição, Tarsila: Inventing Modern Art in Brazil, realizada um ano antes, entre 11 de fevereiro e 3 de junho de 2018, no MoMA, e amplamente divulgada na imprensa brasileira.[3] Antes disso, em meados de 2017, a marca de luxo brasileira Osklen já havia lançado uma coleção de roupas inspirada na artista. Apresentada na São Paulo Fashion Week em agosto daquele ano, por ocasião do calendário primavera-verão de 2018, a coleção da Osklen esteve vinculada à exposição no MoMA e serviu para divulgar a loja da marca em Nova York, onde as peças foram lançadas — ao mesmo tempo que a exposição Inventing Modern Art in Brazil era inaugurada.

O sucesso da carreira de Tarsila como artista moderna e brasileira foi garantido graças à sua posição social — a alta burguesia de origem rural —, à relação amorosa com Oswald de Andrade, ao trajeto artístico da pintora e à sua adesão ao modernismo, mas também à sua aparência, ponto sempre explorado pela história e pela crítica do modernismo brasileiro, que muitas vezes vinculou o discurso sobre Tarsila à sua sofisticação. Não é surpreendente, então, que o guarda-roupa de Tarsila entre 1923 e 1929 revele uma criatura ambiciosa e confiante que, ao valorizar a aparência e se vestir de modo suntuoso, investiu na consolidação do seu lugar de artista. Nada da mulher de vida tranquila e simples.

a musa

Uma carta de Mário de Andrade datada de 11 de janeiro de 1923, em que chama Tarsila de Nêmesis, a deusa grega "senhora do equilíbrio e da medida, inimiga dos excessos", é insistentemente citada quando se explora a figura da artista, projetada num misto de beleza e mistério. E Mário pergunta: "Mas será mesmo Nêmesis? Que és deusa, tenho certeza disso: pelo teu porte, pela tua inteligência, pela tua beleza. Mas a deusa que reprime o excesso dos prazeres? Não creio".[4] Nos artigos de jornais da época, mesmo quando lhe criticam a obra, realçam sua aparência.

No *Jornal do Brasil*, já em 1969, sua beleza e seu estilo também ganham destaque:

> Mas é à Tarsila — personalidade que desejamos nos referir primeiramente, antes mesmo de falar na pintora. [...] Cantada como Nêmesis, por Mário de Andrade, ou, como disse Menotti del Picchia: "Tarsila tinha um tipo tão interessante que dela fiz um personagem em *A tormenta*. Lá, ela é Sybilla, e todo o grupo está representado. Há pouco tempo lhe disse que eu fora o único que por ela não se apaixonara, porque todos, todos ficavam atraídos pela sua presença envolvente, o que causava em Oswald um ciúme terrível a ponto de nos bombardear com bilhetinhos... e eu era o confidente de Oswald naqueles tempos...".[5]

Sibila, evocada por Del Picchia, é uma feiticeira, alguém que tem o poder de comunicar-se com o divino e transmitir suas mensagens. Em seu romance de 1932, a imagem da profetisa também se relaciona à pintura da fase antropofágica de Tarsila, prenhe de revelações primitivas e inconscientes, embora no depoimento ao jornal o escritor tenha feito referência apenas à sua aparência, e não à sua arte. Essa aura de magia e encantamento em torno da figura da pintora perdura até hoje e encontra ressonância na hashtag #tarsilainspira — difundida por conta da exposição Tarsila Popular —, uma vez que na inspiração reside um mistério, uma força divina, uma iluminação.

É evidente que a aparência de Tarsila foi um aspecto facilitador de sua carreira. "Auxiliou-a sem dúvida a cumprir o seu destino", afirma Gilda de Mello e Souza, que em *Exercícios de leitura* compara a aparência e o temperamento de Tarsila e de Anita Malfatti, assinalando as consequências dessas diferenças para a obra e a carreira das artistas: "Através de seus quadros [de Anita] penetramos na atmosfera sombria dos que se furtam ao diálogo, bem diversa da entrega espontânea de Tarsila, no seu universo limpo e ordenado".[6]

Já Lucia Teixeira, ao citar que o visual de outros artistas recebeu menos atenção, sublinha que a crítica a Tarsila esteve sob o impacto de sua aparência, partindo do corpo para a obra, e teme que a beleza pudesse "pôr em dúvida o talento", pelo risco de serem deixadas de lado questões estéticas intrinsecamente relacionadas aos quadros. "Tarsila, entretanto", diz Lucia, "foi a beleza de seus quadros mais que a beleza de seus vestidos, ou de seu rosto. O rosto belo de Tarsila que fica de herança é o dos autorretratos."[7] Mas, em sua trajetória, é difícil separar corpo e obra, isolar sua memória estética de seus vestidos e de sua aparência, em especial quando se pensa nos seus autorretratos.

dos livros de voltaire à sopa julienne

Nascida em 1º de setembro de 1886 em Capivari, no interior de São Paulo, Tarsila do Amaral cresceu em família tradicional e abastada, proprietária de diversas fazendas. O casamento de seus pais, José Estanislau do Amaral, conhecido como dr. Juca, e Lydia Dias de Aguiar, natural de Piracicaba, se deu em meio a uma transação comercial: "Depois de comprar as terras todas, na volta, [dr. Juca] passou de novo na casa dela, da vovó, e pediu a moça em casamento", conta Maria de Lourdes do Amaral Faccio, uma das sobrinhas da artista.[8]

O pianista João de Souza Lima — amigo da família de Tarsila e casado com outra de suas sobrinhas —, em entrevista a Aracy Amaral, compartilhou lembranças da vida doméstica na tradicional Fazenda Sertão, ao final da década de 1910, em que se alternavam a simplicidade e o luxo: a fazenda e a casa colonial, comandadas pelo pai de Tarsila; a pinguinha, o cafezinho, o ritual de ordenha do leite, mas também a suntuosidade e o refinamento dos espaços, dos móveis e dos objetos. Na grande sala de jantar, margeada por fileiras de cadeiras de balanço austríacas, ouvia-se Mozart, tocado ao piano Steinway por Tarsila e sua mãe. Milton, irmão da artista, e Souza Lima nadavam na piscina, uma prática de esporte moderna e de luxo. Àquela altura, ele contou, "Tarsila era então muito simples, vestia-se modestamente, com discrição, saía às vezes para desenhar, no Jardim da Luz, cenas de rua".[9] A cena bucólica da artista desenhando timidamente num parque público, vestida com modéstia e discrição, é quase inverossímil se comparada à mulher que se tornaria símbolo do cosmopolitismo modernista.

Os hábitos da família de Tarsila e sua vida na fazenda estiveram profundamente marcados pela influência francesa, seja nas peças de Couperin ou Dandrieu tocadas ao piano por sua mãe, seja nos versos de Delille declamados com o pai. Há ainda toda sorte de itens franceses que participavam do cotidiano da família: dos livros de Voltaire, Victor Hugo e Alfred de Musset aos vinhos Château-Lafite, Lormont ou Chablis; da água de Vichy Hôpital ou Célestin à "sopa Julienne — coleção autêntica de legumes secos, chegados da França em pacotinhos". A fita métrica era decorada, num dos lados, com "os retratos de todos os reis da França", e sabonetes, cremes, perfumes, dentifrícios, cosméticos, tesourinha, tecidos, "tudo respirava a França". "Nossos vestidos caseiros e os de passeio eram de tecidos franceses e os laços de fita que nos ornavam a cabeça eram também franceses",[10] ela rememora no texto "França, eterna França...", publicado na *Revista Acadêmica* em novembro de 1946.

o gosto pela vida moderna

Tarsila casou-se pela primeira vez em janeiro de 1906, com André Teixeira Pinto, um primo por parte de mãe, mas a relação durou pouco. Nascida no mesmo ano, Dulce do Amaral Pinto foi a única filha do casal. Segundo Maria de Lourdes, sobrinha da pintora, André "era um homem sério, levava tudo a sério, não gostava de arte. Tarsila queria continuar estudando arte, mas ele não queria saber".[11] O início da carreira da artista se deu apenas no final da década de 1910, quando, já separada, iniciou os estudos de escultura, desenho e pintura, tomando aulas com o escultor sueco William Zadig e o italiano Montovani. Durante dois anos, a partir de 1917, foi aluna do pintor acadêmico Pedro Alexandrino, sob cuja tutela pintou sua primeira tela a óleo. Em meados de 1920, poucos meses antes de uma viagem para a Europa, Tarsila ainda assistiria às aulas do alemão Georg Elpons, mais moderno, a quem ela alugara o ateliê à rua Vitória, em São Paulo. Depois, em Paris, entre 1920 e 1922, frequentou a Academia Julian — por sugestão de Pedro Alexandrino — e estudou com Émile Renard, e em 1923 manteve contato com os cubistas André Lhote, Albert Gleizes e Fernand Léger. Para isso, a artista recebeu apoio emocional e material da família, que lhe permitiu construir, de maneira racional e disciplinada, sua carreira.

Na crônica "Conversando com meu pai (II)", de 1949, Tarsila relembra o aniversário de noventa anos do dr. Juca: "Na imensa cozinha patriarcal", ela diz, "as empregadas e ajudantes, laboriosas como formigas, corriam de um lado para o outro nos preparativos do almoço fazendeiro". Monta então uma "tela discursiva" com os alimentos, as formas dos animais, as cores das verduras e dos legumes — "frangos, patos, leitoas, perus e cabritos", "o verde das alfaces, o amarelo das abóboras", "na fusão cheirosa de pratos bem brasileiros ao lado da maionese e do bom vinho francês" —, dispostos como uma pintura modernista que pretende sintetizar o que de melhor e mais gostoso poderia haver na cultura brasileira e na estrangeira, ainda que isso subtraia as inevitáveis tensões. Além de vastas propriedades rurais, Tarsila também herdara do pai o interesse e o gosto pela vida moderna: "Sendo conservador nos seus hábitos cotidianos, ele via, no entanto, com olhos inteligentes, a contribuição estrangeira, quer na comida, quer no vestuário ou qualquer outra manifestação da vida moderna".[12] Talvez por causa de seu "olhar inteligente à contribuição estrangeira", seu Juca tenha sido o fiador generoso da filha, de suas temporadas de estudos artísticos em Paris e dos vestidos luxuosos da alta-costura francesa.

Em junho de 1920, quando Tarsila parte para uma temporada de dois anos de estudos artísticos em Paris, ela e a filha vão a bordo do navio inglês *Deseado*. Dulce é matriculada no colégio interno Sacré-Cœur de Londres, e Tarsila passa a residir em Paris, no número 2 da Rue du Louvre. Os atrativos da cidade moderna e a oferta de um novo tipo de arte despertaram interesse na pintora em formação. De Paris, em carta de 26 de outubro de 1920, Tarsila escreve à amiga Anita Malfatti sobre suas companheiras da Academia Julian e sua impressão do Salão de Outono. Dona de uma percepção aguda da realidade e de um caráter competitivo, a artista se porta como uma avaliadora em condição superior às colegas de curso. Apesar de sua formação bastante acadêmica, de base clássica, como ela mesma dizia, Tarsila se sentia atraída pelas novas estéticas que despertavam seu desejo na direção de um trabalho mais livre, longe das correntes que ela considerava mais radicais:

Já estive no "Grand Palais", no Salão do Outono: quase tudo tende para o cubismo ou futurismo. Muita natureza-morta, mas daquelas ousadas em cores gritantes e forma descuidada. Muita paisagem impressionista, outras *dadaístas*. [...] Olha, Anita, depois de ter visto muito essa pintura cheia de imaginação, não suporto mais as coisas baseadas no bom senso e muito ponderadas. Os quadros dessa natureza ficaram *pobres* no salão. Também não estou de acordo com o cubismo exagerado e o futurismo. O público em geral ainda não aceita aqui essas coisas. Estive muito tempo diante dos quadros mais extravagantes para ouvir os comentários: *"C'est un mystère! Qu'est-ce que c'est cela? — L'artiste même n'en sait rien...* etc.".* Mas, como estás vendo, a arte nova está vencendo.[13]

Demonstrando interesse pelo mercado de arte moderna, a artista frequentou galerias — "uma casa que compra e vende quadros" — e observou seu movimento, preocupada com as reações e os comentários do público, propositadamente atenta às obras "mais extravagantes". Estimulou ainda a amiga a partir para Paris, onde decerto encontraria ambiente artístico mais favorável para suas criações, embora tenha ignorado o fato de que Anita não dispunha das mesmas condições financeiras que as suas. Nessa carta, mesmo estando longe de aderir às vanguardas, Tarsila expôs seu entusiasmo pela arte moderna, deixando claro seu desânimo em relação à monotonia da arte *pompier*, para empregar uma expressão usada por ela em outros textos.

Graças à sua posição social e sua fortuna, Tarsila não precisou prestar contas de seus estudos a mecenas. Num depoimento ao Museu da Imagem e do Som de São Paulo, em maio de 1971, Tarsila conta que foi na Julian que teve aulas com modelos-vivos pela primeira vez: "Aproveitei bastante a Academia Julian porque era muito fácil, não havia restrição de horário, a qualquer hora a pessoa trabalhava, e tinha sempre modelos-vivos. Isso me ajudava bastante porque eu não tinha trabalhado com modelos-vivos ainda, nessa ocasião".[14] No século XIX, as mulheres eram proibidas de frequentar as academias, onde aconteciam as aulas com modelos-vivos, mas a partir de 1880 a Julian passou a ter turmas femininas. Essa experiência, apoiada e financiada pela família, possibilitou a Tarsila o exercício de sua emancipação artística.

De São Paulo, Anita Malfatti escreveu à amiga relatando de maneira contundente sua condição de mulher, artista, solteira, que não dispunha da fortuna de que se beneficiava Tarsila. O tom da carta, datada de 14 de setembro de 1921, é melancólico. "Eu só calculo o que V. terá armazenado de impressões e quanto não terá apurado o gosto. Acho o meu cego, completamente, só me resta a lembrança de como eu me sentia antes de vir para esta sonolência." Tudo aquilo que em Anita causa angústia e incerteza, em Tarsila firma-se como possibilidade de realização: "Continuo ainda firme na ideia de seguir para a Europa na próxima primavera. Só Deus sabe se o conseguirei. Ter-se uma ambição destas, certamente participa muito mais do tormento que do prazer". Há no discurso certa revolta e uma ironia fina: a cidade de Paris, como lugar de aprendizagem, acúmulo de experiências e oportunidade de refinamento estético, é apresentada em oposição a São Paulo, cidade sob os signos da sonolência e da opressão.

o voo de aeroplano

Tarsila soube desfrutar de sua rara condição de autonomia, que lhe garantiu a liberdade de mulher adulta, manteve o desejo de independência e propiciou o contato com as novidades oferecidas pela vida cosmopolita. Àquela altura, em Paris, certamente pôde experimentar uma cidade moderna, cheia de novos artifícios, sedutores e amedrontadores, diferente da provinciana São Paulo daquele tempo. Naquela mesma carta a Anita, de outubro de 1920, Tarsila contou sobre seu cotidiano em Paris. "Estou morando bem no centro de Paris. O Louvre a dois passos, o mesmo com o 'metro', que me facilita para ir a todas as direções. No ponto em que estou, nada fica longe." Além das visitas aos salões e às galerias, a artista utilizava o metrô parisiense, e fez, com Souza Lima, um passeio de aeroplano.

Fomos há poucos dias dar um passeio de aeroplano sobre Paris. Tiramos o retrato antes da ascensão, encantados em mantos de pele, óculos e um gorro. Mas ainda não recebemos as fotografias e está me parecendo que não mandarão. Pagamos 50 francos cada um por um passeio de 15 minutos. Quando se está bem no alto e que o aeroplano faz um pequenino movimento como para descer, a sensação não é muito agradável. Não tivemos medo mas também não tencionamos bisar o passeio. Afinal de contas, um pequenino desarranjo na hélice acabaria com as nossas *preciosas* existências. A terra é tão boa, amemo-la, caminhemos sobre ela sem aquele vento terrível das alturas, apenas remediado pelos capotes e pelo gorro de peles, envolvendo a cabeça toda.[15]

O retrato, talvez nunca recebido, teria registrado os amigos com roupas apropriadas para o voo: mantos, gorros, óculos, acessórios que, segundo Tarsila, os encantaram. O voo de aeroplano atraiu os dois amigos na mesma medida em que os assustou e fez Tarsila refletir poeticamente sobre o risco de morrer. Os sentimentos despertados pelo passeio no ar — misto de medo e fascínio — são como uma metáfora da experiência conflituosa a que a modernidade submeteu os habitantes das cidades.

Tarsila, afora o contato com a arte moderna em salões, exposições e galerias, transitou por Paris em transporte público, deambulando pela cidade e até mesmo voando, o que mostra que as novidades de fato se infiltravam em seu cotidiano. Para a percepção da cidade moderna, é essencial o exercício da visão, e os meios de transporte públicos são grandes responsáveis pela aproximação dos olhares. Quando ainda não havia o trem, o bonde ou o metrô, não existia a necessidade de que desconhecidos se olhassem por longos minutos, sem trocarem uma palavra. Inserida na cidade grande, onde há cada vez mais gente, a subjetividade do homem moderno torna-se fruto da experiência de ver e ser visto.

A moda europeia de então estava atrelada ao desenvolvimento da cidade e à experiência da vida urbana, uma vez que, segundo Giulio Carlo Argan, tudo o que compõe o espaço urbano, "até o tipo de roupa e de adornos com que as pessoas andam, [representa] seu papel na dimensão cênica da cidade".[16] A partir do século XIX, quando os estímulos da cidade acentuaram, cada vez mais, a consciência de uma subjetividade nos indivíduos, o ato de vestir ganhou outra dimensão, cumprindo um papel fundamental na representação do "eu" promovida pela sociabilidade urbana das cidades modernas. É difícil acreditar que, na Paris do início da década de 1920, Tarsila tenha ficado indiferente, nas palavras de Elizabeth Wilson, à consciência do "produto artístico [que] é o eu"[17] — um eu imbricado pelas sensações de liberdade, de medo, de euforia, de curiosidade e de insegurança que a experiência na cidade grande e moderna proporcionava.

tintas bonitas e vestidos elegantes

A rotina em Paris entre os anos 1920 e 1922 representava uma realidade diferente daquela vivida em São Paulo, cujo ritmo, mesmo em processo de modernização latente, estava longe de ser como o da capital francesa. No texto "Confissão geral", escrito para o catálogo da exposição Tarsila 1918-1950, ocorrida no MAM em 1950, a artista afirmou: "Depois de uma permanência de dois anos na Europa, de lá voltei trazendo uma caixa de pintura com muitas tintas bonitas, muitos vestidos elegantes e pouca informação artística".[18] Apesar de não mencionar o interesse pela arte moderna, ela sublinha a atenção que dedicou às roupas e à construção da aparência.

As fotografias de Tarsila do início dos anos 1920, quando comparadas com imagens da segunda metade da década, exibem uma artista diferente da musa modernista, e até sobressai a impressão de simplicidade e discrição nos trajes, mas não da modéstia referida por Souza Lima. Fotos de 1921 mostram Tarsila numa viagem a Londres, numa ocasião em que fora visitar Dulce, usando vestido, chapéu, sapato, bolsa e sombrinha (abaixo). Está com um vestido-casaco (ou *robe-manteau*) diurno sóbrio, provavelmente de lã (é o que parece, por conta do caimento e da opacidade), com gola marinheiro, mangas compridas e silhueta alongada.

Essa roupa, que segue a modelagem em T do quimono, sem cavas (a costura da manga está na metade do braço), tem cintura alongada, que apenas se insinua na direção do busto, e é frouxamente marcada por um cordão. O vestido termina logo acima do tornozelo, o que realça o sapato elegante, de salto Louis, lingueta alta e biqueira amendoada. O decote da peça também é em V, aberto, com gola marinheiro — um estilo do qual, aliás, Tarsila gostava bastante, já que

Tarsila do Amaral na Inglaterra, início da década de 1920.

outras de suas roupas tinham esse tipo de gola ampla, retangular atrás e formando um V na frente. As mangas são guarnecidas de um adereço discreto, que também parece feito de lã. Acessórios elegantes e condizentes com a moda feminina daquele tempo completam o traje de passeio informal, usado em ocasiões de lazer e em situações de viagem: chapéu com aba, decorado com uma faixa de tecido fino e estampado, bolsa (de couro de crocodilo, talvez?) e guarda-chuva, que, além de funcional, era um objeto decorativo.

Tarsila, desde o início da década, esteve atenta à moda francesa em seu exercício de construção da aparência. Sua elegância estava alinhada, por exemplo, a trajes publicados em 1920 na revista *Toilettes Parisiennes*, que descreveu, certa vez, um vestido-casaco parecido com o de Tarsila, em gabardine de seda, com faixa de tecido marcando a cintura, amarrada com nó frouxo. Em Paris desde meados de 1920, Tarsila parecia consciente da nova concepção de luxo que se forjara ao longo da Primeira Guerra Mundial. Sua aparência naquela época não denota modéstia, no sentido de desprezo ao luxo, mas simplicidade e discrição — valores ressaltados pelo novo luxo, aquilo que passou a ser considerado chique e elegante na moda feminina.

autorretratos

Por mais que Tarsila tenha experimentado a modernidade em seu cotidiano em Paris, foi ela própria quem ajudou a construir a narrativa de que sua adesão à arte moderna ocorrera na sua volta ao Brasil. Em 1950, na mencionada "Confissão geral", ela dizia: "Parece mentira… mas foi no Brasil que tomei contato com a arte moderna (o mesmo se deu, aliás, com Graça Aranha) e, estimulada pelos meus amigos, pintei alguns quadros onde a minha exaltação se comprazia na violência do colorido".[19] Já em "Recordações de Paris", de 1952, ela afirmou que a "verdadeira Paris" só viria a conhecer em 1923, ao retornar à Europa, apaixonada por Oswald. "Saindo do

Brasil em 1920, como aluna dócil de Pedro Alexandrino, fui cair em cheio no *pompier* do ambiente parisiense. Não tinha visitado nenhuma galeria moderna. Entre sorrisos zombeteiros, ouvia falar de Picasso, da Semana de Arte Moderna."[20] No mesmo ano, em "A propósito da 'Semana'", ela esclarecia que estava em Paris quando aconteceu a Semana de Arte Moderna e que soube do evento através de uma carta de Anita: "De volta ao Brasil em junho de 1922, só aqui vim tomar contato com a arte moderna".[21]

Nos seus textos dos anos 1950, há a insistência de que, no início da década de 1920, em relação à arte moderna, nada de profundo tinha tocado Tarsila. Mas é importante sublinhar as nuances que acompanham qualquer processo histórico, e, ao contrário do que repetiria mais tarde, no cotidiano parisiense narrado na carta à Anita Malfatti, Tarsila demonstra interesse pela arte moderna ainda antes de junho de 1922. Quando chegou a São Paulo, portanto, sua sensibilidade já estava "seduzida" por alguns conceitos modernistas.

De todo modo, levando em conta seus anos de formação — entre 1916 e 1923 —, seria a partir da segunda metade de 1922 que a sua produção artística avançaria no sentido de um encontro definitivo com a dicção modernista. Os autorretratos de Tarsila mostram seu esforço para adotar em seu vocabulário artístico o cubismo e as formas geométricas. O pastel sobre papel que serviu como um presente de aniversário a Mário de Andrade, datado de 9 de outubro de 1922, materializa a exaltação pela "violência do colorido" mencionada por Tarsila (ver imagem 1 do caderno de fotos). As cores amenas e a expressão quase bondosa do *Autorretrato com vestido laranja*, de 1921, dão lugar a uma representação um tanto enviesada, de olhar escuro e oblíquo, ressaltado por um conjunto cromático quase iridescente. O cabelo e a sobrancelha ficam entre o verde e o azul. Ela está plasmada pela cor. A expressão realista é substituída por um retrato feérico. O pescoço se alonga, as formas reconhecíveis e um pouco decalcadas do autorretrato de 1921 dissolvem-se em cor no pastel, para então serem reorganizadas no *Manteau rouge*, de 1923 (ver imagem 2 do caderno de fotos). O que vemos, então, é uma mulher insinuante, centralizada e trajada de vermelho, num conjunto em que a figura, geometrizada pela moldura da roupa, tem o corpo amalgamado ao traje num quadro de pinceladas lisas.

A representação do corpo de Tarsila sofre um processo de abstração experimentado de diferentes formas, mas a metamorfose parece se concluir com um salto moderno no *Autorretrato I*, de 1924 (ver imagem 3 do caderno de fotos). Nele, o eu de Tarsila é projetado na tela como uma forma geométrica economicamente pensada para atrair. O quadro é só rosto e brincos flutuando no espaço, sustentados pelo olhar direto do retrato, um tanto esfíngico. A obra foi reproduzida em diferentes momentos da vida artística de Tarsila: está presente nas capas dos catálogos de todas as exposições na década de 1920. A impressão é de que esse retrato é a forma mais bem-acabada da representação de si que Tarsila desejava alcançar, registrando sua beleza, sua competência técnica, seu gosto pessoal. Nas palavras de Maria Alice Milliet, "tal como uma marca adere a determinado produto e com ele se identifica; apontando que a criação faz parte da estratégia de lançamento e afirmação da pintora na cena internacional. Tarsila e Oswald foram cúmplices nesse plano".[22]

Nessa tela, está claro que a Tarsila que ficou é a do quadro, de perto acompanhada pela presença da mulher-artista que escolheu ser assim eternizada. A persistência da sua beleza está relacionada ao modo como se autorretratou: a cor do batom, vermelho, o risco dos lábios, os tons da pele e das pálpebras, o traço das sobrancelhas, o penteado e os brincos dourados e imensos. O impacto da aparência é uma construção, criada das pinceladas à maquiagem. A despeito do tom machista e equivocado que atravessa a insistente menção ao corpo e à beleza de Tarsila, a imagem que envolve a artista não pode ser desconsiderada, já que ela própria se sabia bonita e elegante, e usou sua aparência de modo a facilitar sua inserção nos meios sociais em que desejou penetrar.

Sem dúvida, seu surgimento como artista implicou uma mudança em sua forma de se apresentar ao público, espelhada no guarda-roupa — em muitas fotografias da década de 1920, por exemplo, Tarsila aparece vestida com trajes da *maison* Paul Poiret. Seu processo de adesão definitiva à estética das vanguardas foi corroborado por um convívio mais intenso com as ideias da arte moderna que circulavam no Brasil e pela nova temporada em Paris, em 1923. Essa fase se acelera ao conhecer Oswald de Andrade e Mário de Andrade e, com eles, aproximar-se do modernismo brasileiro. A "caipirinha" simples e discreta se tornaria a protagonista dos movimentos Pau-Brasil e Antropofágico.

"aquele fogo interior"

Oswald conta que se tornou amigo de Mário de Andrade em 1917, ano em que o grupo de São Paulo se aglutinou graças à polêmica em torno da exposição das obras modernas de Anita Malfatti. Nas palavras de Oswald, Mário, "um aluno alto, mulato, de dentuça aberta e de óculos" do Conservatório Dramático e Musical, "faz um discurso que me parece assombroso" de propaganda dos Aliados. "Corro ao palco para arrancar-lhe das mãos o original que publicarei no *Jornal do Comércio*. Um outro repórter, creio que d'*O Estado*, atraca-se comigo para obter as laudas. Bato-o e fico com o discurso. Mário, lisonjeado, torna-se meu amigo."[1]

No dia 20 de dezembro do mesmo ano, Monteiro Lobato publicou no jornal *O Estado de S. Paulo* um texto que ficou conhecido como "Paranoia ou mistificação?", originalmente intitulado "A propósito da exposição de Anita Malfatti". Lobato — àquela altura, um dos mais importantes críticos de São Paulo — fez uma análise brutal das obras, e, "se a crítica especializada, nesse instante, não acompanhou o autor de *Urupês*, pelo menos na violência das objurgatórias, a verdade é que com ele se solidarizou, cercando a jovem artista de um ambiente de hostilidades, desconfianças e ironias", afirmou Paulo Mendes de Almeida. Segundo o autor, "quadros [de Anita], que já haviam sido vendidos, foram devolvidos à artista, e houve mesmo quem pretendesse rompê-los a golpes de bengala — naqueles dias em que era moda o uso desse instrumento, e em que ele não servia apenas para complementar a elegância masculina...".[2]

"O coice monumental de Monteiro Lobato",[3] como descreve Oswald, rejeitava as correntes artísticas de vanguarda e defendia a representação acadêmica. O então futuro criador do Sítio do Pica-pau Amarelo foi, portanto, considerado um passadista "por um grupinho de intelectuais paulistas", como se autodefinira Mário de Andrade na famosa conferência de 1942. O "grupinho", formado por ele, Oswald, Menotti del Picchia, Guilherme de Almeida e Emiliano Di Cavalcanti — que havia incentivado Anita, recém-chegada a São Paulo, vinda de Nova York, a expor suas obras —, se posicionou na imprensa em defesa da pintora.

os "novos de são paulo"

O movimento modernista brasileiro foi amplo, com várias fases, e englobou literatura, artes plásticas, música e arquitetura. A primeira geração, de que Tarsila e Oswald são figuras proeminentes, é fortemente marcada pela influência das vanguardas europeias e a busca de uma identidade nacional. Durante a década de 1920, houve duas orientações distintas, ainda que complementares, no modernismo brasileiro. Num momento inicial, de 1917 a 1924, a ação principal do movimento foi estabelecer uma guinada na produção artística brasileira, procurando atualizá-la em relação à Europa e criticando o tipo de arte e de literatura que eram feitas no Brasil, ambas atreladas a um excesso de academicismo. De meados até o fim da década, a questão da brasilidade ganha força, tornando-se o horizonte da intervenção de alguns artistas, cujos projetos estéticos se voltam para a pesquisa e a construção de uma identidade nacional.[4]

No centro da construção da ideia de Brasil moderno está a cidade de São Paulo, descrita como o lugar onde uma nova linguagem é exigida. A elite brasileira tentava criar para si uma arte nacional "a partir" e "apesar" do modelo europeu importado e consumido, ao mesmo tempo que a retórica da ideia de progresso e de desenvolvimento era endossada pelas reformas urbanas. Por mais que as estruturas políticas fossem as mesmas, a aparência das cidades, como Rio de Janeiro, São Paulo e Belo Horizonte, ganhava novas feições. O cotidiano, com bondes elétricos, automóveis, trens, cartazes pelas ruas e fachadas, e ainda jornais, revistas ilustradas, álbuns de visitas, fitas de cinema ou clichês em cores, era experimentado como velocidade, e gradativamente o ritmo da vida se alterava.

A cidade modernizada e reformada se impunha, e novas tecnologias de transporte, de comunicação e de produção de bens culturais, como livros e artes plásticas, afetaram as práticas artísticas de então. Mesmo na obra de Olavo Bilac é possível entrever a tensão entre a produção jornalística feita em série (usando técnicas com que a escrita modernista estaria alinhada) e a poética artesanal oposta à pressa dos métodos industriais. A construção da arte e da literatura modernas no Brasil é cheia de questões, dilemas e negociações. Nas primeiras décadas do século XX, já estavam em cena referências à indústria, aos trabalhadores imigrados, à classe operária e às novas técnicas de reprodução e difusão.

O modernismo paulista faz parte de uma ampla lógica de modernização que tem como pano de fundo alterações no cenário político do país, em especial na consolidação de São Paulo como centro de decisões. Paradoxalmente, por mais que o modernismo apresentado na Semana tenha sido um movimento de mudança pautado num desejo de modernização, não se pode desconsiderar sua função como mecanismo de legitimação cultural de uma classe hegemônica, ligada aos mandos da Primeira República.

De todo modo, a Semana de Arte Moderna está inserida no quadro geral da nossa cultura como marco do modernismo, levando o sociólogo Octavio Ianni a dizer que "parece que o Brasil começa a ingressar no século XX nesse ano": "por dentro e por fora dos interesses liberais e patrimoniais, predominantes nos governos republicanos, surgiram novas propostas, outras ideias. Nesse sentido é que 1922 é uma data simbólica".[5] Os "novos de São Paulo", assim batizados por Joaquim Inojosa em 1925, se imbuíram do papel de criar uma linguagem moderna nesse ambiente agitado. Eles procuravam a incorporação das informações vindas da capital francesa e inflavam polêmicas contra o passadismo na imprensa. É importante lembrar que, nessa época, o *Correio Paulistano*, jornal tradicional que muitas vezes esteve a serviço do Partido Republicano Paulista (PRP), de orientação reacionária e conservadora, cedera suas colunas aos "revolucionários" das letras e das artes.

Inaugurado em 1914, o Teatro Municipal foi palco da Semana nos dias 13, 15 e 17 de fevereiro de 1922. O festival, com intuito renovador, atiçou as polêmicas contra o passadismo e contou com exposição de artes plásticas, sessões literárias e musicais. O evento seguiu um modelo importado da França, do balneário elegante de Deauville, onde ocorriam festivais semanais de arte, música e também de moda — foi lá que Gabrielle Chanel abriu sua primeira butique, em 1913. Marinette Prado, esposa de Paulo Prado, foi quem propôs a realização de uma semana de arte: "Sugeri simplesmente que se fizesse algo como em Deauville, na temporada, quando os festivais se realizavam, inclusive de moda, exposição de quadros, concertos etc.".[6] Já Di Cavalcanti lembra que falavam "da Semana de Deauville e outras semanas de elegância europeia. Eu sugeri a Paulo Prado a nossa semana, que seria uma semana de escândalos literários e artísticos, de meter os estribos na barriga da burguesiazinha paulistana".[7]

A Semana trouxe um sentimento de grupo importante, que talvez ainda não tivesse sido engendrado no contexto das letras e das artes no Brasil. Segundo Mário da Silva Brito, Oswald, cujas mensagens tinham como arma o riso, a ironia, o escândalo, se colocava como "o arauto da Semana de Arte Moderna". Em jornais e revistas, os "novos" "haviam empreendido a revisão dos valores, e sustentavam, quase que diariamente, polêmicas e bate-bocas que chegavam até ao desaforo".[8] Pedro Nava relata a agitação que o evento causou na juventude intelectualizada de Belo Horizonte e a influência despertada pela produção do grupo modernista de São Paulo:

> Nossa gratificação estava na literatura e aquele generoso 1922 nos deu Guilherme com *O livro de horas de soror Dolorosa, Era uma vez*; Oswald com *Os condenados*, a formidável sequência dos números de *Klaxon* e a bomba das bombas — Mário com a *Pauliceia desvairada*. [...] Estávamos vingados de tudo. Eram os anos 1920. Nós regulávamos com o século e íamos também nos nossos também anos 20 também. E sem querer estávamos fazendo uma revolução. Essa mesmo. Essa que ainda rola por aí.[9]

no ateliê da rua vitória

Em junho de 1922, quando voltou ao Brasil depois da temporada na Europa, Tarsila foi introduzida ao grupo modernista de São Paulo por Anita Malfatti. As duas tinham se conhecido ainda no final da década de 1910, nas aulas de Pedro Alexandrino, que Anita, passada a repercussão da exposição de 1917, começara a frequentar. Foi Anita, então, que a apresentou a Mário de Andrade, Menotti del Picchia e Oswald de Andrade. Juntos, formaram o Grupo dos Cinco, e, no segundo semestre de 1922, Tarsila viveu meses de euforia com os novos amigos e a paixão por Oswald. Trinta anos mais tarde, ela ainda diria sobre o Grupo dos Cinco:

> Não nos largávamos. Em disparada louca no Cadillac de Oswald, voávamos por toda a parte, num dinamismo à Assis Chateaubriand, para dar vazão àquele fogo interior, necessitado de uma válvula de

expansão. Meu ateliê da Rua Vitória tornou-se durante seis meses o centro para onde convergiam os exaltados da revolução artística".[10]

Em suas memórias, o "fogo interior" de cada um dos "exaltados da revolução artística", o desejo e a animação se misturam numa metáfora bem ao gosto modernista pelos elementos mecânicos, representados por "uma válvula de expansão".

Os amigos se reuniam no grande e acolhedor ateliê à rua Vitória, número 133, como retratado no conhecido desenho *Grupo dos cinco*, de Anita (ver imagem 6 do caderno de fotos). Mário e Tarsila, de costas, estão juntos ao piano, os ombros colados. Oswald e Anita dormem, recostados em almofadas; ela no sofá, ele no chão, sobre o tapete. Menotti, também deitado no chão, virado para cima, tem os braços cruzados e uma mão no queixo, como quem pensa. Os três homens estão de terno e, mesmo deitados, usam sapatos (Menotti parece até vestir polainas).

O vestido de Anita, amarelo, tem mangas longas, cintura baixa e decote canoa. Já Tarsila, de rosa, está com os braços à mostra e com um decote que desce às escápulas. Seu vestido, marcado na cintura, é longo. Chama atenção a cabeça das mulheres: Anita usa os cabelos curtos e faixa, e o penteado de Tarsila é um coque alto que recolhe "sua cabeleira revolta de sonhadora impertinente", como descreveria Joaquim Inojosa. Apesar do clima de entrosamento, os modos de vestir revelam a formalidade — tanto nos paletós e nos sapatos dos homens, como nos penteados das mulheres — que pontuava as relações dos círculos sociais a que pertencia o Grupo dos Cinco. O desenho, feito em cores amenas, à caneta e a lápis de cor, representa uma cena de elegante simplicidade, desfrutada na intimidade.

Já na crônica "Corações em êxtase...", de Menotti del Picchia, publicada em 1º de setembro de 1922, dia do aniversário de 36 anos de Tarsila, o ateliê surge como um ambiente suntuoso, onde as cores ganham intensidade e contraste.[11] A decoração, a mesma que aparece no desenho de Anita, é descrita de modo luxuoso e nobre: almofadões búlgaros, bricabraque aristocrático, losango do vasto tapete, xale sevilhano. Mário de Andrade toca violão "como esses fascinadores de serpentes, esses fakirs enigmáticos", criando uma atmosfera inebriante. Menotti usa palavras e expressões que conferem um clima de sensualidade e de transfiguração à noite passada no ateliê de Tarsila, tais como "absortos, olhar vago", "cascatear cristalino das harmonias que brotavam", "saudade sonora", "gemer nostálgico de queixa", "magia misteriosa do seu talento musical enorme". Por fim, a "música, sugestiva, emotiva" traz um afrouxamento das relações sociais: "Parecia haver corações aos soluços, lá, no alto, onde as paixões desbordam livres de convencionalismos e de peias".

Em sua visão dos "novos de São Paulo", o pernambucano Joaquim Inojosa também ressaltou o luxo do ateliê à rua Vitória, e a beleza de Tarsila, "com os seus lindos olhos sevilhanos".[12] A cena é provocativa e um tanto irônica, com um tom quixotesco: entre "fofas almofadas", "livros e revistas", Tarsila assume ares de donzela cortejada pelos "cavaleiros andantes do ideal", Oswald, Mário e Rubens Borba de Moraes. Ao mesmo tempo que flertava com Oswald, ela foi venerada pelo grupo em uma atmosfera de fascínio — aveludada das almofadas aos olhos — que não deixou de contribuir para um estado de ânimo que propiciava a entrega e a amizade.

Esses meses de encantamento estão registrados nas obras que Tarsila realizou à época, sob o enlevo do clima de entusiasmo. Por exemplo, os retratos de Mário e Oswald, a óleo (ver imagens 4 e 5 do caderno de fotos). Os dois — seus bustos — são apresentados vestidos de modo formal, com terno, gravata, camisa branca e colarinho engomado; o autor de *Pauliceia desvairada* usa azul-marinho, e o poeta de *Pau-Brasil*, verde-oliva. A elegante figura de Mário de Andrade — destacada sobre o belo fundo azul-claro decorado, com os cabelos e os pelos da face também azulados — olha na diagonal da tela, sério e altivo, apesar dos olhos sorridentes. Tarsila não deixou de registrar a marca do amigo: os óculos redondos, de aros dourados. Já Oswald — o futuro marido, aquele a quem Tarsila cederia aos encantos — encara, sedutor, a artista. A sombra que emoldura seu semblante dá destaque à cor verde de seus olhos. O fundo da tela, com tons entre rosas e azuis (as cores preferidas de Tarsila), contribui para a atmosfera envolvente desse retrato. Os cabelos de Oswald, negros e azulados, a boca vermelha e o maxilar quadrado delineiam uma figura máscula e convidativa. Poucos anos mais tarde, ele diria na seção "Secretário dos amantes", do livro *Pau-Brasil*: "Ando desperdiçando beleza/ Longe de ti".

tarsiwald

Em 20 de novembro de 1922, a bordo do *Lutetia*, voltando a Paris, Tarsila escreveu a Mário de Andrade, chamando-o de "meu bom amigo": "A vida agitada de bordo não me fez esquecer-te e nem as deliciosas reuniões do Grupo dos Cinco. Hás de ver como não o fará também a vida turbilhonante de Paris".[13] Das aventuras em grupo nascera a paixão entre Tarsila e Oswald, e quando ela retorna à Europa os dois já haviam iniciado um romance. Oswald vai ao encontro de Tarsila em dezembro de 1922. E em março de 1923, em carta do dia 7, ele confidencia a Mário: "Estou amigado".[14] Nos anos iniciais do namoro, o casal viveu uma relação mais ou menos clandestina porque Tarsila ainda era oficialmente casada com André Teixeira Pinto, de quem se separara no final da década de 1900.

"Tarsiwald" foi o apelido criado por Mário de Andrade, num poema datado de 7 de dezembro de 1925, logo depois do noivado oficial de Tarsila e Oswald:

Poema Tarsiwald

Pegue-se 3 litros do visgo da amizade
Ajunte-se 3 quilos do açúcar cristalizado da admiração
Perfume-se com 5 tragos da pinga do entusiasmo

O poema ambiguamente "prescreve" uma receita de amor tão intensa que chega a ser enjoativa. Apesar da valoração dos desejos, da amizade, da admiração e do entusiasmo, não passam despercebidos o visgo, a pinga inebriante, o excesso de açúcar, o melado "pegajento" e, por fim, o modo como esse amor entra goela abaixo. É também interessante o verso final do poema, "Amen", como uma oração, uma bênção, mas com um evidente tom irônico, denotando reverência e irreverência.

A relação amorosa trouxe mudanças significativas para as carreiras de ambos. Na medida em que Tarsila adere às tendências gerais da arte moderna, sobretudo ao cubismo, afirmando-se como pintora brasileira e produzindo uma arte aprovada por seus pares modernistas, cresce o interesse do casal pela moda francesa e a disposição em investir em trajes da alta-costura. Oswald também parece tomar conhecimento de algumas grifes estrangeiras de roupa masculina, como a Sulka. Enquadrados no sistema moderno de arte, cujo mercado tende a privilegiar autores, e não obras, a figura do artista e a construção da aparência passam a ganhar destaque.

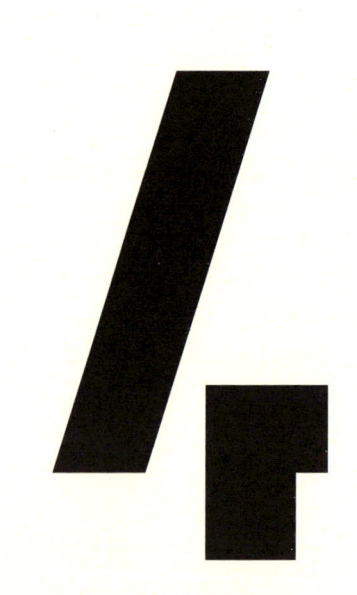

etiqueta modernista:
modos de usar

A gama de artistas — escritores, artistas plásticos, músicos — e seus parentes, amigos, colaboradores e incentivadores, que formaram o entourage modernista, esteve alinhada às normas do vestuário de elite. Nas reuniões, nos encontros, nos almoços, nos salões, nos diversos tipos de práticas sociais por onde circularam, vestiam-se de modo formal e mantinham a etiqueta da classe dominante. As fotografias de grupo são exemplares para conhecermos os gestos, as poses e as fisionomias apreendidas pelos retratos.

A proliferação dos manuais de etiqueta ao longo do século XIX atesta como as normas internalizadas da elegância constituem um capital simbólico importante de distinção. Nos anos 1920, esses manuais classificavam os trajes em formais, informais e fantasias. Ao grau de formalidade estavam ligados materiais e acessórios prescritos, determinados pelas ocasiões, pelo local do evento e pela hora do dia. Os trajes formais eram divididos em passeio — para o dia, em ocasiões formais, complementado com acessórios como chapéu, sobretudo, luvas etc. — e gala — roupas usadas à noite, em situações de grande formalidade.

Os trajes informais eram três: esporte, passeio informal, caseiro. O primeiro, específico para a prática de algum esporte. O traje caseiro, ou de interior, estava circunscrito ao espaço da casa e tinha como característica a ausência de acessórios. Os trajes de passeio informal não tinham todos os complementos prescritos pelo passeio completo e eram usados em ocasiões de lazer, como viagens ou almoços.

paletó, colete e calças compridas

Nos registros das reuniões do modernismo, chama atenção a ausência de mulheres. Num encontro em São Paulo, na casa de Baby e Guilherme de Almeida, em 1922 (p. 72), a anfitriã é a única mulher entre dez homens. Além de seu marido, Antônio Carlos Couto de Barros, Mário de Andrade, Rubens Borba de Moraes, Tácito de Almeida (irmão de Guilherme) e Yan de Almeida Prado, entre outros, posam de pé diante de um muro de hera — silhuetas dos corpos vestidos que se desenham no espaço. A exceção é Mário, sentado de pernas cruzadas, meio de lado, numa cadeira de madeira clara. Ele ri largo e seu chapéu de feltro — provavelmente, um modelo Homburg, com uma fenda na copa e aba estreita — está sobre a grama.

Belkiss Barrozo do Amaral, depois das núpcias chamada Baby de Almeida, casou-se com Guilherme nesse ano de 1922. A seção "Danças" do livro de poemas *Remate de males*, de Mário de Andrade, é dedicada a ela. Em carta de 16 de novembro de 1924, Manuel Bandeira escreve a Mário contando que na noite anterior estivera na casa de Guilherme de Almeida, e ressalta: "D. Baby, de cabelos cortados e franja. Lindazinha! Tão menino".[1] Na época da foto, ela ainda usava os cabelos compridos, à ocasião repartidos ao meio e presos à nuca. Seu rosto está levemente borrado na fotografia. Usa um vestido longo e largo, que poderia ser de crepe de seda, com mangas soltas, cintura rebaixada por uma faixa que envolve o corpo, mas sem apertar, e bordado embaixo do busto.

Nos anos 1920, o código do vestir era mais rígido e normativo. Não apenas as roupas e os acessórios, mas também corpos e gestos — os cabelos e a estética facial — estavam sob controle, devendo ser corretamente manejados por aqueles que dominavam o código da etiqueta e detinham o capital da elegância. Nesse encontro na casa de Baby e Guilherme, os homens estavam de terno, colarinho duro, gravata, lenço no bolso do paletó. Têm a cara raspada e os cabelos engomados. O terno — composto de três peças, paletó, colete e calças compridas — é o traje do homem moderno.

Sendo uma roupa essencialmente atrelada à ética do trabalho — uma oposição moral ao ócio aristocrático —, sua difusão como o padrão do vestuário dos homens está ligada à consolidação da classe e da cultura burguesas, ao longo do século XIX. Foram incorporadas à aparência masculina noções caras às religiões protestantes e à burguesia: o culto à poupança, o elogio ao comedimento, a valorização da sobriedade e da simplicidade. Mas o resultado da imposição da modéstia é aquilo que Philippe Perrot chamou de "vaidade 'ao contrário'": "homens com aparência espetacularmente despojada", que substituem "a importância do ornamento pela sua ausência".[2] Na moda feminina, a assimilação de tal ideia de modernidade ocorrerá justamente a partir da década de 1920.

Na foto, alguns usam a gravata um pouco estufada, como era moda na época. Um dos senhores, que está entre Baby e Guilherme de Almeida, tem o visual bastante formal e um tanto antiquado, com gravata regata, colarinho levantado (com as pontas quebradas) e polainas. Predominam os sapatos masculinos de cadarço, apesar de Rubens Borba de Moraes também usar polainas. Feitas de couro ou tecido, elas tinham a função de proteger os sapatos da sujeira e

Amigos reunidos na casa de Baby e Guilherme de Almeida, 1922.

do desgaste. Seu uso foi popular no final do século XIX, e a essa altura, e para tal ocasião — um encontro em que se reuniram modernistas —, as polainas denotam um gesto antiquado, mesmo para o ambiente conservador da elite paulista. Em 1898, no texto "O calçado", Adolf Loos relaciona a modernidade à velocidade do andar e ao tipo de calçado usado. "Os sapatos com cadarço irão dominar o século XX, tal como as botas dominaram o XIX."[3] Loos se refere ao elegante sapato estilo Oxford, também presente na fotografia, feito de couro, com salto baixo e cadarços.

Alguns paletós, como o de Tácito de Almeida, no canto direito, são ajustados na altura da cintura. A silhueta masculina exibia muitas formas em meados da década de 1920, talvez até mais do que a feminina. Paletós apresentavam ombros levemente arredondados e uma prega na cintura, um pouco acima do quadril. No retrato, os trajes são de passeio e a formalidade está expressa nos modos de vestir, na maneira como, por exemplo, o primeiro botão do paletó é abotoado. Gestos seguros e desafiadores, braços cruzados. Olhares blasés, distantes, ou enfrentamento atrevido da câmera. Fisionomias simuladas e sorridentes. Pessoas que foram assimiladas pelas narrativas da história como intelectuais, poetas e artistas daquilo que chamamos modernismo brasileiro. O modo como Mário de Andrade se deixa fotografar é particularmente espirituoso: sorridente, ajeitado de banda na cadeira, ele olha para a câmera.

Qual terá sido o motivo da reunião? Terá havido uma razão específica, ou foi mais um encontro de amigos? Há notícia de que tenha sido em razão do noivado de Baby e Guilherme. De todo modo, pelo destaque dado a Mário no jardim, os amigos do poeta podem ter aproveitado a ocasião para homageá-lo — uma comemoração por conta do lançamento de *Pauliceia desvairada*, que ocorreu em julho de 1922.[4]

bengalas e chapéus

Além dos vernissages e das visitas às exposições, o almoço era uma ocasião social interessante, que exigia certo grau de formalidade e, ao mesmo tempo, permitia alguma descontração, refletida nos gestos e nos trajes, graças ao clima de proximidade e amizade que a circunstância propiciava. Normalmente, o almoço tinha objetivos práticos, como prestar uma homenagem ou angariar fundos, caso do almoço em homenagem ao palhaço Piolim, em março de 1929, no Clube de Antropofagia, em que Tarsila do Amaral usou o vestido *Dieppe*, da *maison* Paul Poiret. No início da década de 1920, o terno com paletó-saco de abotoamento simples ou cruzado passou a ser usado em larga escala nas ocasiões formais, substituindo gradativamente a sobrecasaca e o fraque. Confeccionado em tecidos de lã, durante o dia os tons variavam entre cinzentos e marrons.

Grupo de homens em almoço ao ar livre, *c.* 1920.

Na imagem acima, uma fotografia tirada por volta de 1920, vemos uma paisagem de homens acinzentados, um grande grupo de pessoas elegantes almoçando ao ar livre. Com a refeição em curso, o fotógrafo registrou mais de trinta figuras masculinas vestidas de terno, sentadas em volta de uma longa mesa posta, com pratos, copos e garrafas de bebida. Monteiro Lobato está presente no retrato e é possível reconhecer, à esquerda, Oswald de Andrade, ao lado do homem magro e prognata, de bigodes. Diante de Oswald, à direita, está Guilherme de Almeida, um sujeito miúdo olhando para a câmera fotográfica. Lobato parece vir logo em seguida do bigodudo com maxilar proeminente. O cenário é um bosque cuja profundidade se pode deduzir pelo ângulo da fotografia, agudo na perspectiva, o que dá um caráter feérico à paisagem, como se a extensão das árvores se repetisse em *mise en abîme*.

Às árvores do bosque foram acrescentados os acessórios masculinos, peças que compunham os trajes formais, de passeio: bengalas e chapéus, pendurados nos galhos ou recostados nos troncos. Todos estão bem-vestidos e, a despeito da diferença dos tipos físicos, os homens parecem estar uniformizados, não só pela semelhança das roupas, mas também pela disciplina latente na imagem, expressa nos cabelos engomados para trás, no modo de dispor as mãos e segurar os cigarros, na seriedade com que olham para a câmera. Apenas um ou outro conviva esboça uma expressão sorridente, visível mais no olhar do que na boca.

Na etiqueta dos trajes de passeio, o uso das bengalas e dos chapéus era regrado por detalhes sutis que deveriam ser observados pelo homem distinto e elegante. O status da bengala como um objeto da moda masculina começa a declinar a partir do final da década de 1920, mas, até aquele momento, ainda se mantém como signo de virilidade. O homem "bem-nascido" era reconhecido pelo estilo da bengala e pelo domínio que tinha desse acessório. As normas indicavam também a maneira como ele gostaria de se apresentar: clássico, elegante, bem-humorado, arrojado.

Na fotografia, há três tipos de chapéu visíveis, pendurados nas árvores, apoiados nas bengalas ou pelo chão: o chapéu-coco, um modelo que parece o Homburg e o palheta, comuns nos primeiros trinta anos do século xx. O chapéu, assim como a bengala, complementava os trajes masculinos e era obrigatório até a década de 1950. O palheta, como o nome já diz, é feito de palha, tem a copa chata e a aba reta. O chapéu-coco e o Homburg são de feltro. O coco — também chamado *bowler hat*, em inglês, ou *melon*, em francês —, um chapéu duro de copa arredondada e aba curta, curvada dos lados, era associado aos homens de negócios londrinos.[5]

O uso do chapéu compreendia reconhecer as circunstâncias em que era necessário retirá-lo da cabeça e manejá-lo. Paulo Mendes de Almeida, ao falar de Flávio de Carvalho, lembra um episódio, ocorrido em 1931, em que fica evidente a importância do significado expresso pela manipulação do chapéu em determinadas situações que exigiam formalidade:

> Um belo dia, em que se realizava a procissão de Corpus Christi, certo cavalheiro postou-se à passagem do cortejo, em pleno centro da cidade, de chapéu na cabeça. "Tira o chapéu! Tira o chapéu!" — foram os rogos que logo choveram da multidão de fiéis. [...] Teimando em persistir de cabeça coberta, o homem, em dado momento, sentiu que lhe iam arrancar à força o chapéu, e possivelmente agredi-lo. Foi quando empreendeu uma fuga espetacular, refugiando-se no *"toilette"* de uma leiteria da rua Direita. [...] O homenzinho, homenzarrão, aliás, chamava-se Flávio de Carvalho.[6]

Mário de Silva Brito também se recorda da etiqueta e da gestualidade próprias do uso do chapéu, vinculadas às boas maneiras e à elegância, no início da década de 1940, quando foi apresentado a Mário de Andrade: "Ficamos nos conhecendo 'de vista', de cumprimentos cerimoniosos em eventuais encontros, ele tirando o chapéu, eu também, pois naquele tempo ainda se usava essa peça, logo depois abolida pelos mais moços".[7]

gravatas no hotel terminus

Na história do modernismo brasileiro, existe uma fotografia bastante célebre que registra os elos afetivos, literários, políticos e financeiros que entraram em cena no movimento (p. 77). Durante décadas acreditou-se que o retrato teria sido tirado num almoço comemorativo ao fim da Semana de Arte Moderna, mas hoje sabemos que foi feito em 16 de janeiro de 1924, no Hotel Terminus, que ficava à rua Brigadeiro Tobias, esquina com a Washington Luís, em São Paulo, num almoço em homenagem a Paulo Prado.[8]

A imagem ilustra e ajuda a construir as narrativas em torno dos acordos que ali se desenhavam entre os personagens do modernismo. São dezesseis homens bem-vestidos, e Oswald, aos 34 anos recém-completados dia 11, está sentado diante do grupo.

Como nota Carlos Augusto Calil no artigo "A fotografia que (não) foi feita na Semana", "a foto revela naturalmente um eixo, de Prado no centro a Oswald, que ocupa o primeiro pla-

Fotografia do almoço no Hotel Terminus, 1924 (detalhe).[9]

no. Há uma afinidade entre ambos que extrapola a adesão ao tabagismo e a elegância apurada".[10] Atrás de Oswald, nas cadeiras, estão Rubens Borba de Moraes, Luís Aranha e Tácito de Almeida. Trata-se de uma fotografia posada e absolutamente planejada, apesar de Mário de Andrade estar encurvado ao lado do baixinho Cândido Mota Filho, que usa gravata-borboleta e paletó transpassado com abotoamento duplo. Os homens dispostos na escadaria do Hotel Terminus estão vestidos com trajes formais de passeio, e alguns estão de colete branco, código que indica maior formalidade: entre eles, Mário e Paulo Prado. Couto de Barros, no canto esquerdo, com olhar enviesado, tem paletó justo e calças curtas.

O registro deve ter sido realizado após a refeição, no momento em que, como era de hábito entre a alta burguesia no século XIX, os homens se reuniam para fumar. Manuel Bandeira, apesar de tuberculoso, segura um charuto. Outras mãos seguram cigarros. Na difícil arte de saber onde colocar as mãos, Couto de Barros e Mário preferem tê-las escondidas atrás do corpo, Cândido Mota Filho e Graça Aranha as apoiam nas costas da cadeira que têm na frente, e Luís Aranha pousa uma mão sobre a outra, numa atitude contida e controlada. Ninguém usa barba, e apenas os cinco mais maduros têm bigodes: Paulo Prado, Flamínio Ferreira, René Thiollier, Graça Aranha e Manuel Villaboim.

Como não poderia deixar de ser, todos os homens estão de gravata, e são visíveis três modelos diferentes: as regatas, as modernas e as gravatas-borboletas. A gravata compõe a elegância do guarda-roupa masculino, e na década de 1920 ainda era uma peça obrigatória entre as classes médias e altas, que não duvidavam da necessidade do seu uso. O gesto de dar o nó na gravata sempre exigiu destreza e bom gosto, e em meados do século XIX diversos manuais ensinavam a arte de dar nós. As normas relacionadas a esse acessório diziam respeito ao modo de dar o nó, ao modelo, à cor e à estampa, que variavam de acordo com a ocasião e a hora do dia. O nó da gravata está associado ao colarinho, pois naturalmente o espaço deixado para o nó influencia o estilo da gravata.

Na fotografia no Hotel Terminus, os colarinhos são engomados e alguns estão virados para cima, como os de Flamínio Ferreira, René Thiollier e Gofredo da Silva Teles, os que usam as gravatas mais antiquadas: o borboleta e o nó regata (ou *four-in-hand*) das gravatas de seda preta, comum no vestuário masculino de elite inglês entre as décadas de 1890 e 1900. A regata, como as de Flamínio e Gofredo, é a primeira versão da gravata moderna, sendo menos estável, usada com o colarinho levantado. Ao longo do século XIX, no quadro da Revolução Industrial, novas formas de trabalho fizeram com que a gravata se tornasse acessório cotidiano dos trajes masculinos, sobretudo de uma classe média atada à vida no escritório. Na década de 1920, a gravata moderna se fixa como a conhecemos hoje: longa, estreita, estável (permanece firme, sem folgar durante o dia), fácil de amarrar, respondendo à necessidade de simplicidade e conforto. Apesar de no século XIX as gravatas terem sido pretas ou brancas, a uniformidade foi compensada pelo surgimento de inúmeros materiais, cores e estampas, firmando-as como vestígio decorativo da roupa dos homens.

A partir do surgimento da gravata moderna derivada da regata, a borboleta se tornou uma forma de distinção, seja pela via da marginalidade, seja pelo lado da formalidade, pois, como indica François Chaille, se a gravata-borboleta poderia assinalar "o não conformismo, a fantasia, a liberdade de espírito", sendo usada como uma espécie de "ícone das profissões intelectuais, liberais e criativas", era obrigatória em trajes formais noturnos, trajes de gala masculinos, um "elemento indissociável do smoking — sendo de preferência preta ou de uma cor escura — e da casaca — invariavelmente branca, em piquê de algodão, sobre um colarinho levantado com as pontas viradas para baixo".[11] Dentre os que estão de gravata-borboleta, as de Manuel Bandeira, Francesco

Pettinati e Cândido Mota Filho são mais informais, se alinhando à ideia da liberdade de espírito.

A diversidade das gravatas exibidas acaba por demonstrar as tensões que atravessavam essas figuras. Sendo a regata um modelo antiquado, adotado antes da gravata moderna, é interessante analisar sua adoção por parte do grupo. À direita do eixo Paulo Prado-Oswald de Andrade, de pé, estão aqueles vestidos de modo mais formal e conservador. À esquerda, as gravatas modernas e as gravatas-borboleta. Ao relacionar roupas e posicionamentos estéticos, Manuel Bandeira, que defendia firmemente a liberdade de criação diante dos ataques dos modernistas à tradição, chama atenção. Sua liberdade intelectual, simbolizada na gravata-borboleta, merece destaque.

Se Oswald era o modernista mais radical, por que seu traje — com calça risca de giz — é mais conservador que o de Bandeira? "Palestrando", diz Joaquim Inojosa, "Oswald tem um riso para tudo: narra anedotas e faz trocadilhos, satisfeito e irônico como um bom burguês."[12] A imagem do bom burguês, marcado pela ironia, define Oswald nessa foto. É claro que não se poderia esperar que vestisse uma roupa menos formal na ocasião, já que o almoço era um ato de confirmação da aliança de Oswald com Paulo Prado, grande exportador de café e o mais importante signatário do *Manifesto da Poesia Pau-Brasil*, programa de exportação cultural e de trocas simbólicas. Desse modo, Oswald sabia que, nesta circunstância, era necessário atentar para as regras da elegância conservadora que enquadrava seu meio social. Diante de Paulo Prado, parceiro intelectual e comercial, era necessário colocar-se como um bom burguês, de camisa alvejada, gravata moderna, lenço e cabelos penteados ao meio.

Mas Oswald também não deixa de expressar seu humor. Sua postura — sentado ao chão, de pernas cruzadas — faz parte daqueles gestos que, nas palavras de Jean-Loup Rivière, são capazes de "subverter a transparência ou a naturalidade socialmente reconhecidas das formas de linguagem e de poder".[13] O ambiente é cheio de vaidade. Oswald parece satisfeito por estar destacado dos demais, assumindo um lugar de protagonista que lhe aparenta ser confortável. Muitos gestos são inconscientes e acabam por revelar elementos da nossa personalidade que desejaríamos passassem despercebidos, como talvez tenha sido, no retrato, o caso de Mário ao se encurvar, ou de Graça Aranha, ao virar o corpo levemente em diagonal, altivo.

Oswald, no chão diante de mais de uma dezena de homens vestidos com formalidade, mantém o olhar firme e desafiador, com uma mão no tornozelo, numa atitude natural, enquanto a outra, apoiada no joelho, segura o charuto. Suas mãos são longas e másculas e ele usa um anel (uma aliança?) no dedo médio. Nas suas muitas imagens, nem sempre é retratado o homem charmoso e sedutor que surge nessa fotografia, porque é comum sua aparência denotar certo desleixo, prevalecendo um tom humorístico, mas aqui surge um Oswald satisfeito e confortável no papel de "bom burguês". Havia razões concretas, afinal, para que ele estivesse radiante: a relação amorosa com Tarsila, os pactos — estético e econômico — selados com Paulo Prado, a chegada de Blaise Cendrars, as viagens e a publicação do manifesto.

O gesto de Oswald remete, inclusive, a um trecho do *Manifesto da Poesia Pau-Brasil*, que seria publicado dois meses depois, em que defende o "contrapeso da originalidade nativa para inutilizar a adesão acadêmica".[14] Essa proposta da originalidade que equilibra a norma é incorporada por Oswald no retrato. Contrabalançando sua adesão social e financeira, ainda que não a "acadêmica", ele aposta naquilo que foi uma característica importante da sua personalidade e da sua produção artística: o humor. A irreverência põe em contraste certa informalidade com a seriedade da roupa e a importância da ocasião. Só que, em vez de a cena destituir de poder o seu principal ator, acaba por intensificar o domínio do fotografado.

oswalds

A maneira como Oswald se deixou fotografar na década de 1920 revela muitos Oswalds: uma aparência múltipla, que transitava entre o homem rico e bem colocado e o artista que se vestia para desafiar. Aceito em seu meio, tinha plena consciência do impacto de sua presença, permitindo-se, por isso mesmo, estabelecer com seu público uma relação paradoxal, que misturava desejo de provocar escândalo e de ser aceito. "Ele escandalizava pelo fato de existir, porque a sua personalidade excepcionalmente poderosa atulhava o meio com a simples presença. Conheci muito senhor bem-posto que se irritava só de vê-lo",[1] escreveu Antonio Candido. De fato, durante as décadas de 1920, 30 e 40, a presença de Oswald causou impacto na burguesia endinheirada de São Paulo. Candido menciona as "luvas de palhaço" que tanto incomodavam a elite paulistana: "Eram as que punha de vez em quando, penso que feitas para esporte de inverno, de tricô, brancas com uns motivos pretos vistosos. 'Foi Blaise Cendrars quem me deu', disse ele sorrindo certa vez, na Livraria Jaraguá, onde passava sempre".[2]

O uso de uma ironia cortante foi a engrenagem daquilo que o próprio Oswald chamou de "complexo de rebeldia".[3] O humor, inclusive, aproximou os indivíduos do movimento modernista em torno de um projeto estético em comum, reforçando a ideia de grupo e formando assim a atmosfera de "geração". Nos anos 1920, a excentricidade e a exuberância fugiam das normas burguesas do vestuário masculino ao ferir os valores da neutralidade e da discrição. Até o uso do detalhe, como força de distinção, deveria obedecer à sutileza do decoro dos signos manejados. Oswald certamente conhecia as regras: luvas de couro ou de pelica para o dia, nas cores bronze, cinza ou preto. As luvas de esporte brancas, de tricô, destoavam do padrão conservador da elite paulistana. Elas são um exemplo de como a irreverência de Oswald também estava expressa em seu visual, que causava escândalo, era moderno, e ao mesmo tempo garantiu certo culto à sua personalidade.

Na alfaiataria dinâmica de Oswald de Andrade, cabem roupas que transitam do homem de negócios burguês ao excêntrico vanguardista. Às vezes, é moderno como um desportista-empresário norte-americano, usa uma roupa mais prática, confortável e descontraída. Adere, por exemplo, aos trajes de esporte em ocasiões sociais. Outras vezes, segue o modelo extravagante, com referências vanguardistas, ao incorporar cores excêntricas ao seu vestuário.

A vida de Oswald esteve, efetivamente, em constante movimento. Afinal, como ele disse,

> realizei doze travessias para a Europa. Conheci o Oriente Próximo, Atenas, Constantinopla, a Palestina e o Egito. Conheço bem meu Estado, e um pouco do Brasil. [...] Morei quase sempre em São Paulo, na capital, como no interior e no litoral. Morei também no Rio de Janeiro e em Paris. Em palácios, ranchos e cortiços, grandes hotéis e quartos modestos.[4]

Sendo capaz de transitar entre palácios e cortiços, é como se a presença de Oswald tivesse representado uma afronta à sociedade.

Ele causava incômodo, e até mesmo raiva, quando escapava à medida insossa das normas burguesas do vestir masculino. Em "Os dois Oswalds", Candido ressalta a dualidade inalterável do poeta. Ainda que se possa argumentar que "é banal dizer de alguém que é dividido, porque no fundo todos somos", a verdade é que ele "nunca [procurou] domar racionalmente o jogo das contradições". E suas contradições não resolvidas apareciam "também no seu comportamento", "no seu modo de ser e até de falar".[5]

o bom burguês

Entre os Oswalds, existe aquele que é excêntrico e irreverente, o iconoclasta, mas há também o orador do xi de Agosto — o Centro Acadêmico da Faculdade de Direito do Largo de São Francisco, em São Paulo —, o "bom burguês", como definiu Joaquim Inojosa, que estaria a serviço dos negócios da família. Oswald de Andrade nasceu junto com a Proclamação da República, e esse importante período de transição, da Monarquia para a República, marca a legitimação da figura do homem de negócios. Ou seja, o capitalista que tem como objetivo o enriquecimento a partir de especulações, e que, na manutenção da sua riqueza, sabe, eventualmente, tirar proveito das crises comerciais e financeiras.

José Oswald de Andrade, seu pai, fora um legítimo homem de negócios. Ao se casar com Inês Henriqueta Inglês de Sousa, pôde selar em definitivo a recuperação de seu patrimônio financeiro. Oswald, porém, tendo nascido rico, demonstrou total inabilidade para as transações comerciais, como ele mesmo confessaria: "Minha vida tem sido um perigoso desafio à realidade, pois sou obrigado a viver nas coordenadas capitalistas em que nasci e nenhuma vocação mais oposta a isso do que a minha".[6] José Oswald não deixou de sinalizar sua preocupação com a dificuldade do herdeiro em dirigir os empreendimentos familiares. Em junho de 1916, quando o poeta era aluno da Faculdade de Direito do Largo de São Francisco — instituição que, aliás, ele dizia detestar —,[7] o pai o censurou pela maneira como ele havia conduzido a transação de um terreno. "Infelizmente te falta o traquejo de negócios e é teimoso, tendo o grande defeito de se descobrir. É preciso que se emende porque eu não posso mais trabalhar e se você continua a pensar que negócio é literatura não poderemos sair desta situação."[8]

Apesar de ter morrido empobrecido, ao longo da década de 1920 Oswald estava entre os *rentiers* — herdeiros que vivem de renda — e o burguês cujo trabalho seria fazer multiplicar o dinheiro. O tipo de riqueza que recebera o obrigava a tomar parte, a cultivar seus cabedais, mas sua vocação o direcionava ao gozo do bom e fidalgo ócio. Ao contrário do pai, Oswald foi um capitalista incompetente. Sua aparência, contudo, não deixou de ser marcada por mais esse fator, pela dualidade criada entre o herdeiro proprietário que podia se dar ao luxo de ser escritor modernista e extravagante e o burguês capitalista, muitas vezes vinculado à imagem do businessman norte-americano, mas também pautado pelas normas conservadoras da elite de que fazia parte. Como atesta a fotografia no Hotel Terminus, fica evidente que Oswald conhecia os padrões do vestuário da sociedade por onde circulou e era capaz de usar a retórica da distinção burguesa a seu favor.

colarinhos moles

A informalidade, a ideia de jovialidade e a adoção de elementos da roupa esportiva nos trajes sociais eram cada vez mais valorizadas no processo de modernização que aconteceu nas roupas masculinas durante a primeira metade do século XX. O visual norte-americano, mais informal se comparado ao britânico, se traduzia em modelagens mais amplas, relacionadas à vida prática e agitada do versátil homem de negócios. Surgiram mudanças sutis, mas

Retrato de Oswald de Andrade, 1925.

significativas: tecidos que amarrotavam menos, adoção do terno sem colete (conhecido como duque), colarinhos sem goma, nós de gravata padronizados.

Nesse contexto está a polêmica em torno dos colarinhos: colarinho duro ou mole? Postiço ou costurado? Aqueles que defendiam os colarinhos rígidos e engomados apoiavam-se no asseio como uma das últimas garantias de respeitabilidade da elite conservadora. Sabemos que o colarinho mole e costurado acabou por prevalecer e, com ele, afirma o professor de história da moda Farid Chenoune, as "novas camisas *americanas*, feitas com lados separados, [logo iriam] destronar a camisa tradicional que se enfia[va] pela cabeça".[9] A adoção do colarinho moderno trazia, assim, novas regras para a construção do gosto apurado, e não se pode dizer que o requinte ficou mais fácil. Era necessário, por exemplo, calcular o ângulo e o tamanho das pontas, garantindo o equilíbrio entre pescoço, queixo, as pontas do colarinho e o nó da gravata.

Oswald de Andrade com gravata *all over*, segunda metade da década de 1920.

Retratos de Oswald realizados em estúdio nos anos 1920 mostram que ele fez parte do time "colarinhos moles". As fotografias indicam uma aparência modernizada: ausência de colete, uso de estampas coordenadas, chapéu palheta. Numa foto, o escritor está com terno mesclado, camisa estampada, colarinho mole e gravata moderna, com lenço no bolso do paletó (p. 87). Usa ainda o charmoso chapéu palheta, sinal de sua modernidade elegante. Esse chapéu, que aparece em várias fotografias dos modernistas e cujo nome em francês é *canotier*, e em inglês *boater*, remonta à prática da canoagem e ao uniforme dos remadores, composto, desde o final do século XIX, de blazers listrados, calças de flanela e chapéu palheta. Na belle époque, foi o chapéu requintado do verão, e desde a década de 1910, para aqueles que arriscavam uma distinção descontraída, foi gradualmente inserido nas normas do vestir masculino, até mesmo nas situações sociais que exigiam trajes formais. O palheta é exemplo de peça que teve origem na roupa esportiva, passou pela informalidade do traje de verão para depois se tornar aceita na indumentária formal urbana.

Além dos colarinhos moles e do chapéu palheta, Oswald também usava estampas coordenadas, com sobreposições de padrões, demonstrando ousadia no manejo das normas (p. 88). Coordenar a estampa da gravata com a da camisa e a do paletó tem uma premissa básica: as diferentes estampas não devem brigar entre si nem se contradizer, ou seja, não podem ser confundidas ou anuladas. Além disso, convém evitar que os motivos se pareçam, a fim de resguardar o contraste entre camisa e gravata. Na foto, Oswald veste uma gravata com padrão *all over* sobre camisa listrada. As gravatas modernas, diferentes das austeras regatas, que eram quase sempre de seda preta, são estampadas com inumeráveis padrões. Termo inventado pelos britânicos, o *all over* se refere a uma maneira de dispor a estampa da gravata, repetindo determinado padrão — os mais variados, dos desenhos geométricos aos animais — por toda a superfície da peça. A coordenação das estampas de Oswald parece acertada: o *all over* da gravata está em harmonia com a superfície de linhas da camisa e com o paletó mesclado.

Em outro registro, Oswald e o filho Nonê foram fotografados num passeio à praia, os dois em trajes de verão, com blazers modernos (p. 90). Os jogos de tênis, o golfe, o futebol, o beisebol, o boxe, o remo, a vela, os banhos de mar e os passeios de bicicleta e automóvel são novas formas de sociabilidade que no início do século XX começaram a ser forjadas e difundidas como práticas de esporte e lazer. Em tais situações, a roupa formal do século XIX se mostrava inadequada e cada vez mais obsoleta. Nesse contexto, o blazer surgiu como um paletó esporte largo e leve, sem forro, com bolsos aplicados, cujo comprimento pode ir até o alto da coxa. A princípio, era feito de flanela, depois a estampa listrada, com cores fortes, se tornou comum entre aqueles que desejavam projetar uma figura audaciosa. Sob o blazer listrado, Oswald, todo de branco (até os sapatos!), apresenta o uniforme do homem moderno arrojado: chapéu palheta, camisa americana e colarinho Danton, o colarinho mole usado aberto sobre o paletó, muito apreciado por artistas e intelectuais, capaz de transmitir certa sensualidade latente por desvelar o peitoral masculino. O garotinho Nonê, ajoelhado na areia, acompanha o traje formal e esportivo do pai, mas de short.

Oswald e Nonê na praia com blazers listrados, c. 1925.

trajes coloridos

No dinamismo do guarda-roupa dos Oswalds, seu estilo também procurou se filiar à vanguarda. Em *Testemunha ocular*, Rubens Borba de Moraes recorda seus trajes coloridos: "Oswaldo voltava [de Paris] envergando paletó azul-claro, calças cor-de-rosa, camisas e gravatas espalhafatosas de Sulka".[10] A marca norte-americana Sulka foi criada em 1895, na Broadway, em Nova York, por Amos Sulka e Léon Wormser. Conquistou uma clientela abastada composta de artistas, políticos e homens do mercado financeiro. Em 1911, foi aberta a Sulka de Paris, à Rue de Castiglione, número 2, no coração da moda parisiense do início do século XX. A loja tornou-se um lugar de referência de elegância e um endereço frequentado pela elite. Em 1920, a Sulka estabeleceu uma filial em Londres.

Oferecendo uma ampla variedade de tecidos e os materiais mais raros, a marca produzia e comercializava ternos, camisas, peças em seda colorida e todo tipo de objeto ligado ao vestuário masculino: acessórios e trajes caseiros, gravatas, lenços, pijamas, *robes de chambre* (ver imagem 7 do caderno de fotos). Existe um recibo da Sulka & Company em nome de Oswald, datado de 8 de julho de 1929,[11] e a marca é mencionada pelo poeta numa carta a Tarsila, provocando Mário de Andrade: "Se estiver com Mário, anuncia-lhe minhas camisas — da Sulka, Fifth Avenue-New York, Rue de Castiglone-Paris".[12]

Antes que a adesão às cores nos trajes masculinos fosse assimilada por uma camada da elite, ela foi experimentada por um grupo de artistas de vanguarda em Paris, de que fez parte Blaise Cendrars. Na primavera de 1913, nos salões do Bal Bullier, localizado em Montparnasse, artistas de vanguarda e escritores, entre eles Cendrars e o casal Robert e Sonia Delaunay, fizeram cena com os "trajes simultâneos", que se contrapunham ao vestuário monótono da maioria do público. O uso abstrato da cor e a fragmentação por meio de cores puras, procedimentos adotados por Sonia Delaunay em sua obra, aparecem nos "trajes simultâneos", relacionando cor e movimento. Roupas vermelhas, azuis, verdes, lilás, amarelas.

Aos "vestidos simultâneos", Blaise Cendrars dedicou o poema "Sur la Robe elle a un corps", de 1914, e Guillaume Apollinaire escreveu o texto "Les Réformateurs du costume" sobre os trajes criados pelo casal Delaunay. "A fantasia havia encontrado a elegância", ele afirmou. "Você deve ir ao Bullier, na quinta e no domingo, para ver o sr. e a sra. Robert Delaunay, pintores, que estão operando uma reforma no vestuário. O sr. e a sra. Delaunay são inovadores." E ele descreve as cores: "paletó roxo, colete bege, calça preta", ou "casaco vermelho com gola azul, meias vermelhas, sapatos amarelos e pretos, calça preta, paletó verde, colete azul-celeste, minúscula gravata vermelha".[13]

O gosto de Oswald por trajes coloridos pode estar ligado às roupas avant-garde de Sonia Delaunay, uma vez que o casal Tarsiwald foi apresentado por Blaise Cendrars aos Delaunay. O historiador da arte Radu Stern explica que, "sob a influência de Sonia Delaunay, outros artistas adotaram trajes extravagantes. Blaise Cendrars, por exemplo, vestia originais gravatas pintadas".[14] Ainda sobre a libertação da monocromia nas roupas masculinas, é impossível não lembrar do personagem Jay Gatsby, que, numa das cenas do romance de F. Scott Fitzgerald, lançado em 1925, atira parte de seu guarda-roupa na direção de Daisy e Nick: "Enquanto as admirávamos, ele trazia mais peças e aquela montanha farta e macia ia crescendo — camisas listradas, com arabescos e quadriculadas nas cores coral, verde-maçã, lavanda e alaranjado, com monogramas em índigo".[15] A opção de Oswald por usar cor e as roupas da marca Sulka se alinha ao quadro geral da arte moderna, construindo para si a figura de artista ousado e extravagante.

paletó mirabolante

Na relação de Marioswald — nome que assina o poema "Homenagem aos homens que agem" —,[16] há certa disputa no que se refere às roupas e à aparência. Para Gênese Andrade, nas cartas enviadas por Oswald a Mário, cheias de "blague, frases espirituosas, provocações", Oswald não deixa de ser a "figura sarcástica, divertida, vaidosa" que era, mas fica nítida a amizade por Mário.[17] Em carta de 29 de janeiro de 1923, por exemplo, que escreve de Lisboa, ele pede que o autor de *Pauliceia desvairada* remeta exemplares da revista *Klaxon* a Paris e faz uma brincadeira maldosa com sua feição: "Dou a V. essa amável incumbência por ser V. o mais bonito da geração (estamos em Portugal, terrinha da piada)".[18]

Mário, escrevendo a Tarsila em dezembro de 1924, faz referência à forma física de Oswald: "Osvaldo, *apesar de todo o cabotinismo dele* (quero-lhe bem apesar disso) é fraquinho agente de ligação. A gordura é má condutora, dizem os tratados de física. Era. Hoje está em Paris esse felizardo das dúzias que eu invejo quanto se pode invejar neste mundo".[19] Em outra carta, dessa vez a Manuel Bandeira, em setembro de 1928, ele diz: "É que na poesia de você entra um elemento que o Osvaldo, um gordo de alma e corpo não tem: mistério".[20] E Oswald, em 19 de maio do mesmo ano, viajando a Paris para acompanhar Tarsila, que lá faria sua segunda exposição, escreve a bordo do navio *Alcântara*: "Mario, você nem sabe como escreveu uma coisa linda. Linda e profunda. Quando eu chegar (tempestadinha d'homem) faço questão que você me raconte as maravilhas de Marajó. E eu te levarei as gravatas de Paris. Topa!", fazendo referência ao poema "Manhã", de Mário, publicado no número 1 da *Revista de Antropofagia*. Em troca da experiência na ilha de Marajó, "gravatas de Paris", intenção que de certa forma sintetiza a retórica antropofágica, a aglutinação da cultura nacional com os valores estrangeiros. Apesar das conhecidas divergências, parece que o gosto pelas gravatas da Sulka foi algo que os dois tiveram em comum. Ao aludir à exuberância de Oswald de Andrade e a seu "estilo próprio de vestir", Maria Augusta Fonseca menciona um paletó quadriculado: "Camisa roxa, lenços de seda, paletó quadriculado (como se deixa fotografar por Mário de Andrade em 1927)".[21] Os registros de Oswald vestido com tal paletó foram feitos por Mário ao final da primeira viagem que fez ao Nordeste e ao Norte do Brasil, acompanhado de Dulce, Olívia Guedes Penteado e Mag, sobrinha de Olívia, e no verso das fotos, datadas com a letra de Mário, lê-se: "Bordo do Baependy 11-VIII-27". No dia 10 de agosto, escreveu no diário *O turista aprendiz*:

> Vida de bordo esperando a Bahia que só aparece pela tarde. Sou o primeiro a ver Tarsila e Osvaldo no cais, nos esperando de surpresa. Alegria sem limites mais. Passeios às gargalhadas. Jantar na Petisqueira Baiana. [...] A bordo. Que pensar em dormir nem nada! Conversas paulistas, blagues, artes. Osvaldo aparece num paletó mirabolante, amarelo, pardo e preto, numa completa ausência de malícia.[22]

Como as fotografias de Oswald são do dia seguinte ao reencontro narrado por Mário, o "paletó mirabolante" deve ser aquele mesmo quadriculado. O cenário escolhido para os retratos é o convés do navio *Baependi*. Num deles, Oswald está ao lado de Tarsila, que usa um vestido com gola marinheiro, apropriado para a ocasião, e um colar de pérolas discreto. No verso, Mário escreveu a legenda: "Equilíbrio". Se ele enxergava no amigo certa falta de elegância, manifestada "numa completa ausência de malícia", a presença de Tarsila atuaria de modo a compensar esse desequilíbrio.

alfaiataria dinâmica

Durante a década de 1920, a figura de Oswald sofreu sucessivas mudanças, devidamente registradas nas fotografias. Mário da Silva Brito deu o nome de "as metamorfoses de Oswald de Andrade" às suas agitações, internas e externas, com as quais suas roupas estiveram em consonância: "Os anos vão correr disparados, entre o caos ideológico e estético, e, a cada instante, surgirá uma nova encarnação de Oswald. Todavia, em qualquer metamorfose, permanecerá o homem de 22 — o permanente inconformado, o intranquilo constante".[23] Seu estilo foi eclético, multifacetado. Circunscrito à elite — que permitia a seus membros pouca mobilidade em nome do chamado "bom gosto" —, seus modos de vestir foram ousados. Na verdade, o visual do escritor rebelde comprova sua habilidade em lidar com a discordância em relação ao meio social em que estava inserido. O guarda-roupa de Oswald revela um homem sabedor das regras de etiqueta e das normas do vestir masculino vigentes nos círculos sociais que frequentava, tanto o das classes dominantes, como o dos artistas em seus ateliês.

Na conferência "O movimento modernista", em 1942, Mário de Andrade utilizou a palavra "dinâmica" para definir o impacto causado pela presença do amigo: "E eram aquelas fugas desabaladas dentro da noite, na cadillac verde de Osvaldo de Andrade, a meu ver a figura mais característica e dinâmica do movimento".[24] O dinamismo de Oswald — sintetizado na sua capacidade de movimentar o meio literário e social — pode ser visto em sua aparência, mas também em suas polêmicas, suas atitudes audaciosas, sua capacidade de rir de si mesmo e de aderir às mudanças.

a grife tarsiwald

Desfrutando a companhia de Oswald, a temporada de 1923 em Paris foi decisiva para que Tarsila consolidasse sua formação, a ponto de poder declarar sua independência artística. Ao tomar consciência de sua prática pictórica, aproximou-se da técnica cubista e, por meio dela, afirmou sua brasilidade. Ao longo desse ano, o casal Tarsiwald viajou pela Europa, animado com o interesse que a arte de vanguarda praticada na capital francesa demonstrava por tudo aquilo que o olhar eurocêntrico considerava tropicalmente "exótico". É nesse momento que Tarsila confessa aos pais, em carta de 19 de abril:

> Sinto-me cada vez mais brasileira: quero ser a pintora da minha terra. Como agradeço por ter passado na fazenda a minha infância toda. As reminiscências desse tempo vão se tornando preciosas para mim. Quero, na arte, ser a caipirinha de São Bernardo, brincando com bonecas de mato, como no último quadro que estou pintando. Não pensem que essa tendência brasileira na arte é malvista aqui. Pelo contrário. O que se quer aqui é que cada um traga contribuição do seu próprio país. Assim se explicam o sucesso dos

bailados russos, das gravuras japonesas e da música negra. Paris está farto de arte parisiense.[1]

Tarsila revela que estava consciente da tendência moderna de valorização daquilo que era considerado "exótico", ou seja, tudo o que não fosse europeu ou francês. Lamentando a saudade que sentia dos pais e do ambiente familiar, a artista anuncia seu novo direcionamento artístico, a partir das aulas com André Lhote, e agradece sua infância na fazenda, que lhe forneceu as memórias que agora se transformariam em ferramentas no projeto de se firmar como artista moderna. "Estou, em relação à música, literatura e teatro moderno", diz Tarsila, "*à la page* [o grifo é dela], como aqui se diz, procurando desenvolver os meus conhecimentos num equilíbrio integral, necessário à minha carreira artística."[2]

Emerge a ideia de método, de projeto, uma intenção de fundo que atravessa seus gestos. A noção de modernidade passa a estar vinculada à de brasilidade. O fato de Paris estar "farto de arte parisiense" estimulou em Tarsiwald o uso de elementos ligados à paisagem brasileira, real ou imaginária, como a vegetação e os animais, e também a eventos históricos e cenas urbanas incipientes, como as "cores de baú" da colônia (nas palavras de Nádia Battella Gotlib, cores "de uso popular, e até então desprezadas pela cultura considerada 'de bom gosto'"[3]), as favelas e a Central do Brasil. Todos esses elementos foram convertidos em símbolos nacionais e projetados em suas produções artísticas e literárias.

Acontece que a infância de Tarsila, passada no ambiente rural e patriarcal das fazendas de café, ao mesmo tempo que foi permeada pela vida no mato, estruturou-se em torno da cultura e de hábitos franceses, formação que a preparou para encarar o meio social parisiense da década de 1920. A memória de Tarsila, largamente explorada como o combustível de sua própria arte, não deixa de fazer parte da negociação com o ambiente parisiense, onde a artista devolveu ao olhar francês as commodities advindas do seu passado "exótico", determinados hábitos de sua infância, embrenhados em suas raízes culturais. A encenação do excêntrico integra aquilo que Tarsila e Oswald construíram como a imagem da estética nacional, seja no "exotismo" presente em suas criações, seja em alguns de seus hábitos, como os almoços brasileiros oferecidos por Tarsila em seu ateliê em Paris. Por exemplo, depois de receber o pintor Albert Gleizes e a poeta Juliette Roche, sua esposa, em seu ateliê, a convidada teria pedido a Tarsila a receita da canja brasileira. No fim da década de 1930, Tarsila relembra esses encontros: "Feijoada, compota de bacuri, pinga, cigarros de palha eram indispensáveis para marcar a nota exótica".[4]

ótimas amizades

Nas cartas enviadas aos "pais adorados", ou "pais queridos", durante o ano de 1923, Tarsila justifica sua permanência na Europa e os gastos necessários para a sua formação. Nos relatos, em que narra seu dia a dia em Paris, seu cotidiano está sempre sob a perspectiva da consolidação de seu lugar de artista, claramente compreendido como "moderno" e "brasileiro". Tarsila participa da vida cultural da cidade — "Tenho ido a teatros e concertos. Continuo a instruir-me como nunca",[5] ela escreve — e visita ateliês de artistas modernos, como Constantin Brancusi e Fernand Léger. Ela recebia seus mestres em seu ateliê, em almoços ou em reuniões um pouco mais formais, como relata em 22 de julho: "Lhote, meu professor, esteve aqui no meu atelier há poucos dias. Gostou de alguns dos meus trabalhos que ainda não tinha visto, entre outros uma paisagenzinha do Rio de Janeiro".[6] Da mesma forma, as viagens eram parte desse amplo processo de formação. De Roma, a artista escreve em 21 de agosto: "Estou me orientando cada vez melhor na pintura. [...] Como agradeço a meus pais o me facilitarem estas viagens. Como agradeço a Deus pelos negócios da família encaminhados".[7]

A partir do final de setembro, Tarsila declara seu desejo de independência artística, anunciando que seus anos de formação haviam chegado ao fim. Em carta do dia 29, ela menciona que vai se matricular num curso de curta duração de Léger. Entretanto, registra também certo esgotamento em relação aos ateliês, além da sua intenção de colocar em prática uma linguagem própria:

> Assim, acrescentando a essas mais algumas lições do meu professor Lhote e com estudos feitos ultimamente na Itália, nada terei a temer dos que ficam em Paris estudando para me alcançar. Embarcarei, pois, definitivamente em fins de outubro. A minha ida ao Brasil é necessária pois irei com os processos da minha pintura atual buscar aí a minha futura exposição em Paris.[8]

O tom de Tarsila é competitivo: buscava ganhar "o primeiro lugar na pintura moderna brasileira", disputado, segundo ela, com Anita Malfatti e Di Cavalcanti.[9] Em carta de 8 de outubro, reitera que estava concluindo sua fase de lições e que se tornara o que considerava ser uma artista "consciente de sua arte". Cabe ressaltar a importância das amizades que construiu ao longo do processo de conquista de autonomia, atrelando-o diretamente à necessidade de reconhecimento entre os pares de seu lugar de artista. "Com todas essas lições voltarei consciente da minha arte. [...] Depois destas lições não pretendo mais continuar com professores — sábado próximo virão almoçar comigo Paulo Prado, Villa-Lobos e outros: ótimas amizades. Vou convidar nosso embaixador para ver meus trabalhos. Adeus. Saudades."[10]

A convivência com personalidades do círculo artístico parisiense e com figuras da elite brasileira é compreendida por Tarsila como uma peça fundamental de um projeto de aquisição de capital técnico, cultural e social, capaz de sustentar uma posição de destaque para sua carreira artística. "Como veem", ela diz, ao argumentar a favor do prolongamento de sua temporada em Paris, não perco tempo. A minha demora em partir é ocasionada pela necessidade de estreitar essas relações novas como também pela urgência de terminar meus estudos com grandes professores antes de ir. Ficarei de uma vez livre de mestres. [...] Estou com tanta sorte na minha carreira artística que não sei como agradecer a Deus e a meus pais o me proporcionarem estudar na Europa.[11]

Em fins de outubro, ela anuncia, triunfante: "Agora penetrei nos grandes meios tão fechados daqui", enumerando alguns dos que formavam seu entourage, aqueles que convidava a seu ateliê e com quem frequentava a vida social parisiense — Maria e Di Cavalcanti, a cantora Leonor de Aguiar, o galerista Léonce Rosenberg, Fernand Léger e sua mulher, Blaise Cendrars, Jean Cocteau, o crítico de arte Maurice Raynal, o milionário artista Rolf de Maré, o árbitro da elegância André de Fouquières, "o príncipe negro, aqui recebido diplomaticamente, inteligentíssimo e culto: Prince Kojo Tovalou". Ela menciona também Paulo Prado, Villa-Lobos, Olivia Guedes Penteado, Sérgio Milliet e Souza Lima.[12] O nome de Oswald, porém, não é citado. No caminho de volta ao Brasil, no início de dezembro de 1923, Tarsila, em Cherbourg, escreve a Oswald pedindo cautela e discrição com o namoro: "Rasga todas as minhas cartas que estão na tua carteira. Não tivemos tempo para isso. Nada de romantismos. Rasga esta e as outras que receberes... cuidado", ela diz em carta do dia 7 de dezembro.[13]

a grife

O fato de ter sido a única mulher convidada para o evento que Luiz Martins de Souza Dantas, o embaixador brasileiro em Paris, ofereceria aos artistas da vanguarda francesa não intimidou Tarsila. Ao contrário, foi entendido como motivo de lisonja. É admirável sua autoestima, que diversas vezes ressalta sua capacidade de aprendizado, sua inserção na alta sociedade, seu lugar de destaque, e até a consciência de sua beleza. "Eu a única mulher. Estou otimamente relacionada com os melhores artistas franceses."[14] No postscriptum da mensagem de 31 de outubro, datado de 2 de novembro, Tarsila se justifica: "Até agora não seguiu minha carta. Ando nesses últimos dias consolidando minhas relações em Paris. Estou ficando com fama".[15] Ao comentar o sucesso que fez na casa de Rolf de Maré, diz: "É verdade que me apresentei lindamente vestida e converso de igual a igual com os maiores artistas".[16]

Como se vê, a vida social do casal Tarsiwald se deu entre figuras poderosas da política no ambiente artístico — tanto no Brasil como na França —, em galerias, exposições, salões, reuniões, ateliês, viagens, fazendas. Foi como um casal que eles se inseriram nos diferentes meios sociais parisienses, entre poetas, artistas, marchands franceses advindos das vanguardas do início do século xx. "A *griffe* do casal Tarsiwald", escreve Sergio Miceli,

> se estendia a todos os domínios de consumo de bens culturais. [...] A ambição de brilho social se misturava às pretensões de supremacia intelectual, num amálgama de práticas de consumo de luxo e investimentos culturais. Tinham condições excepcionalmente favoráveis para um projeto comum de vida e trabalho.[17]

É evidente que o fato de Tarsila e Oswald terem pertencido à mesma classe social colaborou com o projeto de tornar as atitudes do casal uma marca, a grife Tarsiwald, que participou da construção de suas carreiras e sintetizou um estilo de vida cosmopolita, luxuoso e moderno. Em São Paulo, dentro de seu círculo de sociabilidade, o casal procurou distinguir-se pelos produtos de alto custo comprados em Paris e pelos hábitos adquiridos por meio das viagens às cidades consideradas centros mundiais de arte, luxo e requinte. Desse modo, além do guarda-roupa de Tarsila, repleto de modelos da alta-costura francesa, dos trajes de

Oswald comprados em alfaiatarias renomadas, como a Sulka, dos móveis destinados à futura residência do casal, também criados por Paul Poiret e adquiridos por Oswald na Exposição de Artes Decorativas de Paris, em 1925, a trajetória do casal é marcada por viagens à Europa e ao Norte da África.

Se Paris foi a "sede" de suas "operações", como afirma Miceli, e o espaço de difusão de suas personalidades artísticas, a moda foi componente fundamental no trajeto de sociabilidade de Tarsiwald. Afinal, de 1923 até o fim da década, os costureiros Jean Patou e, mais intensamente, Paul Poiret ocuparam-se da criação da aparência de Tarsila. Para Pierre Bourdieu, "a *grife*, simples 'palavra colada sobre um produto' é, sem dúvida, com a assinatura do pintor consagrado, uma das palavras mais poderosas, do ponto de vista econômico e simbólico, entre as que, hoje, têm cotação".[18] Já em 1925, Oswald convoca a grife Poiret no poema "atelier", de *Pau-Brasil*, com o primeiro verso: "Caipirinha vestida por Poiret". Ao citar a *maison*, Oswald transforma o exercício poético numa operação de investimento social.

jean patou

Por sugestão de Oswald, Tarsila foi cliente das *maisons* Jean Patou e Paul Poiret. O nome de Patou aparece em cartas de Oswald a Tarsila e na correspondência da artista com a família. Em 5 de julho de 1923, ela narra o tal almoço oferecido por Souza Dantas aos artistas franceses, de que ela foi a única representante feminina. Ao lado da referência ao vestido amarelo da *maison* Patou, é sempre digna de nota a importância que os eventos sociais têm em seu discurso e a boa impressão que diz ter causado nos círculos político e artístico por onde transitou. "Fui lindamente vestida por Patou, com um chapéu de 350 frs. muito lindo. — Estive, um dia antes, num jantar dos artistas do Salão das Tulherias. Muita gente. Artistas de valor e outros medíocres. Estreei o meu vestido amarelo de *chez* Patou. Parecia uma rainha. Todos os olhares convergiram para mim."[19]

Corre a história de que Jean Patou seria o autor do traje que Tarsila veste no *Manteau rouge* (ver imagem 2 do caderno de fotos). Souza Lima se lembra de um jantar oferecido a Santos Dumont pelo chefe da embaixada brasileira em Paris, em que, "marcado para as 8:30 e para o qual eu estava de casaca, Tarsila atrasou-se, chegando mais de 9:15. Ela vinha com um *manteau* vermelho, de gola alta...",[20] a que Aracy Amaral completa, sem indicar a fonte de onde lhe chegou tal afirmação (é provável que tenha ouvido isso da própria Tarsila): "É o *manteau*, modelo Jean Patou, com que Tarsila se autorretratou na tela intitulada *Manteau rouge*, de 1923".[21]

A consulta aos livros de registro das clientes da *maison* Patou é restrita ao público. Em um contato via e-mail, a pesquisadora Johanna Zanon informou que, entre 1921 e 1923, apesar de ter encontrado referências a clientes brasileiras, não localizou os sobrenomes Amaral e Andrade. Entretanto, é importante salientar que nem todos os registros de 1923 foram conservados. Zanon me enviou o croqui de um modelo de *manteau* lançado por Jean Patou na primavera de 1923, ou seja, no início do ano (ver imagem 8 do caderno de fotos). O título é *Cent à l'heure* [Cem por hora], o que indica que a peça talvez fosse um *manteau d'auto*, uma roupa para ser usada por ocasião de passeios em automóveis. Segundo ela, é o único vermelho com gola alta. Ainda que as duas roupas tenham elementos em comum — a cor, a gola (que no depoimento de Souza Lima é descrita como "gola alta", mas que na tela poderia estar abaixada), as mangas compridas e a proximidade das datas (o croqui e a tela são do mesmo ano) —, é difícil avaliar se aquele teria sido o *manteau* com que Tarsila se autorretratou. Até porque, no desenho, a figura está representada de lado, e não é possível ver os florões, diferentemente do quadro, em que o rosto encara o espectador de frente.

Sergio Miceli, ao descrever essa obra em que Tarsila se autorretrata de vermelho, relaciona o resultado da pintura com o projeto de Oswald de consolidar a presença do casal nos círculos da elite de Paris nos anos 1920. "Um retrato sob medida", ele diz, "para atender às exigências de representação reiteradas pelo companheiro, poeta e herdeiro-especulador."[22] Miceli usa a expressão "sob medida" para se referir às "exigências de representação" de Oswald, que comprovadamente ultrapassaram os limites da representação artística ao incluírem o desejo de projeção pessoal do casal através de sua presença impactante em Paris. Por meio da correspondência do casal entre 1923 e 1924, é possível acompanhar o empenho de Oswald em orientar Tarsila a se vestir de acordo com a alta-costura francesa, sobretudo através da moda lançada pelas *maisons* Jean Patou e, de modo mais contundente, Paul Poiret.

blaise cendrars

O casal Tarsiwald se aproximou do poeta franco-suíço Blaise Cendrars em 1923, em Paris. No início de abril, em carta a Mário de Andrade, Oswald anuncia:

> Jantarei *lundi* com Cendrars, *dans la maison*. Camaradas instintivos. Referi-lhe a *chapelle-tu*, Luis Aranha. Não se comoveu. Perdeu um braço na guerra, o direito. Perdeu os dentes na paz da vida. Irá ao Brasil, cinematograficamente. Manda-te um autógrafo — *A mes amis du Brésil, La Tour de Babel* — Blaise Cendrars.[23]

Cendrars, que era amigo de personalidades das vanguardas europeias, como Fernand Léger e o casal Sonia e Robert Delaunay, foi quem introduziu Tarsila e Oswald nos círculos artísticos parisienses. É provável que Cendrars tenha apresentado Tarsiwald a Paul Poiret, mas existe a possibilidade de que o entusiasmo de

Oswald pela *maison* tenha surgido durante a viagem de 1912, época em que a grife estava no auge da fama.

Financiado por Oswald e Paulo Prado, o poeta francês chegou ao Brasil em fevereiro de 1924 para um longo período de seis meses. Em sua primeira temporada no país, Blaise Cendrars, acompanhado dos amigos modernistas, passou o Carnaval no Rio de Janeiro e a Semana Santa visitando as cidades coloniais no interior de Minas Gerais, numa viagem de "descoberta" do Brasil. Entre um e outro feriado, em 18 de março, Oswald de Andrade publicou o *Manifesto da poesia Pau-Brasil* no jornal *Correio da Manhã*. Cendrars ainda se hospedou em grandes fazendas de café e realizou três conferências, todas em São Paulo: logo ao chegar, em 21 de fevereiro, no Conservatório Dramático e Musical, sobre "A moderna poesia francesa"; em 28 de maio, na Villa Kyrial, de Freitas Valle, sobre "A literatura negra"; e em 12 de junho, novamente no Conservatório, uma "conferência-exposição" sobre pintura contemporânea, quando "originais de Léger, Delaunay, Gleizes, Severini, existentes nas coleções paulistanas, foram exibidos e 'explicados' ao público presente".[24]

A presença de Blaise Cendrars e seu interesse pelo "exotismo" brasileiro — aquele que ele desejava encontrar e que também era alimentado por Tarsiwald — ocupam lugares importantes na mudança de rumos no modernismo, quando a questão da brasilidade foi acrescentada à pauta da renovação estética. É certo que a criação de uma literatura e de uma arte com caráter nacional é um debate de longa duração na nossa história. Mas é inegável que, depois do encontro com Cendrars e com a arte francesa que valorizava o primitivismo, Tarsila e Oswald procuraram construir índices de nacionalidade a partir do imaginário do "exótico" em suas produções artística e poética. Nas palavras de Eduardo Jardim: "Agora, ser moderno significava ser nacional. Firmava-se a noção de que a participação do país no universo moderno só se viabilizaria com a afirmação dos traços nacionais da cultura".[25]

É já uma Tarsila do Amaral reconfigurada que o escritor Pedro Nava encontra no Grande Hotel, em Belo Horizonte, durante a Semana Santa de 1924, quando passou por lá a "caravana modernista" — formada por Tarsiwald, Nonê (filho de Oswald, então uma criança de dez anos), Cendrars, Mário de Andrade, Olívia Guedes Penteado e Gofredo da Silva Telles (genro de Olívia). Àquela altura, ele conta, "sentia-se que Tarsila e Oswald caminhavam inexoravelmente um para o outro". Em seu relato, Tarsila é descrita como mulher divina e inteligente, dotada de beleza de perfeição geométrica, como seu autorretrato oval realizado naquele mesmo ano. A imagem da tela transborda os limites do quadro e é incluída no modo como Tarsila delineava sua própria aparência.

> A coisa mais linda, senhores! que estava lá: Tarsilalá do Amaralalá. Vocês já imaginaram? o trem divino e inteligente como ela era, aos trinta e quatro anos.[26] Exatamente aquela cara no autorretrato de frente, de frente simétrica direita igual à esquerda para mostrar que aqueles olhos prodigiosos eram mesmo dois, as narinas duas, as conchas das orelhas par, as metades da boca decalques.[27]

paul poiret

Tarsila retorna a Paris em setembro de 1924, enquanto Oswald permanece no Brasil. Nesse período, longe um do outro, há uma intensa troca de cartas, apesar de a correspondência ser cautelosa, já que era preciso cuidado para que o namoro não atrapalhasse o processo de anulação do primeiro casamento de Tarsila. No regresso à Europa, em 8 de setembro, ainda na costa brasileira, ela escreve a Oswald sobre um espetáculo de balé, que nunca chegou a ser realizado, cujo figurino seria de sua autoria, o libreto, de Oswald, e a música, de Villa-Lobos. "Mando a você o original do bailado, com a cópia que tenho farei mais uma para o Cendrars…", ela diz, acrescentando que a bordo "não danço e não dançarei durante a viagem pensando no meu noivo querido".[28]

Nas cartas, Oswald é incisivo ao pedir que Tarsila se torne cliente de Patou e Poiret, ao mesmo tempo que a aconselha a se informar sobre o quadro artístico parisiense:

> Antes de partires, mostra os trabalhos e sobretudo informa-te bem do que se passa este ano, qual o ponto da evolução dos mestres, etc. Qual a orientação, etc. Não deixes também de visitar os meus caros amigos Patou e Poiret. A esse respeito desejo enviar-te qualquer coisa. Um presente. Estou há uma semana sem notícias tuas. Porque? Esquecida? Toma sempre os cuidados que a solidão obriga. E vem! Nada faças contra nossa felicidade![29]

O tom de Oswald deixa transparecer que as manifestações de carinho parecem mais uma ameaça. De todo modo, é importante ressaltar que a opção pela *maison* Paul Poiret, de onde Tarsila se tornaria *habituée*, deve ser atribuída ao casal, pois foi um gesto muitas vezes reafirmado pelos dois. As mensagens demonstram que Oswald prestava atenção não apenas na aparência, mas também na moda, no quadro da alta-costura francesa e naquilo que ele considerava a última novidade, o que havia de mais moderno em Paris. Ele é insistente: "Visita Poiret e Patou, as galerias atuais, espia tudo. Mando-te um telegrama destinado a Poiret. Entendes!".[30] Destaco que Tarsila, àquela altura, contava 38 anos, havia sido casada, tinha uma filha adolescente, morara sozinha por dois anos em Paris e forjara para si uma aparência que já era considerada atraente antes de conhecer o então namorado.

Parece ter havido certa proximidade entre Oswald e Poiret. Além do telegrama enviado diretamente ao costureiro, em 12 de outubro de 1924 Oswald mandou um cheque a Tarsila que se destinava ao pagamento das compras na *maison*: "Necessário voltar segue cheque destinado Poiret depois viajar crianças venha elegante mostre quadros telegrafe antecedência partida saudades terríveis".[31] Escrevendo de São Paulo, quando soube que o projeto do balé brasileiro não seria realizado, Oswald diz: "Recebi os telegramas. Ballet impossível. E a exposição? Se também impossível, vorte! Visite antes Poiret e Patou".[32] E pede novamente em 16 de outubro: "Traga deslumbramentos para o noivado social — Eu espertinhos...".[33] Em carta do dia 31 de outubro, Oswald outra vez incentiva Tarsila a divulgar sua produção artística e fala nos nomes de Patou e Poiret: "Mostra os quadros e informa-te do movimento nas galerias, vem bem elegante, bem-bem, visita Patou, Poiret, etc. etc., chapéu também".[34]

Na maior parte das fotografias disponíveis nos arquivos e publicadas em livros, Tarsila aparece vestida com roupas de Paul Poiret. Quando comparamos as imagens do início dos anos 1920 com aquelas realizadas a partir de 1924, em que usa as tais roupas da *maison* Poiret, notamos uma alteração na aparência da artista, que se torna menos discreta: as saias dos vestidos se encurtam, os braços aparecem, as roupas ganham camadas e ornamentos. A figura de mulher elegante e rica se converte na imagem da artista exuberante — e a escolha da grife participou dessa transformação.

São diversas as circunstâncias em que Tarsila veste Paul Poiret, não apenas nas ocasiões solenes, mas também nos eventos sociais, nas viagens internacionais, nas festas transatlânticas e nas temporadas nas fazendas. Algumas roupas foram registradas em mais de uma ocasião. Nos vernissages, em Paris, em 1926, há fotografias com o vestido *Écossais* (p. 161), e no Rio de Janeiro, em 1929, com vestido e jaqueta *Flûte* (pp. 224-5). No almoço em homenagem a Piolim no Clube de Antropofagia, com o *Dieppe* (p. 218). Nos espaços públicos cercada de amigos: no Jardim da Luz, de vestido *Amélie* (p. 135), na Cinelândia, com o conjunto *Mandelieu*. Ou nos espaços privados: em seu ateliê, em Paris (p. 190), com uma roupa que também é usada na fazenda Santa Teresa do Alto (p. 191). Aliás, na fazenda Santa Teresa, Tarsila foi fotografada vestindo o *Mosquée* (p. 198), o *Lampion* (p. 193) e, de novo, o *Mandelieu* (pp. 202-3).

Na viagem ao Oriente, em 1926, entre pirâmides e colunas gregas, Tarsila usou os trajes *Écharpe* (p. 140) e *Street*. A bordo de navios, o *Riga* (p. 150) e o *Esméralda* (p. 144), vestido com o qual foi à festa à fantasia no transatlântico e usou também em 1929, no Palace Hotel, num jantar em sua homenagem (p. 228). Na cerimônia de casamento com Oswald, a artista vestia corpete e capa assinados pela *maison* Poiret (ver imagens 15 e 16 do caderno de fotos). E, já na década de 1930, na conferência que proferiu sobre arte soviética, no Clube dos Artistas Modernos em São Paulo, e na fotografia de seu título de eleitor de 1936, Tarsila aparece vestindo de novo o *Écossais*.

O casal Tarsiwald pertenceu a uma nova geração de abastados, nascida a partir das últimas décadas do século XIX, que, de acordo com Maria Lucia Bueno, "procurava se destacar pela originalidade, [e] vai se encantar com a boemia e as novas concepções de vida dos artistas modernistas".[35] Sendo a originalidade um "valor" considerado e estimulado pela intelectualidade endinheirada da época, que a transformou em "justificativa" de inserção e de aceitação social, me pergunto: a que tipo de originalidade Tarsila do Amaral e Oswald de Andrade procuraram se filiar? E de que modo o casal, sempre preocupado com a aparência, procurou vincular suas figuras com a ideia de originalidade?

A escolha da *maison* Paul Poiret está relacionada ao desejo de construir uma aparência autêntica e autoconfiante. O visual de Tarsila e Oswald ficou gravado na memória de Georgina Malfatti, irmã de Anita, e ela destaca a presença extravagante do casal: "Lembro-me dela no teatro, no Trocadero, com uma capa escarlate, forrada de cetim branco, um chapéu de vidrilhos, grande e negro. Em Paris, onde as pessoas se vestem discretamente, era uma sensação a vaidade de Tarsila vestida por Poiret, ao seu lado Oswald, de camisa roxa".[36]

A presença de Paul Poiret é forte na avaliação da trajetória artística de Tarsila. Os próprios modernistas o evocaram de maneira constante, e, como consequência, a figura do costureiro é presente no discurso crítico sobre o modernismo brasileiro. Rubens Borba de Moraes, por exemplo, assim se recorda do guarda-roupa da artista:

> Tarsila vinha com vestidos sensacionais de Poiret. Tinham títulos. Lembro-me de um chamado *La Maréchale* que lhe realçava a beleza. Foi uma das mulheres mais bonitas de seu tempo. Seu temperamento calmo e simples contrastava com o do marido sempre agitado, ansioso para estar sempre *à la page*, na crista da onda, a par da última novidade e ávido de publicidade.[37]

o costureiro da moda mais avançada?

Se, como disse Aracy Amaral no início da década de 1970, "foi Poiret o responsável pela imagem de Tarsila que fez época em Paris como no Brasil, por suas roupas e adereços",[38] resta saber: que imagem foi essa? Afinal, Aracy foi uma das responsáveis por disseminar, na história do modernismo, a afirmação — que hoje se tornou um lugar-comum — de que Tarsila se vestia *chez* Poiret e Patou. Não restam dúvidas de que Tarsiwald frequentou essas duas *maisons*. Contudo, é importante atentar para a visão que os modernistas e, depois, os críticos e os historiadores construíram sobre Paul Poiret, ou seja, de que maneira os discursos do (e sobre o) modernismo brasileiro projetaram a imagem do costureiro e a da própria Tarsila.

Quando se sublinha o caráter vanguardista de Paul Poiret, dá-se destaque ao pioneirismo do costureiro, no contexto da alta-costura, em relação à produção de perfumes e objetos de arte. Aparentemente, o que o torna notável não são apenas suas roupas, mas a profusão de suas criações — uma atitude moderna por excelência. Mas a afirmação do ineditismo de Paul Poiret não observa as modificações que ocorreram no seio da alta-costura francesa, na silhueta, nos materiais, nas superfícies, no volume e na altura das saias, na concepção — e na proposição — de mulher moderna.

Nesse sentido, não se pode dizer, como o fez Aracy Amaral, que na década de 1920 Paul Poiret foi o costureiro "da moda mais avançada".[39] A conclusão da autora de que Poiret àquela altura ocupava o "centro de modernidade em Paris"[40] descarta todo o contexto da alta-costura francesa, onde suas produções são inseridas. Suas coleções do início dos anos 1920, com vestidos largos e longos, trajes alimentados de reminiscências de pufes e crinolinas, despertaram reações pouco entusiasmadas na imprensa.[41] Aracy Amaral diz ainda: "Conhecido por sua excentricidade criativa, Poiret era um artista relacionado antes com a vanguarda artística que com a alta sociedade".[42] De fato, as criações de Poiret eram reconhecidas pela "excentricidade criativa" — que, inclusive, foi um dos vetores utilizados por Tarsila e Oswald para transmitir informações sobre a aparência —, mas não se pode desconsiderar que a vanguarda artística era permeada pela alta sociedade.

José Carlos Durand também valoriza como característica de modernidade o fato de que Paul Poiret tenha atuado em várias frentes e reafirma, de maneira equivocada, que ele ocupava o centro da modernidade em Paris. Durand vai buscar no artigo "Les Hommes d'affaires et les arts en France au 19ème siècle", de Albert Boime, "indicações acerca da posição de Poiret na moda e nas artes visuais dos anos vinte". E explica: "Esse autor [Boime] classifica Poiret como 'rei da moda durante vinte anos', o que parece justificar a classificação do costureiro como 'centro de modernidade em Paris', segundo menciona Aracy Amaral".[43]

O texto de Albert Boime trata das coleções de arte da alta burguesia, composta de empresários e homens de negócios (*les hommes d'affaires*, ou *businessmen*), e da relação desses agentes, os colecionadores, com a arte moderna, num recorte de tempo que vai do final do século xix ao início do xx. Paul Poiret é localizado como participante do grupo dos "empresários cuja indústria está estreitamente ligada às belas-artes, que foram patrões e patrocinadores: eles empregavam os artistas em suas firmas e acumulavam também vastas coleções".[44] Boime ressalta a modernidade de Poiret a partir de sua coleção de arte e sobretudo seu vínculo com os *fauves* e Raoul Dufy. O autor destaca que Poiret teve um papel importante, na medida em que alimentou a comercialização da arte moderna, ao trazê-la para o campo da moda. No entanto, cabe lembrar que a afirmação de que o costureiro reinou durante vinte anos diz respeito à moda feminina e ao período anterior à Primeira Guerra Mundial.

No emaranhado cultural, social e econômico da segunda metade da década de 1920, Tarsila e Oswald optaram por uma aparência assinada pelo costureiro que tradicionalmente empregava a ideia do exótico em suas criações. Com a grife Tarsiwald, o casal projetou em suas trajetórias uma imagem de Brasil que convinha a certa expectativa de exotismo por parte dos europeus, em que convivem palmeiras e bondes elétricos, numa estilização plástica que deixa de lado nossa violência e nossas contradições.

madame tarsila de andrade

Na história da alta-costura, a figura do costureiro e os métodos de divulgação dos trajes de luxo, como os desfiles, são peças-chave da ampliação do desejo pelo vestuário de moda. Já na década de 1890, com a expansão do capitalismo, clientes internacionais entram em cena. E se a aristocracia europeia, a melhor clientela da alta-costura, teve suas antigas fortunas arruinadas em razão da Primeira Guerra Mundial, a guerra foi também responsável pelo acúmulo de outras riquezas, sobretudo nas Américas do Norte e do Sul.

À medida que a moda francesa se fixa internacionalmente, ocorre a profissionalização das atividades da alta-costura, estruturada numa mão de obra hierarquizada e alimentada pela tradição do trabalho artesanal, em sua maioria realizado por mãos femininas. A *maison* se torna cada vez mais o espaço onde se concentram setores que antes funcionavam de maneira autônoma, como atividades de compra e venda de tecidos e acessórios, por exemplo, e as etapas de criação dos modelos e produção das roupas femininas. O costureiro se torna, assim, uma nova categoria de homem de negócios, os tais *hommes d'affaires*. A expressão, contudo, é enganosa. Nos anos 1920, o formidável aumento dos lucros no comércio de vestuário de luxo francês foi gerado por *maisons* lideradas por mulheres.[1]

dépôts de modèles

É nesse contexto que estão incluídos os *dépôts de modèles,* ou "depósitos de modelos", elementos importantes do guarda-roupa modernista. Na nova maneira de comercialização dos produtos de luxo da moda francesa, as roupas eram registradas no Conseil de prud'hommes, instituição responsável pelo depósito legal das peças da alta-costura.[2] Os trajes passaram a ser vendidos para o estrangeiro e reproduzidos, muitas vezes em larga escala, em outros países. Para garantir a propriedade intelectual de suas criações, no contexto da luta contra a cópia, acirrada no entreguerras, as *maisons* davam títulos às peças e registravam, a cada coleção, os principais modelos de roupas e acessórios, por meio de protótipos ou reproduções dos trajes (desenhos ou fotografias). São os *dépôts de modèles.*

A prática da *maison* Paul Poiret de registro dos modelos compreendia reproduzi-los, frente e costas, nomeá-los e datá-los. Algumas vezes, consta a tipologia da roupa: vestido, *manteau* etc. Além de precisar títulos e datas, as fotografias dos *dépôts de modèles* proporcionam dados sobre os trajes que as imagens de Tarsila por si só não poderiam oferecer: possibilitam a análise aproximada de características tangíveis das roupas, como título, dados sobre o tecido, ornamento, forma do decote, comprimento das mangas, posição da cintura, altura da saia, acessórios e, finalmente, a proposta de silhueta que o visual deveria apresentar.

recibos e valores

É Madame Tarsila de Andrade o nome que aparece nos recibos da *maison* Paul Poiret. Constam na correspondência do casal cheques destinados a Poiret, e a constância dos pagamentos, além do desconto concedido desde janeiro de 1925, confirmam que Madame Tarsila de Andrade era uma cliente assídua. Nos recibos aparecem itens como trajes, peças de vestuário e acessórios, objetos para casa e serviços de reparo e limpeza de roupas,[3] discriminados com datas e valores. No recibo de 20 de abril de 1927 (abaixo), além do traje de noiva — *robe de mariée et cape Léda* (ver imagens 15 e 16 do caderno de fotos) —, constam dois vestidos, *Turquerie* e *Fakir*, uma bolsa, uma capa e os *manteaux Casoar* (p. 128) e *Petchanick*. Estão listados ainda *paille écureuil*, talvez um acessório de pele de esquilo, de cor clara, e um serviço, *aigrettes remontées*, o conserto de

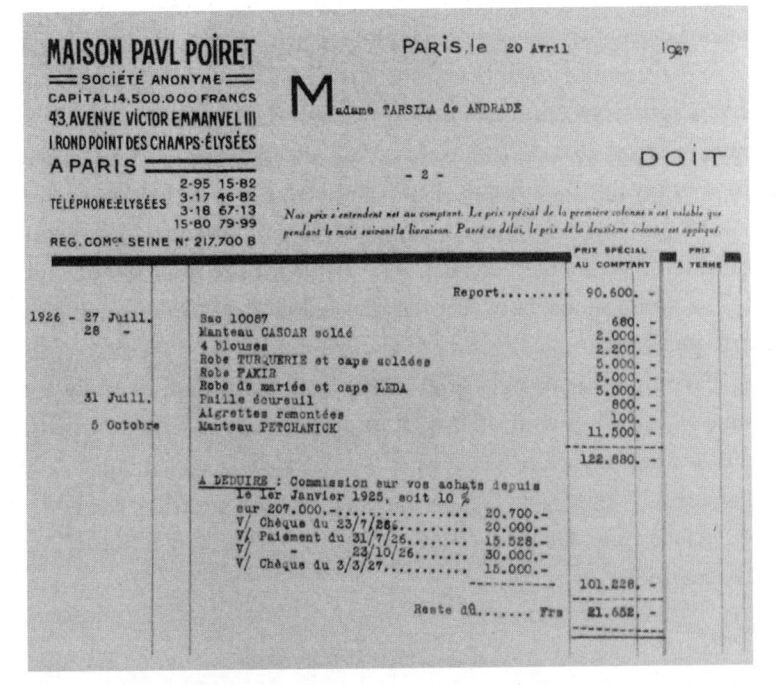

Recibo da *maison* Paul Poiret em nome de Madame Tarsila de Andrade, 20 abr. 1927.

plumas que devem ter ornamentado alguma peça, um chapéu ou um adereço de cabeça.

As compras realizadas pelo casal Tarsiwald entre 23 de junho e 17 de julho de 1928 estão listadas em outro recibo: três *manteaux*, *Alexandrie*, *Avoine* e *Talisman*, oito vestidos, incluindo o *Dieppe*, usado por Tarsila no almoço em homenagem a Piolim (p. 218), *Flûte*, no primeiro vernissage no Brasil (pp. 224-5), *Printaniere*, *Coquille*, *Plaisanterie*, *Orpington*, *Olympique* e *Hippolyte*. O conjunto *Mandelieu*, que foi fotografado na Fazenda Santa Teresa do Alto (pp. 202-3) e na Cinelândia. Uma jaqueta, uma capa, um penhoar *toile*, um traje de banho. Sete chapéus: o *Bangkok*, mais caro e único com título, um de palha e abas largas (*paillasson*) e outros nas cores cinza, cinza e rosa, bege. Bolsas, uma branca, outra bege e outra verde, dezenove pares de meia, um adereço em forma de flor, dois objetos de decoração e seis serviços de manutenção e limpeza de peças de vestuário. Além disso, dois pijamas, um de veludo e outro de seda — segundo Aracy Amaral, seda verde com flores roxas.[4] Na década de 1920, a moda do pijama como traje de interior elegante estava em alta.

A soma desses dois recibos é 165 877 francos, valor que, em 2021, seria algo em torno de 105 935 euros.[5] Para traçar uma estimativa dos gastos de Tarsiwald com a *maison* Paul Poiret, comparo com o valor da bolsa do Pensionato Artístico do Estado de São Paulo, que financiava artistas brasileiros em Paris nos anos 1920: quinhentos francos mensais.[6] Só o *manteau Petchanick*, que custou 11 500 francos, bancaria por quase dois anos um estudante de arte pensionista.

Vestir-se com roupas da alta-costura significava frequentar a *maison*, escolher os modelos, ou ir ao Bal de la Couture e assistir aos desfiles. Dulce, filha de Tarsila, em carta aos avós maternos de fevereiro de 1926, fala das compras de vestidos *chez* Poiret e conta que ela, a mãe, Oswald e amigos foram ao Bal de la Couture, na Ópera de Paris:

Agora Paris. Em vez da calma que esperávamos ter, tem sido um alvoroço que não acaba. Mamãe começou pelos vestidos no Poiret, já escolheu toilettes magníficas que a deixam linda como a sra. Eu por ter sido muito boazinha arranjei dois presentes extraordinários que são nada menos que dois vestidos lindíssimos, está visto que são de Poiret pois eu tenho direito de seguir a pose de mamãe. […] Fomos ontem ao Bal de la Couture, na ópera, em companhia da boa d. Olivia (que gosta muito de mim) e do dr. Cláudio de Sousa e senhora, nossos excelentes companheiros de viagem. Só a frisa que o Oswaldo nos ofereceu custou 2000 francos. As toilettes apresentadas pelas grandes casas de costura de Paris foram apreciadíssimas! E as que eu gostei mais foram as de Poiret.[7]

A fotógrafa norte-americana Thérèse Bonney, que registrou Tarsila na abertura de sua primeira exposição individual, em Paris, na Galeria Percier, publicou, com sua irmã, Louise, em 1929, o livro *A Shopping Guide to Paris*. É uma obra que funciona como um guia de compras e um manual de boas maneiras para as rodas de consumo de Paris, entre as classes altas. Lá, as autoras advertem: "É a qualidade do que você traz de volta que dará distinção à sua viagem, e o custo legítimo que manterá uma memória sempre agradável".[8]

as *péniches* de poiret

"Foi numa noite de julho findo, em Paris, que Paulo Prado, jantando na *péniche* de Poiret, da Exposição de Artes Decorativas, tirou de uma carteira um retalho de jornal e mo deu. Era a sua primeira ofensiva contra a Poesia Pau-Brasil." É Oswald quem fala, numa carta a Tristão de Athayde,[9] mencionando um dos três barcos criados por Paul Poiret, que ficaram atracados à margem do rio Sena durante a Exposição de Artes Decorativas em Paris, em 1925. Na *péniche*

Amours, foram vendidos móveis da *maison* Martine e perfumes de Rosine, os outros negócios do costureiro, lojas que tinham os nomes de suas filhas. Na *Délices* funcionou um restaurante, onde Oswald e Paulo Prado jantaram. E na *Orgues* estiveram expostos catorze papéis de parede elaborados por Raoul Dufy.

Oswald, ao fazer referência ao jantar na *péniche* de Poiret ao lado de Paulo Prado, exibe poder financeiro, social e político. Todavia, embora no contexto brasileiro a figura do costureiro representasse um capital simbólico importante, a atuação de Paul Poiret na Exposição de Artes Decorativas significou exatamente sua derrocada financeira. A despeito de ter estreitado a relação comercial com o mercado estrangeiro — composto sobretudo de milionárias norte-americanas, mas também argentinas, chilenas e, claro, brasileiras —, Poiret, por conta de dívidas, ao final de 1924 vende parte de sua marca a uma associação de banqueiros, liderada por M. Aubert. Pouco a pouco, então, o costureiro é afastado do comando da *maison*, alijado das decisões importantes.

O conselho administrativo não aprovou a iniciativa de produzir os barcos para a exposição de 1925, mas, mesmo assim, Poiret resolveu bancá-los. Só que o resultado foi catastrófico, e no ano seguinte as *péniches*, que haviam custado 500 mil francos, foram vendidas por preços irrisórios. O casal Tarsiwald esteve próximo de Poiret e foi cliente da *maison* durante o período mais difícil da carreira do costureiro. Não obstante os desentendimentos e o assalto à sua autonomia, ele continuou à frente da direção artística da casa até 1929, quando a relação com os administradores se tornou insustentável. Poiret foi obrigado a sair de sua própria *maison*, que continuaria, sem ele, até 1933. Enquanto esteve impossibilitado de usar seu nome, sequestrado pelo contrato com os banqueiros, Paul Poiret criou, entre 1932 e 1933, a *maison* PASSY-10-17, número telefônico do novo estabelecimento.

"carros em nápoles, tílburis em londres"

Em *Sob as ordens de mamãe*, Oswald conta:

> Ficaram alguns pontos altos na minha memória visual e emotiva
> dessa primeira visão duma Europa, onde se viajava sem passa-
> porte, onde havia carros em Nápoles, tílburis em Londres, e em
> Paris os primeiros táxis que se celebrizariam depois na primeira
> batalha do Marne. Estávamos nas vésperas da Primeira Guerra
> Mundial mas, psicologicamente, muito longe dela. O século XIX
> perdurava tanto na moda como na literatura e nos costumes.
> Havia duelos na França e camorra na Itália. Ser boêmio era um
> privilégio de artistas. A Rússia ainda era a Rússia dos czares e
> dos grãos-duques.[10]

Entre a primeira visita de Oswald à Europa, em 1912, e seu
retorno, no encalço de Tarsila, em meados da década de 1920,
novas formas de distinção emergiram, e o sistema social de legitimação do luxo girou. Se antes eram os aristocratas que serviam
de modelo estético e cultural, agora os novos milionários da alta
burguesia promoviam outros estilos de vida, luxuosos e modernos. Entretanto, ficou cristalizada no imaginário do poeta uma Europa romântica, idealizada, forjada entre a novidade da modernidade, a excitação da boêmia artística e o luxo de duelos e cortes.
Sua memória remete a um momento em que a alta-costura, nutri-
da pela clientela aristocrática, ainda funcionava nos moldes anteriores à Primeira Guerra. Quando diz que o século XIX perdura-
va na moda, talvez Oswald faça referência à silhueta em S,
espartilhada, predominante entre as mulheres da elite durante a
belle époque. De todo modo, é provável que ele já tivesse ouvido
falar das criações de Paul Poiret. Foi justamente entre o final da
década de 1900 e o início dos anos 1910 que o costureiro fez sucesso com as cores vivas e contrastantes de suas roupas, diferentes

dos tons monótonos e esmaecidos adotados no passado. Os vestidos da *maison* Poiret que seguiam a linha Diretório — também chamada neoclássica, que remete ao vestuário feminino do início do século xix — tinham a cintura alta, marcada na altura do busto, e tendiam a contornar as formas do corpo sem modificá-lo acentuadamente, ao contrário do efeito obtido com o uso do espartilho.

Na Inglaterra, desde a década de 1890, o desejo pela renovação do vestuário feminino e masculino foi explorado pelas vanguardas artísticas. Mas, ao que parece, essas propostas foram apreciadas por uma minoria e não tiveram grande repercussão em Paris, ainda que, em 1899, Jeanne Paquin já tivesse criado um traje que dispensava o corpete. No lugar dos espartilhos, surgiram outros tipos de sustentação, como as cintas, que achatavam o busto e disfarçam os volumes do corpo. A silhueta moderna do vestuário feminino europeu é longilínea, reta. As mulheres têm suas curvas eliminadas. Os trajes da *maison* Paul Poiret produzidos entre o final da década de 1900 e o início da guerra, por exemplo, tinham uma estrutura interna que funcionava como suporte. Em 1907, quando lançou sua coleção de vestidos com silhueta neoclássica, Paul Poiret ainda propôs um cinto interno, com barbatanas espaçadas.[11]

É preciso dizer que as criações de Paul Poiret não foram apreciadas por todas as camadas da elite feminina. Após levantamento realizado entre 1906 e 1913 na revista *Les Modes — Revue mensuelle illustrée des arts appliqués à la femme*, "a primeira publicação francesa de moda de luxo, ilustrada com fotografias e de circulação internacional", Maria Lucia Bueno conclui que os trajes de Poiret estavam em "desacordo com a proposta editorial da *Les Modes* e com o estilo de vida de suas leitoras, [e] foram sistematicamente ignorados, salvo por uma matéria de capa em 1913".[12] Mesmo que as roupas da *maison* Poiret tenham sido eventualmente ironizadas na imprensa, por seu teor extravagante, o costureiro divulgava suas criações na revista norte-americana *Vanity Fair* e, a partir de 1912, na francesa *Gazette du Bon Ton*. Seja como for, as mudanças no vestuário feminino estavam em consonância com as inovações estéticas ocorridas em outros campos culturais. Cores intensas, puras, estiveram presentes na pintura dos *fauves*, nas roupas de Paul Poiret, e nas apresentações com temas orientais dos Ballets Russes, como *Schéhérazade*, em 1910, com figurinos de Léon Bakst.

Além de ser promotor da arte moderna, o costureiro valorizava as artes decorativas e colaborou para que o gosto pelas cores fortes chegasse ao desenho industrial e à decoração. Poiret abriu, em 1911, a Escola de Artes Decorativas Martine, destinada a meninas cujos pais não pudessem custear seus estudos, e também o Ateliê Martine, embebido pelo conceito de design total. "Produziu mobiliário, arranjos florais e designs de estamparias inspiradas no cubismo. Cores vibrantes, formas naturais e uma mistura de influências exóticas em breve caracterizariam o estilo Martine."[13]

Tarsila teve uma roupa com tecido do Ateliê Martine (ver imagem 13 do caderno de fotos) — será um pedaço do pijama de seda verde e roxa? É a mesma estampa que aparece num vestido da *maison* Paul Poiret do início da década de 1920, mas as cores do retalho do traje que foi de Tarsila são mais intensas e contrastantes do que a variação em tons pastel do tecido assinado pelo Ateliê Martine. Estão aí as formas orgânicas e naturais, flores rosa, amarelo e branco, com caule marrom e folhagem verde-oliva sobre fundo roxo.

"gaiolas sem pássaro, colmeias sem abelhas"

O prestígio de Paul Poiret na moda francesa começou a declinar depois da Primeira Guerra Mundial, na qual ele serviu e foi nomeado chefe dos alfaiates do Exército francês.[14] As inovações estilísticas de Poiret estiveram atreladas a uma ideia de orientalismo: ele aderiu ao corte reto dos trajes afastados do corpo, em oposição às roupas ajustadas, predominantes no vestuário ocidental, e conjugou a simplicidade da modelagem com a riqueza dos adereços. Mas, no processo de modernização da roupa feminina, o eixo da inovação se deslocava cada vez mais do ornamento para o corte. Nos anos 1920, com o gradativo abandono dos adereços em favor de modelos mais dinâmicos, as roupas de Paul Poiret começaram a parecer excessivamente artísticas, teatrais. Penas e plumas, babados e sobreposições, tafetás e volumes, contrastes de cores produziam trajes exuberantes, considerados antiquados, sobretudo se comparados à nova simplicidade proposta por Jeanne Lanvin, Gabrielle Chanel, Madeleine Vionnet e Jean Patou.

Os tempos modernos — a tecnologia, a velocidade, a mobilidade — estavam se infiltrando na alta-costura francesa. As modelagens das roupas passaram a privilegiar o movimento, como ocorrera, cem anos antes, com o vestuário masculino. O encurtamento das saias, por exemplo, representou uma atitude moderna na medida em que esteve ligado à liberdade necessária às práticas da nova mulher. Na década de 1920, começou a se configurar a ideia da "mulher ativa", isto é, aquela que tinha uma agenda repleta de atividades, mas não ainda a que trabalhava fora. Cada vez mais, entre as classes abastadas, o público feminino ia rompendo uma tradição que o encerrava no espaço do lar. As mulheres conquistavam o direito ao trânsito — mesmo que ainda exíguo.

Com isso, o surgimento das pernas das mulheres trouxe à paisagem urbana uma nova configuração do desejo. O "Poema de sete faces", de Carlos Drummond de Andrade — que abre *Alguma poesia*, seu primeiro livro, publicado em 1930 e dedicado "a Mário de Andrade, meu amigo" —, atesta o interesse que as pernas, embrulhadas em meias de seda, despertavam. No poema, bondes e pernas se misturam no cenário da cidade moderna:

O bonde passa cheio de pernas:
pernas brancas pretas amarelas.
Para que tanta perna, meu Deus, pergunta meu coração.
Porém meus olhos
não perguntam nada.

Os novos hábitos — o lazer ao ar livre, os esportes, o ritmo frenético dos dancings, os meios de transporte — pediam um guarda-roupa feminino que se diversificasse ao sabor da modernização. Diminuíam as diferenças entre as roupas usadas na cidade e no campo, durante o dia e à noite. Tanto que, àquela altura, um dos problemas da moda francesa foi a adaptação do vestuário às diferentes atividades das mulheres. Surgiram soluções como o vestido pretinho básico [*la petite robe noire*] — cuja autoria Chanel sempre reivindicou —, versátil graças aos acessórios que complementavam o traje. Em 1926, o pretinho básico foi transformado num dos ícones da moderna moda feminina ao ser comparado pela revista *Vogue* norte-americana ao automóvel Ford T. Com a simplificação das roupas, para a alta sociedade parisiense a elegância feminina se tornava a encenação de um gesto cada vez menos ostensivo e mais natural. O centro da moda havia se deslocado da roupa para o corpo que a vestia.

É nesse contexto que Yvonne Deslandres declara: "Chanel é efetivamente a líder inconteste da moda, onde Paul Poiret, relegado ao posto da teatralidade exuberante, já havia, e para sempre, perdido sua aura".[15] Poiret reprovava a nova moda moderna. Ele se referia às formas simplificadas, geométricas e neutras — criadas pelos nomes que proliferavam na alta-costura —, como "Mulheres de papelão", "Silhuetas côncavas, ombros angulosos e bustos achatados", "Gaiolas sem pássaro, colmeias sem abelhas", "Telegrafistas magras", "Colegiais desenganadas em vestidos pretos".[16]

Nas cartas a Tarsila, Oswald não faz distinção entre os estilos de Paul Poiret e Jean Patou. As clientes de Poiret procuraram associar-se ao campo simbólico da emancipação estética por meio da garantia de uma aparência marcante, exuberante, afastada do vocabulário discreto proposto por Patou. Tendo aberto sua *maison* imediatamente após o término da guerra, Jean Patou esteve ligado à modernização do vestuário de luxo feminino que explorou a adoção de elementos do traje esportivo, como o tricô. Seus modelos denotam uma simplicidade estudada. Oswald cita Poiret e Patou e parece desconhecer que as roupas dessas *maisons* encarnam oposições que emergiram no cenário da alta-costura francesa e que em 1924 eram notórias: ornamento/corte, exuberância/movimento, adereço/simplicidade, trabalho manual/produção em larga escala.

O que José Carlos Durand nomeia "estilo de trabalho de Poiret" é sua relação com os "'exotismos' estrangeiros", continuamente explorados desde meados da década de 1900: "O estilo de trabalho de Poiret reassegurava melhor o valor e a atualidade dos 'exotismos' estrangeiros que, por meio da costura, das artes visuais e da decoração, se incorporavam ao repertório parisiense da moda (no duplo sentido do termo)".[17] Da parte de Tarsila e Oswald, se o interesse pela alta-costura é uma estratégia de validação social, a opção por Poiret pode ser explicada porque eles também mobilizaram o "exotismo" como valor em suas obras. A convivência de Tarsiwald com a *maison* Poiret reafirma o andamento das práticas artísticas que o casal adota, sobretudo a partir de 1923. De fato, os trajes de Jean Patou não serviriam à intenção de reassegurar, por meio do consumo da alta-costura — ou seja, por meio da aparência de Tarsila —, os mesmos "'exotismos' estrangeiros" como modo de inserção no "repertório parisiense da moda". Quanto à indicação "no duplo sentido do termo", é bom avaliar com atenção a que sentidos da moda feminina francesa está associada a escolha do casal pela *maison* Poiret.

1

2

3

1. Neste autorretrato, Tarsila se apresenta de modo oblíquo, que no pastel é ressaltado pelos tons de verde, azul, rosa e laranja, cores que dão um ar feérico ao desenho. No canto inferior direito, a lápis: "Tarsila do Amaral 9-outubro-1922". (Pastel sobre papel, 39 cm × 29 cm.)

2. No *Manteau rouge*, de 1923, o pescoço alongado confere elegância e altivez ao autorretrato. Corpo e roupa se confundem, especialmente na mão mergulhada no vermelho do traje. (Óleo sobre tela, 73 cm × 60,5 cm.)

3. *O Autorretrato I*, de 1924, parece concluir o processo de abstração a que Tarsila submete a representação de seu corpo. (Óleo sobre cartão sobre placa de madeira aglomerada, 41 cm × 37 cm.)

4

5

6

(Dessin de Coulon.) MODÈLES DE SULKA.

7

4. Em 1922, Tarsila fez mais de um retrato de Mário de Andrade. Neste, a artista o pintou como uma figura elegante, vestido de terno azul-marinho e colarinho engomado. (Óleo sobre tela, 54 cm × 46 cm.)

5. Logo após conhecer Oswald de Andrade, em 1922, Tarsila o retrata com um olhar direto e envolvente. (Óleo sobre tela, 61 cm × 42 cm.)

6. O desenho *Grupo dos cinco*, de Anita Malfatti, foi feito como um presente a Mário de Andrade em 1922. No canto inferior, a dedicatória: "Ao Mário/A.C.M [Anita Catarina Malfatti]". (Tinta de caneta e lápis de cor sobre papel, 26,5 cm × 36,5 cm.)

7. Modelos coloridos da marca de roupas masculinas Sulka, a preferida de Oswald, publicados na revista *Monsieur*, abr. 1922.

8. Croqui de um modelo de *manteau* lançado por Jean Patou na primavera de 1923. *Cent à l'heure* [Cem por hora], seu título, nos leva a crer que se trata de um traje a ser usado nos passeios em automóveis.

8

9

10

11

12

9. A capa e as ilustrações feitas por
Tarsila para o livro *Pau-Brasil*, publicado
em 1925, dialogam com o texto de
Oswald. A bandeira do Brasil apresentada
verticalmente se tornou um dos símbolos
do modernismo.

10. Em 1922, Mário de Andrade publicou
o livro *Pauliceia desvairada*, cuja capa,
um desenho de Guilherme de Almeida,
era coberta por losangos coloridos: brancos,
verdes, azuis, vermelhos, amarelos, pretos.

11. O homem representado no quadro
O violeiro, de Almeida Júnior, de 1899,
usa camisa quadriculada, azul e branca.
O xadrez faz parte da vida caipira.
(Óleo sobre tela, 172 cm × 141 cm.)

12. No vernissage de 1926, em Paris,
o quadro *Morro da favela*, de 1924, remete
ao traje *Écossais*, usado por Tarsila nessa
ocasião. (Óleo sobre tela, 64,5 cm × 76 cm.)

13. À dir., vestido de Paul Poiret feito com tecido do Ateliê Martine, de 1921. Abaixo, retalho de tecido que pertenceu a Tarsila do Amaral, guardado no Arquivo IEB-USP. A descrição do documento diz: "tecido de seda estampado". Apesar de terem a mesma estampa, o tecido que foi de Tarsila tem cores mais intensas e contrastantes.

13

14

15

14. Etiqueta da *maison* Paul Poiret
no corpete do vestido de casamento
de Tarsila, em 1926. A inscrição no verso,
"Mme. Tarsila, robe de mariée", confirma
que a roupa pertenceu à artista e que foi
usada como parte do vestido de noiva.

15. Capa do vestido de casamento de Tarsila.
O traje era ornamentado, mas os adereços
se perderam com o tempo.

16. Corpete do vestido de casamento
de Tarsila, assinado pela *maison* Poiret.
Sua forma remete aos trajes espartilhados
do início da década de 1900.

17

17. De acordo com a descrição
do museu Victoria & Albert, o *Flûte*, usado
por Tarsila no vernissage de sua primeira
exposição no Brasil, em 1929, é um
"vestido de cetim guarnecido com aplicação
de adereço dourado e forrado parcialmente
com chiffon de seda".

o *manteau casoar*

Já na década de 1930, Tarsila se recorda de uma reunião de artistas em que estava vestida *chez* Poiret,

> o genial criador de modas femininas que evocavam ora a Grécia antiga, ora claustros silenciosos ou tribos selvagens da Oceania. O vestido era todo preto, na frente um finíssimo bordado chinês sobre fundo jade com mangas brancas, compridas e justas, recobertas de rendinhas franzidas superpostas. Léger, que tem parentesco em arte com Paul Poiret, não se cansava de admirar a criação do célebre costureiro e disse a Cendrars que se achava ao seu lado: "Dá às vezes vontade de a gente fazer um retrato bem parecido, como os antigos, e desenhar essas rendinhas uma por uma, com toda a graça desse franzido minucioso". Foi um momento de fraqueza, um pecado por pensamento. Léger nunca pintou esse retrato.[18]

Na descrição da roupa de Tarsila, além das cores preto, verde e branco, podemos visualizar seus ornamentos: um "finíssimo bordado chinês" e "rendinhas franzidas". As rendinhas, aliás, têm grande destaque. São elas que provocam o desejo em Fernand Léger de, num "momento de fraqueza", conta Tarsila, "fazer um retrato bem parecido, como os antigos", e desenhá-las "com toda a graça desse franzido minucioso". Esse traje, usado por ela numa ocasião que reuniu artistas modernos, participa de um vocabulário decorativo que remete à moda anterior à década de 1920. A estética da alta-costura em voga priorizava a sobriedade e o caráter funcional, com círculos, preenchidos ou vazios, linhas, quadrados, triângulos e losangos.

A impressão que se tem é de que um dos motivos que leva Tarsila a chamar o costureiro de "genial criador de modas femininas" é a utilização da estética do "exótico", constantemente reatualizada por Poiret ao longo de sua atuação. Ao dizer que os trajes "evocavam", é provável que Tarsila faça referência aos títulos das roupas, além de suas cores e formas. Prova disso é sua menção aos modelos inspirados em "tribos selvagens da Oceania", já que um dos *manteaux* da *maison* Poiret que fez parte do seu guarda-roupa foi o *Casoar*. É um traje bastante incomum, feito com plumas de cor acinzentada do pássaro casuar, originário da Oceania. A ave pertence à família da avestruz, cujas penas são valorizadas na alta-costura, especialmente na moda feminina do início do século xx.

Mesmo que não se conheça uma fotografia de Tarsila usando esse traje, são grandes as chances de que o *manteau Casoar soldé*, listado no recibo de abril de 1927 (p. 117) e comprado em 28 de julho de 1926, seja aquele registrado nos *dépôts de modèles* em 25 de fevereiro do mesmo ano (abaixo). Isso porque, além da referência às modas geniais que evocavam a Oceania, as datas da compra e do *dépôt* coincidem, pois foi uma peça adquirida em liquidação. Sendo uma roupa exuberante, teatral, o *manteau Casoar*, que tem a gola e as mangas, na altura dos antebraços, adereçadas com plumas abundantes, está afinado com o gosto de Tarsiwald.

Registro do *manteau Casoar*, frente e costas, 25 fev. 1926.

Quase quarenta anos depois, em maio de 1971, Tarsila seria taxativa: "Era Paul Poiret que fazia meus vestidos. Chamava atenção e os outros costureiros demoravam três anos para fazer uma coisa mais ou menos como ele. Tinha muito talento e viajava para o Oriente também, para poder ver aqueles bordados, antigos, tudo... Ele estudava".[19] Ao entrevistá-la, Nonê, que convivera intensamente com Tarsila nos anos 1920, lembra o perfume usado pela artista, o Fruit défendu,[20] e se interessa pelo modo de funcionamento da alta-costura. Ele pergunta se os vestidos que Poiret fazia eram modelo único, e Tarsila responde:

> Foi um homem muito curioso, viajou muito para poder fazer aquelas coisas tão bonitas que ele fez. Mas tudo era uma coisa muito pessoal. Por exemplo, um vestido roxo, bem vivo, naquele tempo não se usava nada assim, e verde. É, roxo e verde. A saia era verde e tudo por aqui roxo, assim, todo misturado. Era um vestido que fez muito sucesso também. Mas agora os outros costureiros não copiaram, sabe, porque achavam tudo muito avançado.

Nonê se lembra de um vestido cor-de-rosa usado por Tarsila num baile da Ópera de Paris. Ela ri e completa:

> Mademoiselle Monnier tinha uma livraria que recebia todos os poetas, que frequentavam a livraria dela, ela vinha assim perto de mim e depois falava: "*Voilà madame Tarsila, elle est si belle qu'on ne peut pas s'empêcher de le dire*" [Vejam madame Tarsila, ela é tão bonita que não se pode deixar de dizer]. Eu aceitava aquelas coisas, achava graça. Mas isso tudo já é do passado, tudo isso é do passado.[21]

Tarsila não toca no assunto de os vestidos serem modelo único. Sabemos que não eram. Os modelos criados pela casa de alta-costura, depois de serem registrados, de modo a proteger os direitos autorais, eram divulgados em desfiles e revistas femininas. As clientes iam à *maison* escolher seus trajes a partir dos que o costureiro havia criado para cada estação.

Podemos concluir que o guarda-roupa de Tarsila era colorido: o cor-de-rosa no baile da Ópera e o vestido roxo, bem vivo, com a saia verde são apenas alguns exemplos. Seus trajes endossam a exuberância da *maison* Poiret e se opõem à neutralidade do preto, defendido por Chanel, ou do bege, usado por Patou. Efetivamente, o roxo não foi uma cor habitual nos modelos da alta-costura francesa entre 1919 e 1929.[22] Mas se Tarsila afirma que "naquele tempo não se usava nada assim", eu diria "*já* não se usava nada assim". Compreendo a frase "tudo era uma coisa muito pessoal" como se as criações de Poiret fossem bastante originais, o que, ao mesmo tempo, significa que elas estavam um pouco deslocadas das tendências modernas da alta-costura. Parece que, para aquelas mulheres vestidas *chez* Poiret, seus trajes ajudavam a elaborar uma imagem de si, uma autorrepresentação muito própria e original. Talvez tenha sido nesse sentido que Flávio de Carvalho afirmou, em 1969, que "Tarsila era individualíssima, inconfundível, seu gosto criativo não se limitando a imitar a moda chegada de Paris, mas ao contrário, contrastando com o lugar-comum da moda em voga".[23]

Para além do desejo de estar *à la page*, como disse Tarsila, o interesse pela *maison* Poiret mostra, é claro, a vontade do casal de se aproximar de uma roupa que flertasse com o meio artístico. Mas também pode ser revelador de um traço antiquado, se pensado no contexto das alterações em direção à modernidade ocorridas na alta-costura francesa ao longo da década de 1920. Seja como for, é nessa dinâmica, em que estão mobilizados exploração do "exotismo", presença luxuosa e meio artístico, que Tarsila e Oswald adotaram a originalidade como marca de suas aparências. Na história do modernismo brasileiro, o caráter exuberante das roupas de Paul Poiret é acentuado, assim como sua vinculação ao círculo da arte moderna francesa. Os críticos, porém, não falavam[24] de uma dimensão tradicional, e até mesmo conserva-dora, de suas criações. Evocam a presença vanguardista de Poiret, sem mencionar o lugar deslocado que ele ocupava na moda francesa nos anos 1920.

A relação do casal Tarsiwald com a *maison* Poiret expõe a riqueza de aspectos contraditórios que estão na base de nosso modernismo: os trânsitos entre tradição e modernidade, as negociações — com os agentes das vanguardas artísticas — em torno do gosto antiquado das elites brasileiras e o próprio gosto tradicional de Tarsila e Oswald. A escolha por Poiret também manifesta, enfim, uma aparência que esteve na moda e exibiu uma modernidade fora de moda.

8

a bordo de um navio

E minha mãe coberta de beijos deixou que
eu fosse ver em Santos o mar dos embarques.

Oswald de Andrade,
Memórias sentimentais de João Miramar

Não são raras as fotografias do casal Tarsiwald a bordo de um navio. Na segunda metade da década de 1920, era possível cruzar o Atlântico em menos de duas semanas. Muitos anos mais tarde, Tarsila diria sobre as suas aventuras: "Voltei ao Brasil, tinha saudade da família. Apareceu um navio francês que fazia a viagem em 12 dias. Depois, Paris novamente. Na viagem encontrei um grupo de brasileiros, e fomos ao Oriente. Trouxe muita coisa de lá".[1]

Os documentos comprovam a intensidade dos deslocamentos: fotografias, cartas e cartões-postais, mas também um álbum de viagens da artista, cheio de fotos, desenhos, telegramas, recortes de programas de shows e balés, ingresso para o circo de Piolim, cartão de um serviço de *chauffeurs* de cadillac, um santinho da Virgem Maria, folhas secas, passagens, recibos, o documento de identidade de Blaise Cendrars, papeizinhos assinados. Há uma caixa de chapéu, que pertencera a Tarsila,[2] coberta de adesivos dos embarques e desembarques dos navios e check-in em hotéis: Hotel London Odessa, Windsor Hotel Haifa, Hotel Bristol Istanbul, Grand Hôtel Noailles-Metropol Marseille, Cairo Shepheard's Hotel, Pera Palace Constantinople, Luxor Hotel, Cataract Hotel Assouan, Gran Hotel

S. Marco Piacenza, Pensione Fiaschetteria Toscana, Hôtel Plinius Milano, Grand Hôtel de la Ville Florence, Palace Hotel Orvieto (Umbria), Grand-Hotel Paris, Hôtel Victoria Lausanne, Excelsior Hôtel de la Ville Florence, Hôtel Brun Bologna.

Os nomes dos navios aparecem com frequência: *Almanzorra*, *Cap Polonio*, *Lotus*, *Lutetia*, *Massilia*. No depoimento ao Museu da Imagem e do Som, Tarsila menciona as viagens por mar nos transatlânticos: "O *Lutetia* e o *Massilia* eram dois grandes navios, muito importantes, os melhores da França, de alto luxo também. Até fiz o retrato, o rascunhozinho do retrato do comandante. Porque eu comia na mesa do comandante, ele me convidou, e assim sempre recebi muitas honras". Para as ocasiões de turismo, travessias oceânicas em navios requintados, jantares, festas, Tarsila preparou um enxoval com roupas da *maison* Paul Poiret: *Amélie*, *Écharpe*, *Street*, *Esméralda*, *Righi* e *Riga*. As imagens revelam um Oswald múltiplo, versátil e arrojado, e uma Tarsila bonita e elegante.

amélie e pau-brasil

Em junho de 1925, Oswald estava em Paris. Depois de publicar o livro *Pau-Brasil*, com capa e ilustrações de Tarsila, pela editora francesa Au sans pareil — a mesma que lançara, em 1924, o livro de poemas *Le Formose*, de Blaise Cendrars, também com capa e desenhos de Tarsila —, ele retornou ao Brasil em 22 de agosto, no navio *Massilia*. Em dezembro do mesmo ano, ele e Tarsila, oficialmente noivos, embarcam de volta para a Europa. Mário de Andrade escreve a Manuel Bandeira nos últimos dias de novembro: "Osvaldo e Tarsila, noivos, partem amanhã pra Europa".[3] O casal foi registrado no Jardim da Luz, acompanhado de Carolina Silva Telles, segurando um exemplar do *Pau-Brasil*, e Gofredo, seu marido, Olívia Guedes Penteado e Maria Penteado Camargo (p. 135). Todos estão com trajes formais de passeio. E, é claro, usam chapéu.

Tarsila e Oswald no Jardim da Luz, acompanhados de amigos. Carolina Silva Telles segura um exemplar de *Pau-Brasil*, 1925.

Nessa ocasião, Tarsila optou pelo vestido *Amélie*,[4] acompanhado de uma echarpe enrolada ao pescoço. Discreto, o vestido tem ornamentação geométrica, debruns claros nos punhos, no decote redondo, nos quadris (parecem bordados nos bolsos) e na altura do umbigo. Sua silhueta é reta; as linhas do ombro e do quadril são paralelas. Por sua lógica construtiva, com uma forma um tanto rigorosa, o *Amélie* destoa das criações *chez* Poiret. Oswald está distinto debaixo do sobretudo *Chesterfield* com abotoamento duplo e chapéu de feltro macio, copa cônica e concavidade no centro, modelo que parece o Homburg. A ponta do cabo da bengala está apoiada no solo. Seu traje se repetiria nas fotos da viagem ao Oriente. Esse terá sido o momento da despedida na Estação da Luz? O ano de 1926 guardava acontecimentos importantes: uma nova temporada no exterior, de seis meses; a viagem ao Oriente, em janeiro e fevereiro; a exposição de Tarsila em Paris, em junho; e, de volta ao Brasil, a cerimônia de casamento, em outubro.

Os vestidos das moças são todos bem-comportados, escondendo as panturrilhas. O mais longo é o de Olívia, e o mais curto, o de Maria. (Na verdade, em Paris, as saias na altura dos joelhos foram frequentes por pouco tempo, entre 1927 e 1928, mas tornaram-se o símbolo da década. A regra geral adotada nos anos 1920 era a saia na altura da panturrilha.) As quatro vestem chapéu *cloche* ("sino" em francês), bastante comum na década de 1920 — há diversas fotografias em que Tarsila aparece usando esse acessório. Bem ajustado, o modelo esconde por completo a cabeça, desde a nuca até a testa. Sua forma remete tanto ao turbante, influência da moda anterior à Primeira Guerra Mundial, como ao capacete usado pelos soldados no front. O chapéu de Tarsila, particularmente, está bem enterrado na cabeça. Mal conseguimos notar seus olhos. Mas ela está sorrindo, e Oswald também.

A capa do livro *Pau-Brasil* não passa despercebida nessa cena, como uma protagonista discreta. Pensado a quatro mãos, a capa e as ilustrações de Tarsila dialogam com o texto e acrescentam informações à obra. *Pau-Brasil* pode ser incluído na "½ dúzia de obras-primas nossas" evocadas por Oswald numa carta. A afirmação da materialidade do objeto livro, aliada ao ritmo dinâmico dos poemas, tira do automático "alguns hábitos arraigados de recepção e a forma então predominantemente ligada à oralidade, à retórica das leituras de salão, de se compreender a poesia no Brasil", afirma Flora Süssekind.[5] Nessa obra coletiva, os vínculos entre o horizonte técnico e a criação artística são manipulados por Tarsiwald. Prova disso é a proposta irônica e sintética da bandeira do Brasil, um losango amarelo invertido sobre retângulo verde, em que fica ressaltada a faixa branca sobre fundo azul (ver imagem 9 do caderno de fotos). A capa está em consonância com a interpretação crítica e poética da história do Brasil, que ganha corpo em versos rápidos e curtos, com ironia e humor.

écharpe e oswalds

Partindo de Marselha a bordo do navio *Lotus*, da Companhia Messagier Maritime, o casal Tarsiwald, acompanhado de filhos e amigos, passeou por diversas cidades, entre elas Nápoles, Atenas, Constantinopla, Esmirna, Rodes, Chipre, Beirute, Cairo e Luxor. Assim começava o ano de 1926. "A viagem que nós fizemos ao Oriente, estavam Altino Arantes e Cláudio de Sousa, também. Você poderia dizer, por exemplo, o que é que fez essa viagem se realizar. Por quê? Qual foi o motivo, a motivação?", Nonê pergunta a Tarsila na gravação do depoimento ao Museu da Imagem e do Som, a que ela responde: "Curiosidade, de ver coisas novas, e ver o Oriente, que era tão diferente do que é aqui para nós".[6]

Na década de 1920, passar as férias no Norte da África era um hábito das elites. A descoberta da tumba de Tutancâmon, em 1922, certamente alimentou essa moda, mas vale recordar uma fotografia de d. Pedro II diante das pirâmides do Egito em 1872. Do círculo social dos modernistas, Olívia Guedes Penteado foi registrada em cima de camelos, numa caravana estacionada diante das pirâmides. O casal Tarsiwald também tem a sua fotografia na frente de uma pirâmide, no Egito (pp. 138-9). Na imagem, estão montados em camelos (da esq. para a dir.) Luísa de Sousa e seu marido, o escritor, membro da Academia Brasileira de Letras, Cláudio de Sousa, o casal Gabriela e Altino Arantes, político de destaque do Partido Republicano Paulista (PRP), Nonê, Dulce, Oswald e Tarsila. A artista usa o traje *Écharpe*[7] — repetido, aliás, em diferentes circunstâncias ao longo da viagem.

Anúncios publicados na *Vogue* francesa divulgavam as temporadas de luxo no Norte da África. "Passe os terríveis dias de outono e de inverno nos países do Sol, no Marrocos, na Argélia, na Tunísia, no Saara", é o convite da propaganda da Société des Voyages et Hôtels Nord-Africains, serviço turístico da Cie. Gle. Transatlantique, que oferecia aos possíveis clientes travessias ma-

Tarsila, Oswald, Dulce, Nonê e amigos diante de pirâmides no Egito, 1926.

rítimas, passeios terrestres em automóveis, estadias nos hotéis transatlânticos e serviços de bagagens. O desenho da propaganda mostra homens e mulheres vestidos de modo elegante, elas de chapéu *cloche*, eles de terno branco, e ao fundo palmeiras, construções caiadas, morros e uma mesquita. O texto faz questão de ressaltar que as viagens aos países do sol organizadas pela Société des Voyages garantiam o repouso de acordo com o ideal de conforto de que "nosso mundo civilizado gosta".[8]

Para visitar as colunas gregas, acompanhados dos amigos e dos filhos, Tarsila se vestiu *chez* Poiret, e Oswald aparece com o mesmo traje da fotografia no Jardim da Luz: sobretudo *Chesterfield*, chapéu e bengala, além de um terno de risca de giz com paletó arredondado (abaixo). Tarsila usa uma roupa formal de passeio, o vestido *Écharpe*, completado por um *manteau* de pele e um chapéu decorado com bolas. É o mesmo visual que aparece em

Oswald, Tarsila e as colunas gregas, 1926.

Tarsila e Oswald a bordo do navio *Lotus*, início de 1926.

outra fotografia em que ela está num convés de navio, ao lado de Oswald (acima), onde podemos ver com clareza a composição do traje no corpo da artista. No fundo do retrato, a boia salva-vidas identifica o nome do barco, *Lotus*, e o porto de origem, Marselha.

A saia do *Écharpe* de Tarsila é plissada, formada por faixas largas que parecem ter cores ou tonalidades diferentes. O nome do vestido está relacionado ao formato de echarpe da gola. É uma dobra que começa no quadril, sobe pelo busto, transpassada, formando o decote em V, até tornar-se uma gola, prolonga-se por trás do pescoço e termina, pendurada, no outro ombro. Acessório muito em voga nos anos 1920, a echarpe era usada de modos diferentes: relacionada a um conjunto, como parte integrante do vestido ou de maneira independente. O *Écharpe* é uma roupa que apresenta silhueta reta, mangas compridas, cintura deslocada para baixo e saia longa, terminando nos tornozelos. Os acessórios da artista — chapéu *cloche* com aba curta enfeitado de bolas, bolsa de mão e sapatos de bico amendoado — se repetem em outras fotografias. Assim como o *manteau* de pele, comprido (mais longo que a saia), uma peça suntuosa — que, nos recibos da *maison* Paul Poiret, está entre os itens mais caros.

Se Tarsila usa a mesma roupa na acrópole e no navio *Lotus*, Oswald surge com visuais bem diferentes em cada ocasião, mesmo que os dois estejam vestidos com trajes formais de passeio. Oswald posa para uma foto com o cotovelo apoiado no deque do navio, segurando um cigarro. Está com terno esporte com paletó curto, arredondado, sem marcação na cintura, calças largas, barra italiana e bainha curta, com sapatos de cadarço. O paletó é funcional, com quatro bolsos frontais. Boina portuguesa redonda e achatada, com uma pequena aba e gravata moderna, xadrez — talvez da Sulka —, sob o colarinho mole e pontudo, são os acessórios que completam o traje. Oswald tem ainda uma bolsa pendurada ao pescoço, possivelmente o estojo de um binóculo.

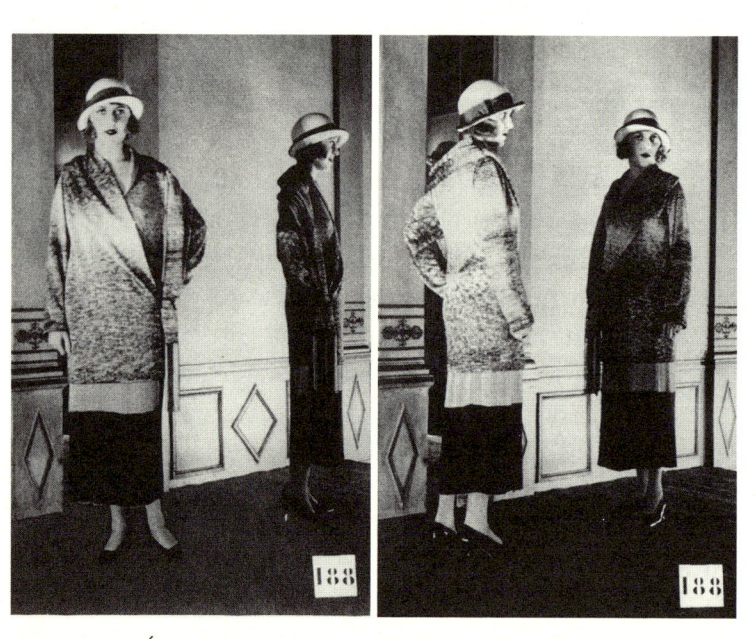

Registro do traje *Écharpe*, frente e costas, 6 fev. 1924.

A aparência do escritor é jovial, se comparada à de Tarsila, que usava roupas mais extravagantes, como o *manteau* de pele. De paletó desestruturado, curto, colarinho mole, gravata xadrez, boina, binóculo, Oswald se alinha ao ideal de juventude, que representa uma das faces da estética da modernidade no vestuário. Está estampada nessa fotografia a figura do jovem turista rico: diferente do homem garboso e bem colocado que aparece sob o sobretudo *Chesterfield* e a bengala, o Oswald desse retrato é arrojado na modernidade esportiva.

esméralda e smoking

Em agosto de 1926, depois dos passeios pelo Oriente e da primeira exposição individual de Tarsila em Paris, o casal retornou ao Brasil acompanhado de Dulce. Voltaram no navio *Almanzora*, da companhia marítima inglesa Royal Mail. A primeira página do *Correio da Manhã* no domingo, 15 de agosto, anunciava a chegada ao Rio de Janeiro do transatlântico inglês, que trazia a bordo o príncipe Axel, da família real dinamarquesa, descendente da princesa Francisca, irmã do imperador Pedro II:

> Também viajaram na unidade da Mala Real o senador Antonio Carlos, os deputados José Bonifacio e Armando Burlamaqui, e o sr. Otto Prazeres [...]; a escritora patrícia Albertina Bertha, o almirante Souza e Silva, e a cantora francesa Marguerite Merentié que aqui realizará alguns concertos.

> A presença de Tarsila foi destacada: "Também chegou pelo 'Almanzora' a pintora futurista patrícia Tarcila [sic] do Amaral que alcançou êxito notável ao fazer a exposição dos seus quadros na capital francesa".

Tarsila, Oswald e Dulce num baile à fantasia, a bordo do navio *Almanzora*, 1926. É possível ver algumas pessoas usando *blackface*, prática racista comum na década de 1920.

Enquanto cruzavam o Atlântico, príncipes, políticos, almirantes e artistas festejavam num baile à fantasia, ocasião em que Tarsila usou o vestido *Esméralda*.[9] Ela, Oswald e Dulce — que também está com uma roupa da *maison* Poiret, o traje *Turquerie* —[10] foram fotografados com um grande grupo de pessoas fantasiadas (acima). No meio da imagem, o homem que tem o queixo protuberante, sentado logo abaixo do bigodudo de chapéu russo branco, parece o príncipe Axel, de smoking. Oswald veste paletó fantasia com listras finas, gravata-borboleta e colarinho levantado, rígido, com as pontas quebradas para baixo. O paletó — ou smoking — fantasia tem esse nome porque apresenta uma estampa, é feito de seda, e não de lã. Oswald tem os cabelos repartidos de lado, quase no meio. Do que ele teria se fantasiado? Na imagem, olha para a câmera, sério.

De acordo com a fotografia dos *dépôts de modèles* (p. 145), o decote, a altura da saia e seu tecido (que parece brilhoso), o corpete bordado e a ausência de mangas indicam que o *Esméralda* é um traje de gala, reservado às ocasiões de grande formalidade. Pela imagem, o corpete do vestido se assemelha ao veludo, amarrado por dois laços nas laterais. É todo ornamentado com bordados de flores e pássaros na frente e nas costas, além das aplicações de debrum claro no decote, nas cavas, nas laterais e na barra. O decote é cavado, em formato de coração, deixando colo e braços expostos. A saia não tem estampas, é pregueada e comprida, talvez feita de tafetá de seda. Tem aplicação de bordado com motivos geométricos, círculos, em toda a extensão da barra. Na manequim que usa o *Esméralda* no registro dos *dépôts*, a saia termina nas panturrilhas. O vestido tem volume concentrado na altura do quadril, o que proporciona uma silhueta de acordo com o modelo *robe de style*.

Além da pedra preciosa de cor verde, *Esméralda* é o nome da protagonista do romance *Notre-Dame de Paris*, também conhecido como *O corcunda de Notre-Dame*, de Victor Hugo, publicado em 1831. Os trajes de fantasia encenam um tema ou uma representação. Na ocasião em que o casal Tarsiwald foi flagrado em meio a uma

Registro do traje *Esméralda*, frente e costas, 9 mar. 1926.

requintada festa à fantasia, ao combinar acessórios que não fazem parte do conjunto registrado nos *dépôts de modèles* — pente espanhol, mantilha negra,[11] rosa na cabeça, brincos longos —, Tarsila representa uma espanhola, mas sem abrir mão da moda francesa.

A aparência de Tarsila nessa foto remete à atmosfera sevilhana citada por Oswald no poema "atelier" — "Nem as exclamações dos homens/ Em Sevilha/ À tua passagem entre brincos". Ao fantasiar-se de espanhola, sevilhana, Esmeralda, numa festa verdadeiramente aristocrática (considerando o quilate social dos passageiros desembarcados no Rio de Janeiro), Tarsila ajuda a urdir a trama — composta de gestos, discursos e imagens — que sustenta sua figura no imaginário em torno do movimento modernista brasileiro. Talvez o *Esméralda* seja uma das roupas descritas por ela no já citado depoimento ao Museu da Imagem e do Som, quando diz: "Um vestido roxo, bem vivo, e verde. É, roxo e verde. A saia era verde e tudo por aqui roxo, assim, todo misturado. Era um vestido que fez muito sucesso". Pelo nome do traje, inclusive, é provável que a saia realmente fosse verde.

Em outra ocasião em que Tarsila foi registrada com o *Esméralda*, está acompanhada de Oswald e um grupo de pessoas em trajes de gala, talvez no *Almanzora* (p. 147).[12] Estão presentes de novo o pente espanhol, os brincos longos e, dessa vez, um xale — se não o mesmo, um parecido com aquele do retrato *A espanhola*, de 1922, que a artista fez de sua sobrinha, Maria, esposa de Souza Lima, com flores amarelas, azuis e vermelhas, sobre o azul-turquesa. Aliás, nesse quadro aparecem também o pente espanhol e a mantilha.

O xale é um *mantón* de Manila, franjado de seda bordada, usado pelas mulheres andaluzas e que se tornou símbolo das bailarinas flamencas. As estampas de flores, pássaros e pequenas figuras humanas têm cores fortes e intensas, cujo contraste é acentuado: rosa, amarelo, roxo, vermelho, sobre preto, branco, azul, verde. Tarsila prende o *mantón* com as mãos, pousadas no quadril, cotovelos abertos e braços cobertos pelo xale de seda, com

Tarsila, vestida de *Esméralda*, acompanhada de Oswald e grupo de pessoas vestidas de modo formal, s.d.

flores estampadas e coloridas. Sendo o *mantón* uma peça fundamental na sedução da dança das bailadoras andaluzas, capaz de, ao mesmo tempo, esconder e revelar o corpo da mulher, seu gesto remete novamente ao universo das mulheres sevilhanas. Ao piscar os olhos para a câmera, Tarsila acrescenta uma pitada de humor à atmosfera sensual das bailarinas flamencas. Ou será que o fotógrafo a flagrou desprevenida?

Nessa imagem, mesmo que todos estejam vestidos de modo formal, existe certo descompasso entre as roupas de Tarsiwald e as do pequeno grupo que os acompanha. A linda e irreverente Tarsila contrasta com a figura da outra senhora de pé, cara séria, olhar no horizonte, ainda que as duas tenham os ombros cobertos. Oswald usa um smoking de seda. Os outros dois homens estão formalmente vestidos de acordo com o código black tie, que prescreve paletó e gravata-borboleta preta, calça preta, camisa branca, colete ou *cummerbund* — aquela faixa ampla, com pregas e dobras longitudinais, usada na cintura — e sapatos de couro pretos. Ao comentar essa fotografia no artigo "A mais linda paulista do mundo", Carlos Augusto Calil acrescenta um olhar interessante: "Oswald e Tarsila comparecem a um baile à fantasia. Tarsila, em luxuosa veste de Espanhola, estimula seu noivo a envergar uma vistosa jaqueta de seda oriental. O casal vivia o auge da mundanidade".[13]

O smoking, ou *dinner-jacket*, é uma peça interessante do guarda-roupa masculino ocidental. Originalmente, na segunda metade do século XIX, foi um traje caseiro, um casaco informal e aconchegante para ser usado na intimidade, mas já no início do XX havia sido adotado como traje formal. Segundo Farid Chenoune, "o smoking é o traje fetiche dos mundanos do *modern style*".[14] A peça é adotada pela elite nos balneários, usada nos jantares no hotel ou nos navios. Por ter sido criado nos Estados Unidos nos anos 1920, seu uso em ocasiões formais ainda estava associado à proposta de elegância do homem norte-americano, mais informal do que o padrão europeu. O ar arrojado de Oswald de Andrade não tem menos requinte que a aparência monótona dos outros dois homens no retrato de grupo. Por mais que os visuais sejam diferentes entre si, o trio compartilha as regras de etiqueta, já que divide o mesmo espaço, um navio transatlântico luxuoso. A roupa de Oswald mostra uma figura rica e artística. Num cartão-postal enviado à família durante os passeios pelo Oriente, Tarsila faz referência à relação entre as viagens, o smoking e uma sofisticação despojada: "Mamãe querida, Cairo, Luxor e Assuã, tudo no fundo da África com pó, hotéis de luxo e smoking. Uma beleza".[15]

righi e riga

No álbum de viagens de Tarsila, há mais de uma fotografia em que ela está com o traje *Righi*.[16] Algumas fotos podem ter sido feitas em Roma, onde ela e Oswald estiveram em maio de 1926, acompanhados de Olivia Guedes Penteado, para uma audiência com o papa, a fim de pedir a anulação do primeiro casamento da artista. Outras, pela arquitetura dos espaços, talvez sejam na Espanha, ou em Portugal. Nessa foto (abaixo), Tarsila e Oswald estão ao ar livre, em uma praça com calçamento em ondas de pedras portuguesas. Ao fundo, uma estátua e prováveis construções mouriscas.

Tarsila, ao lado de Oswald, veste o traje *Righi*, s.d.

O casal Tarsiwald a bordo de um navio. Ela veste o traje *Riga*.

O *Righi* é um belo traje formal de passeio. Uma roupa primavera-verão, com sobreposição de camadas: a blusa reta, que lembra a forma da túnica, sobre a saia pregueada. Tem mangas curtas e ajustadas, cobrindo a metade do braço. O tecido tem aspecto de lã. A barra da blusa é toda bordada, e um ornamento retangular enfeita a frente da roupa. Tarsila usa aberta a gola em V, que tem acabamento com debrum. No modelo registrado, no entanto, a manequim está com a gola fechada, alta e estreita. Não há marcação de cintura, e mesmo com o volume da saia com pregas, que finaliza logo abaixo dos joelhos, o resultado é uma silhueta alongada. Acessórios de bom gosto complementam o visual de Tarsila: chapéu *cloche*, adereçado com plumas; brincos, pequenos e discretos, e um colar de pérolas curto. O relógio se parece com o da modelo na imagem do *dépôt*. Bolsa carteira, quadrada, e sapatos modernos, de cadarço, tipo Oxford, com salto.

Contrastando com a refinada apresentação de Tarsila, Oswald lembra a figura de um fazendeiro, talvez por causa das perneiras — coberturas usadas sobre os tornozelos e as panturrilhas, com uma tira por baixo do pé ou do sapato, feitas de couro. Flagrado com a boca aberta e a mão no bolso, ele usa chapéu modelo Homburg e um terno de paletó arredondado que parece muito justo. A despeito da qualidade evidente de sua roupa, seu visual não é harmonioso — provavelmente pelo paletó abotoado ou pelas perneiras, que se estendem até os joelhos e formam um volume na parte superior da perna. Embora fossem noivos, os dois não se tocam — o casal mantém uma distância respeitosa.

Já na fotografia em que Tarsila usa o traje *Riga*,[17] ela e Oswald estão juntinhos, braços dados (p. 150). Pelos trajes e pela circunstância, no convés de um navio, nota-se alguma formalidade na cena, apesar da descontração do paletó esporte de Oswald. Ele está com a mesma calça e os mesmos sapatos usados no dia 11 de agosto de 1927, quando Mário de Andrade fotografou o casal de amigos na Bahia, ao encontrá-los a bordo do *Baependi*.

Pode ser que a foto em que Tarsila está com o *Riga* tenha sido feita quando o casal foi ou voltou de Paris (suponho que no *Massilia*), onde esteve entre junho e agosto. Ou então foi tirada a bordo do *Baependi*, em agosto de 27, quando eles encontraram a trupe do turista aprendiz. Ou talvez o momento tenha sido registrado a bordo do *Manaus*, navio em que todos — Tarsiwald, Dulce, Mário, Olívia e Mag — retornaram ao Sudeste.

A roupa de Oswald se aproxima daquela usada pela juventude esnobe e milionária nos resorts norte-americanos, logo após o término da Primeira Guerra Mundial: jaqueta Norfolk, calça de flanela clara e sapato bicolor. O paletó esporte risca de giz, usado sobre camisa listrada, a calça folgada, com barra italiana, e o sapato Oxford confirmam sua tendência a um visual sofisticado e informal. Na fotografia, Oswald parece satisfeito, mãos nos bolsos, com Tarsila entrelaçada, os dois bem próximos. Gozando da legitimação social da união depois do casamento, vemos Tarsiwald mais livres e relaxados.

O *Righi* e o *Riga* são vestidos que seguem a forma do modelo *jumper*, frequente na década de 1920, cuja parte superior lembra um casaco curto, do tipo saco, arredondado, com gola estreita. O casaco parece ser de veludo, e a saia se assemelha a lã — é, portanto, uma roupa de inverno. Um adereço de pele envolve o pescoço, os punhos e a barra do casaco. Os punhos são ainda ornamentados, assim como ao longo do fechamento do casaco, por uma aplicação de bordado. As mangas são compridas, levemente mais abertas a partir do cotovelo, e a saia termina na linha abaixo dos joelhos. A silhueta é tubular. Tarsila completa o traje com acessórios: chapéu *cloche*, enfeitado no topo (com peças de metal?), brincos arredondados, anéis e sapatos abertos, com tira em T (*T-strap*), que deixam parte do peito do pé descoberto.

Os títulos *Righi* e *Riga* remetem a duas cidades europeias. O monte Righi, um maciço montanhoso dos Alpes suíços, é conhecido como Rainha das Montanhas, e Riga, por sua vez, é a capital da Letônia, cidade famosa por sua vasta e refinada coleção de edifícios art nouveau. Os dois trajes têm ornamentos com bordados, que devem fazer referência a bordados típicos das regiões. O adereço geométrico do modelo *Riga* lembra motivos tradicionais da Letônia — as alusões ao folclore europeu, por sinal, eram abundantes nas criações de Poiret, em símbolos, formas e adereços. E isso estava de acordo com uma novidade da moda francesa na década de 1920: a assimilação, à estética da alta-costura, de elementos do vestuário dos países da Europa central e da Rússia.

É importante refletir sobre o uso estético de trajes e símbolos populares e tradicionais, que são reinterpretados pelas *maisons* e propostos no sistema da moda, afastados dos significados simbólicos das práticas e da força dos ritos. Na moda feminina francesa, esse componente de "exotismo" e tradição surge em bordados, formas, cores, combinações e texturas. No modernismo brasileiro, aparece na atitude de se nutrir de um substrato ligado à cultura popular.

"caipirinha vestida por poiret"

Realizar uma exposição estava nos planos de Tarsila desde o início de 1923. Em carta enviada de Paris aos pais, com data do dia 19 de março, ela já falava no assunto: "Tenho pensado que uma exposição em Buenos Aires é o melhor que eu possa resolver. Em julho espero estar aí e preparar-me com quadros do Brasil para exposição em fins de setembro".[1] Um mês depois, na famosa carta à mãe de 19 de abril, quando afirma, de Paris, "quero ser a pintora da minha terra", Tarsila diz: "Não penso já em exposição. Os artistas de nome aqui têm mais de quarenta anos".[2] Em 20 de junho, o tema reaparece: "Aqui tudo vai bem: saúde, progressos nos estudos. Minha evolução firme. Felizmente deixei para mais tarde minha exposição".[3]

Ao final de outubro, Tarsila escreve à mãe, anunciando

uma notícia boa e importantíssima: a semana passada, Léonce Rosenberg esteve aqui, em meu atelier. Veio ver meus trabalhos. Ele é diretor da galeria moderna de pintura a mais importante de Paris. Expor lá é uma consagração e coisa dificílima. Pois bem: gostou muito da minha arte, anda fazendo propaganda a meu respeito e ofereceu-me a galeria para uma exposição quando eu estivesse pronta para ela. Isso significa que estou com minha carreira feita.[4]

Quando se aproximaram de Blaise Cendrars e Fernand Léger, Tarsila e Oswald se tornam clientes da *maison* Paul Poiret e da galeria L'Effort Moderne, de Léonce Rosenberg. Foi lá, por exemplo, que Tarsila comprou o quadro *Tour Eiffel*, de Robert Delaunay. A condição imposta pelo marchand para que a exposição de Tarsila acontecesse na galeria L'Effort Moderne — "quando eu estivesse pronta para ela" — é bastante vaga, apesar de a artista expressar que a compreendera como um sinal positivo. No contexto em que se inserem as negociações para a realização da exposição de Tarsila, é importante destacar que Léonce Rosenberg tinha interesse no mercado brasileiro. Como aponta Paulo Herkenhoff, Rosenberg discute, nas cartas trocadas com Léger, a abertura do mercado sul-americano:

> Em 3 de novembro de 1923, sem dizer uma palavra sobre a obra de Tarsila, Léger escreve ao marchand: "Ontem jantei com a senhora Amaral e vejo que ela comprou com você, estou muito contente com isso. Penso que sua propaganda no Brasil trará seus frutos". Ao que Rosenberg responde: "A senhora d'Amaral também me convidou para vê-la […]. Como você, eu penso que sua propaganda no Brasil trará bons frutos […] e, além do mais, depois do afundamento da Alemanha e da Rússia, é necessário inventar novos mercados".[5]

Nessa ciranda, se de um lado interessava a Léger e Rosenberg alcançar os consumidores sul-americanos de arte moderna, de outro interessava ao casal Tarsiwald penetrar nos círculos de arte parisienses.

O recado de Léonce Rosenberg reproduzido por Tarsila na carta à família talvez indique que àquela altura a artista ainda não tinha uma vasta quantidade de obras a apresentar, mas os caminhos eram promissores. Incentivada por Oswald, Mário de Andrade e Blaise Cendrars, até meados de 1926, quando sua primeira exposição individual se realizou (e não no Brasil, mas na França), Tarsila se dedicou a produzir suas obras. Das dezessete que foram expostas em 1926, apenas *A negra* foi feita antes de 1924. Percebe-se a execução de um projeto, o Pau-Brasil, a partir do manifesto de Oswald, ou o matavirgista, como anunciado por Mário em carta à artista em 15 de novembro de 1923: "Abandona Paris! Tarsila! Tarsila! Vem para a mata-virgem, onde não há arte negra, onde não há também arroios gentis. Há MATA VIRGEM. Criei o matavirgismo. Sou matavirgista. Disso é que o mundo, a arte, o Brasil e minha queridíssima Tarsila precisam".[6]

A racionalidade que caracteriza a obra de Tarsila também está presente na maneira como ela planejou sua carreira e sua performance artística. Afinal, nunca temera a disciplina, como ela mesma dissera ao jornal *Correio da Manhã* em 25 de dezembro de 1923: "O cubismo é exercício militar. Todo o artista, para ser forte, deve passar por ele".[7] Nesse sentido, e segundo Paulo Venancio Filho, "onde há excesso, Tarsila reduz. O admirável esforço de sua fase construtiva é todo nessa direção. Um elemento carregado de afeto, como a palmeira, se torna instrumento de verticalização, de simplificação, de retificação do olho".[8]

"as coisas belas se fazem lentamente"

Em março de 1924, enquanto Tarsila, Oswald e Mário viajavam pelo Brasil com Cendrars, Lydia Dias do Amaral, mãe da artista, escreve à sua neta: "Dulce, tua mãe vai muito bem e sempre trabalhando com ótimos resultados. Quadros lindos está ela fazendo, inventando bichos, aspectos da viagem ao Rio, tudo admirável! Parece que fará exposição aqui em S. Paulo".[9] O desejo de expor, de se apresentar como artista moderna, engendra a produção dos quadros, que seguiam objetivamente um projeto. Ansiosa para realizar sua primeira individual, Tarsila, de novo na França, escreve à família em 4 de fevereiro de 1925 contando que recebera um convite para expor:

> Ontem fui com Betita a um baile na Ópera. Fiz sucesso como mulher linda e dei um passo importantíssimo na minha carreira artística pois fui convidada pelo sr. Maurice de Valeff, diretor do jornal *Paris-Midi* e uma das figuras mais importantes da imprensa daqui, para realizar minha exposição no grande salão de festas de *Le Journal*.[10]

Tarsila sabe que é bonita e joga com isso, atrelando em seu discurso o reconhecimento de sua beleza ao desejado reconhecimento de sua arte. Entretanto, Blaise Cendrars coloca-se terminantemente contra a ideia da exposição. De acordo com carta enviada por ele a Tarsila em 13 de fevereiro de 1925, a artista ainda não estaria madura o suficiente e, além disso, o salão do *Journal* não era o local adequado. "Não tenha pressa. As coisas belas se fazem lentamente", ele diz. "Você precisa de uma boa dúzia de telas a partir do *Morro da favela*, antes de pensar em expor."[11] Blaise Cendrars é enfático: trabalhe a partir da obra *Morro da favela*.

É essa também a mensagem enviada por Oswald a Tarsila em carta de 29 de março de 1925. Está clara sua aposta no trabalho da artista, que havia retornado ao Brasil ainda em fevereiro. Ele, que ficara em Paris, conta que almoçara na companhia de Cendrars e Betita em La Villete, "e mandamos a V., d. Olívia e ao Paulo [Prado] cartas cheias de Beaujolais". "Os tais versos são assim", diz o poeta:

> *Caipirinha enfeitada por Poiret*
> *A fazenda paulista preguiça nos teus olhos*
> *Que não viram Paris nem Picadilly nem Toledo*
> *Nem as exclamações dos homens*
> *À tua passagem entre brincos*

Bonito? Talento não falta. Tem até de mais. Falta é paz, tranquilidade, *pot-au-feu*. Escute, Tarsila, peço-lhe que trabalhe com muita urgência. O Rosenberg espera quadros novos seus. E você sabe o compromisso que há de todo o grupo moderno em ver V. triunfar na Rue La Boétie.[12]

O incentivo de Oswald, que mais parece uma ordem, faz coro às orientações de Cendrars. Chamando-a de "velha amiga", Oswald avisa que chegaria ao Brasil em 4 de maio e termina a carta dizendo: "Trabalhe, trabalhe, trabalhe. Quero ver ½ dúzia de obras-primas nossas". Ao mesmo tempo que a seduz com os versos, o tom impositivo relembra a artista de seu "compromisso" com "todo o grupo moderno". O poema reproduzido na carta, "atelier", com algumas alterações, integraria o livro *Pau-Brasil*, publicado em julho do mesmo ano. No registro, ficam assim interligados, desde a gênese do poema, os versos de Oswald, a produção artística de Tarsila e a construção de sua aparência, projetada pelo poeta.[13]

uma exposição francesa

Foi Blaise Cendrars quem apresentou André Level, diretor da Galeria Percier, ao casal Tarsiwald. Situada no desejado endereço 38, Rue La Boétie, a Galeria Percier, além de receber as exposições de Tarsila, em 1926 e 1928,[14] realizaria ainda mostras do uruguaio Torres-García e do norte-americano Alexander Calder, até o início da década de 1930. De São Paulo, em carta de 1º de abril de 1926 enviada ao casal Tarsiwald, Cendrars lamenta profundamente não estar em Paris, parabeniza-os pela exposição e envia a Tarsila "a lista de pessoas que você pode convidar pessoalmente, de minha parte. E uma lista de jornais e de revistas que não podem ser esquecidos".[15] Cendrars transmite a Tarsila uma série de diretrizes sobre quem convidar e aqueles que não poderiam ficar de fora: "Escreva a Léger para ter acesso à lista dos críticos a serem convidados. Oswald, por sua vez, convidará os Cocteau, Rosenberg, etc. etc.". Quando se dirige ao poeta, Cendrars é direto:

> Acho que você vai cuidar ativamente da exposição de Tarsila e completar minhas listas. Faça uma exposição FRANCESA, PARISIENSE e não uma manifestação sul-americana. O perigo para você é a oficialidade. Pena que não esteja aí. [...] É uma questão de tato. Use seu faro de índio dessa vez e não se esqueça de tudo que já conversamos sobre esse assunto.[16]

Mário de Andrade também faz referência à exposição de Tarsila em carta de 21 de abril de 1926 endereçada a "Tarsivaldo": "Como que vocês vão, hein? Imagino deste jeito: Osvaldo todo afobado andando léguas arranjando as coisas pra exposição e Tarsila meia com medinho trabalhando ainda algum quadro de última hora".[17] Parece que Oswald seguiu à risca os conselhos de Cendrars, como conta Tarsila à família em carta do dia 13 de maio de 1926, menos de um mês antes do vernissage: "Oswald não se descuida em providenciar tudo. Fala com o fotógrafo, com o tipógrafo que cuidará dos catálogos, com o emoldurador etc.".[18] No catálogo, com poemas de Blaise Cendrars, foram reproduzidas as obras *Anjos*, *São Paulo* e *Paisagem com touro*. O "emoldurador" a que Tarsila se refere é Pierre Legrain, que fora apresentado a ela por Level, o dono da Galeria Percier. Legrain, artista ligado à estética art déco, foi, nas palavras de Tarsila, "o criador das molduras modernas, feitas de couro, de zinco, de madeira recoberta com areia, de espelhos, materiais para construções, papéis de cor, qualquer coisa que, pela matéria e pela forma, fosse um complemento, uma continuação do quadro".[19] As molduras de Legrain tiveram lugar de destaque na exposição, como atestam alguns trechos de críticas ao vernissage de Tarsila saídos na im-

Tarsila do Amaral no vernissage na Galeria Percier, 7 jun. 1926.

prensa francesa da época. Recentemente, no primeiro semestre de 2019, na exposição Tarsila Popular, no MASP, o público brasileiro pôde ver a moldura original da obra *A cuca*, que pertence à coleção do Museu de Grenoble, na França.

Para fotografar o vernissage, foi contratada Thérèse Bonney, norte-americana que na década de 1920 esteve ligada à moda e à arte. Bonney viveu anos em Paris, cobriu a alta-costura francesa durante um longo tempo e, depois, se tornou fotógrafa de guerra, um nome importante dos registros da Segunda Guerra Mundial. Como já mencionado, ela e Louise, sua irmã, são as autoras do livro *A Shopping Guide to Paris*. Além da famosa fotografia de corpo inteiro de Tarsila diante de *Morro da favela* no vernissage na Galeria Percier (acima), existem outros dois retratos da artista nesse dia, ambos com a marca-d'água de Bonney. Neles é possível ver alguns detalhes da roupa de Tarsila: as linhas do xadrez e a gola dupla, com sobreposição delicada de cassa de poá e bainha bordada em festão redondo. Vemos também, de perto, seu rosto, de perfil: o brinco rico, longo e pesado, cabelos presos em coque, a boca apertada, olhar vago. Para Carlos Augusto Calil, "a modelo está pouco à vontade, sob o peso da tensão do vernissage".[20]

Finalmente, na segunda-feira, 7 de junho de 1926, às três da tarde, a exposição foi inaugurada na Galeria Percier. Para a ocasião, Tarsila usou o vestido *Écossais*,[21] da *maison* Paul Poiret. Os vernissages são eventos especiais na vida de um artista, pois marcam a conclusão de um ciclo de trabalho e são o momento em que o sujeito se considera pronto a se mostrar, expondo a si e a sua obra. Nesse sentido, a abertura de uma exposição é uma situação social de performance pública em que fica acentuado o interesse pela figura do artista. Nessas ocasiões, a dimensão performática parece ainda mais evidente, porque se trata de uma prática social — que pressupõe um espaço específico, "que não é neutro, mas se transforma por meio dessas práticas: regimes de visibilidade, legibilidade e poder tanto materiais quanto simbólicos"[22] — em que ficam evidentes a obra, a pessoa, a aparência e até mesmo a capacidade de atrair o público. Estão em cena o carisma, o traje e o modo de vesti-lo, a voz, os gestos.

A mostra fora cuidadosamente planejada pelo casal. Diante da atenção que Tarsiwald dedicou aos aspectos materiais que ajudaram a compor a rede de legitimações sociais e artísticas que visavam promover Tarsila como pintora brasileira moderna, é difícil imaginar que o traje não tenha recebido lugar de destaque. Ao ser perguntada, pelo *Correio da Manhã*, "A senhora é cubista?", ela responde: "Perfeitamente. Estou ligada a esse movimento que tem produzido seus efeitos nas indústrias, no mobiliário, na moda, nos brinquedos, nos 4 mil expositores do *Salon d'Automne* e dos Independentes".[23]

écossais

O *Écossais* (p. 164) é um vestido longo de mangas compridas e decote fechado. As mangas, justas nos braços, tornam-se bufantes a partir do cotovelo, terminando bojudas no punho. Na parte ajustada das mangas, o tecido está disposto de modo enviesado, suas faixas deslocadas transversalmente, e o que marca a transição do justo para o volumoso é o trabalho casa de abelha. Assim também acontece com o corpo do vestido e a saia. Sua forma plissada é efeito da pala com franzido casa de abelha que cobre toda a circunferência do quadril. O tecido cortado no viés ganha em elasticidade e promove o contorno da forma do corpo, enfatizando as curvas. O vestido tem ainda um fechamento frontal numa longa fileira de botões, que começa na gola e termina na linha do quadril. Pensando na moda feminina do ano de 1926, ele em nada se assemelha ao pretinho básico, que estampou a capa da *Vogue* norte-americana em outubro daquele ano.

Além do título da roupa e da data, os *dépôts de modèles* fornecem a silhueta que se desejava projetar — por exemplo, o caimento do vestido, o lugar da cintura, a altura e o volume da saia. Comparando o modo como a roupa veste cada corpo, vê-se que em Tarsila a cintura, reforçada por um viés, está levemente deslocada para baixo, e a altura da saia é mais longa, chegando quase em seu tornozelo, enquanto na modelo termina na metade da panturrilha. Na verdade, no corpo de Tarsila o *Écossais* parece estar todo deslocado para baixo, fora do lugar. Paul Poiret afirma em sua autobiografia, *En Habillant l'époque*, que, em se tratando de clientes francesas, era comum que as mulheres pedissem alguma modificação na roupa, uma saia mais justa, ou mangas mais curtas etc. Já as clientes estrangeiras tinham por hábito usar os trajes tais como eram propostos, sem pedir adaptações.[24]

Como as imagens conhecidas do *Écossais* não têm cores, é difícil afirmar qual seria o tecido, mas, especialmente na fotografia dos *dépôts de modèles*, se nota uma diferença de luz, o que leva a

Registro do traje *Écossais*, frente e costas, 2 mar. 1926.

pensar que ele é brilhoso, como a seda — tudo indica que seja um tafetá de seda xadrez. Além disso, vê-se que é um tecido encorpado. Talvez seja possível conceber o tecido e as cores do *Écossais* a partir da entrevista de Tarsila publicada nas páginas amarelas da revista *Veja* em fevereiro de 1972, quando a artista se refere a uma roupa parecida com a da exposição de 1926:

Eu estava uma vez com um vestido lindíssimo, uma seda meio xadrez, com mangas bufantes e dois laços de fita bem largos, azuis, sabe? Foi o vestido que eu escolhi para o vernissage de obras minhas num conjunto de muitas salas, na rua Barão de Itapetininga, eu estava ali esperando os visitantes. Aí eu vi assim uma porção mesmo de rapazes que vinham na minha direção, como eu estava na porta eu perguntei: "Os senhores querem entrar?", parecia que era o que eles queriam mesmo, e eu os recebi com muita cordiali-

164

dade, convidei, mal eu sabia o que eles queriam fazer: todos vieram com giletes no bolso para arrasar com tudo o que eu tinha feito! Mas acho que me estranharam de ver num vestido assim tão bonito e não conseguiram o que queriam, não.[25]

Há semelhanças evidentes entre o *Écossais* e o vestido descrito por Tarsila: além do xadrez, as mangas bufantes e os dois laços de fita, bem largos. Parece que ela está falando da mesma roupa. No relato de Tarsila, cabe comparar a reação do público diante de sua obra e de sua aparência. Ela narra que os rapazes se arrependem da ideia de rasgar seus quadros por causa do impacto de sua figura, consciente do fascínio que sua presença causava. Se seus quadros despertaram a raiva de um grupo de rapazes estudantes de belas-artes, seu visual, feito *chez* Poiret, foi capaz de lhes fornecer a beleza que eles desejavam. Tudo indica que os moços atrevidos se viram diante do *Écossais*, usado pela artista novamente na abertura de sua exposição de setembro de 1929 em São Paulo, à rua Barão de Itapetininga, no edifício Glória.

Na revista *Vogue* francesa de setembro de 1926 foi publicada uma coluna sobre a exposição de Tarsila na Galeria Percier (p. 166). Existe, inclusive, uma carta da *Vogue* solicitando a reprodução de obras de Tarsila: "Dedicamos toda uma coluna de '*turn*' para reproduzir as obras de sua amiga Madame Tarsila", diz a carta, datada de Paris a 9 de junho, escrita em papel timbrado das edições Condé Nast e endereçada a Eugenia — provavelmente Eugenia Erazuris, que comprara o quadro *Lagoa santa* no vernissage.[26] De fato, metade da página 60 é dedicada a Tarsila, com duas obras da exposição: *Paisagem com touro* e o autorretrato oval de brincos longos, tantas vezes reproduzido. O texto menciona a mostra na Galeria Percier, as cores das telas de Tarsila — "azul-celeste, verde puro, um toque de vermelho aqui e ali no telhado de uma casa ou no sinal de passagem de nível" — e os poemas de Blaise Cendrars.[27] No entanto, não há nenhuma referência ao *Écossais*.

Coluna da *Vogue* francesa sobre a exposição de Tarsila na Galeria Percier, set. 1926.

Também a revista *Para Todos...*, no Brasil, dedicou uma página à exposição de Tarsila, na edição número 401, de 21 de agosto de 1926. O retrato da artista diante da obra *Morro da favela* foi publicado em tamanho grande, ocupando toda a página, acompanhado da legenda categórica: "Tarsila. Pintora brasileira, moderníssima, que fez, com êxito, uma exposição em Paris, na Galerie Percier".

Outras fotografias realizadas por Thérèse Bonney, todas de 1926, mostram que a representação visual do papel do artista é construída com base num repertório de poses e cenários.[28] As imagens seguem um padrão: trajados de modo formal e elegante, todos posam diante de suas obras em espaços expositivos — salões, galerias — ou em seus ateliês. Na fotografia do vernissage na Galeria Percier, Tarsila está diante das obras *Morro da favela* — que ocupa um lugar central — e *São Paulo*, ao fundo, à esquerda. Simpática, ela olha diretamente para a câmera com a cabeça inclinada, de leve, mas suas mãos expressam alguma apreensão. É importante frisar a encenação do papel de artista moderna, "pintora brasileira, moderníssima", diz a legenda da revista — encenação que, nessa fotografia, pode ter sido dirigida por Thérèse Bonney.

morro da favela

Se a aparência de um artista colabora na construção dos sentidos de sua obra, cabe observar as relações que podem ser estabelecidas entre o traje de Tarsila e as telas ali expostas, em especial *Morro da favela* (ver imagem 12 do caderno de fotos), pelo lugar de destaque que ocupa na fotografia analisada e em todo o preparo da exposição. Quase trinta anos depois, Tarsila relembraria assim sua primeira exposição individual:

> O ano de 1926 foi também de grande importância na minha carreira. Blaise Cendrars me apresentara a M. Level que, apesar da apresentação, não quis comprometer-se com uma pintora desconhecida. Pretextou não haver vaga, mas decidiu ver meus quadros. Diante do *Morro da favela* com seus negrinhos com suas casas rosas, azuis, amarelas, M. Level voltou-se para mim perguntando: "Quando quer expor?". Estava apavorada: imaginem minha alegria. No vernissage, a colecionadora madame Tachard adquiriu

Adoration, um negro beiçudo e mãos postas diante de uma pombinha de cera (o Espírito Santo), que me servira de modelo, oferecida por Cendrars em 1924, numa visita a Pirapora. A crítica me foi inteiramente favorável e espontânea (sem que eu gastasse um franco, como pensam colegas pouco benevolentes).[29]

De novo, é o *Morro da favela* que ocupa papel central no modo como a carreira artística de Tarsila é apresentada, já que, segundo seu relato, a aprovação de André Level, dono da Galeria Percier, aconteceu depois de o marchand ver esse quadro. Recordo os conselhos dados a Tarsila por Cendrars, quando dizia: "Trabalhe a partir do *Morro da favela*". "Não por acaso", informa Sergio Miceli, "essa era, entre as obras de Tarsila, a tela favorita de Blaise Cendrars."[30] Parece que *Morro da favela* funcionou como uma espécie de matriz que concentra elementos que serviram de base para a produção das outras obras. É possível pensar, assim, que Tarsila tenha escolhido para o vernissage de 1926 uma roupa que se relacionasse com as cores e as formas desse quadro. A maneira como o xadrez foi aproveitado na criação do vestido — o tecido enviesado, disposto de modo transversal — acaba por desenhar um grande losango centralizado na parte superior do corpo que veste o *Écossais*. Surge, então, um aspecto geométrico que faz lembrar os telhados das casas representadas no *Morro da favela*.

O losango é uma forma importante para a composição da arte moderna. Dentro da produção artística do nosso modernismo, basta lembrar a capa do livro *Pauliceia desvairada*, de Mário de Andrade, publicado em 1922 (ver imagem 10 do caderno de fotos), que tem toda a extensão coberta por losangos coloridos — brancos, verdes, azuis, vermelhos, amarelos, pretos —, e a de *Pau-Brasil*, feita por Tarsila, com a bandeira do Brasil apresentada verticalmente (ver imagem 9 do caderno de fotos). As próprias obras de Tarsila são compostas de figuras geométricas — quadrados, retângulos, losangos, hexágonos, cubos, círculos — mescladas a elementos das paisagens rural e urbana.

uma boa caipira

O xadrez também esteve em alta nas criações da alta-costura na década de 1920, tendo essa moda sido iniciada na França por conta dos romances de Walter Scott, na primeira metade do século XIX. Revistas de moda feminina mencionam o sucesso de tecidos de origem inglesa, usados muitas vezes em harmonia de cores contrastantes — azul em oposição ao rosa ou ao vermelho, por exemplo, cores usadas por Tarsila em suas telas. A palavra *écossais*, que remete ao substantivo pátrio "escocês", em língua francesa significa também o tecido xadrez. O termo, justamente, vem dos clãs escoceses que criaram seus próprios *tartans*[31] para que cada grupo fosse reconhecido por sua estampa xadrez.

O vestido *Écossais* remete à tradição, a um signo de identidade de grupo que, no Brasil, está ligado à cultura caipira, de que Tarsila descende. Sobre as suas cores "caipiras", a artista afirmou em entrevista a *O Jornal*, em dezembro de 1928: "O nosso verde é bárbaro. O brasileiro bem brasileiro gosta de cores contrastadas. Declaro, como boa caipira, que acho lindas certas combinações que aprendi considerar de mau gosto e hoje me orgulho em expandir nos meus quadros as minhas cores preferidas: azul e cor-de-rosa".[32]

A propósito, em *O violeiro* (1899), de Almeida Júnior (ver imagem 11 do caderno de fotos) — quadro que pertenceu a Tarsila e hoje faz parte do acervo da Pinacoteca de São Paulo —, o personagem está representado com uma camisa quadriculada, azul e branca. A obra, um presente muito estimado que a artista recebeu do pai em 1906, representa, para Sergio Miceli, um "sinal de assentimento da autoridade paterna às suas veleidades artísticas".[33] Um manuscrito de Tarsila do início da década de 1930 —

na época já empobrecida e separada de Oswald — apresenta uma lista de sua coleção de arte, acompanhada dos valores que ela teria atribuído a cada obra. Entre óleos de Robert Delaunay, Chirico, Ingres, Marie Laurencin, Léger, Segall, Lhote, Anita Malfatti, Gleizes e Picasso, *O violeiro* é aquele que tem o valor mais alto, apontado por ela como sendo quase três vezes mais caro que *La Tour Eiffel*, de Delaunay, o segundo da lista.[34] A despeito das alterações que o mercado de arte sofreu de lá para cá, considerar o presente do pai a obra mais cara de sua coleção revela o enorme valor afetivo que esse quadro teve para Tarsila.

Ao escolher o *Écossais* para o vernissage de 1926, Tarsila e Oswald inserem o traje na mesma poética de que participam as obras apresentadas nessa exposição e os poemas do livro *Pau-Brasil*. A historiografia e a crítica sobre o modernismo brasileiro costumam usar o verso "Caipirinha vestida por Poiret" como uma síntese da figura da artista, e o fato é que tanto o poema "atelier" como a aparência de Tarsila na fotografia na Galeria Percier encarnam as tensões que atravessam a história do movimento modernista: tradição/ modernidade, rural/urbano, nacionalismo/cosmopolitismo, identidade nacional/superação das influências estrangeiras.

> *Caipirinha vestida por Poiret*
> *A preguiça paulista reside nos teus olhos*
> *Que não viram Paris nem Piccadilly*
> *Nem as exclamações dos homens*
> *Em Sevilha*
> *À tua passagem entre brincos*
> *Locomotivas e bichos nacionais*
> *Geometrizam as atmosferas nítidas*
> *Congonhas descora sob o pálio*
> *Das procissões de Minas*
> *A verdura no azul klaxon*
> *Cortada*

Sobre a poeira vermelha
Arranha-céus
Fordes
Viadutos
Um cheiro de café
No silêncio emoldurado

Estão aí novamente as cores das telas de Tarsila, do *Morro da favela* e, talvez, do *Écossais*: "A verdura no azul klaxon/ Cortada/ Sobre a poeira vermelha". Embora o poema, publicado em *Pau-Brasil*, de 1925, na seção "Postes da Light", seja anterior ao vestido, registrado em março de 1926, e à fotografia, feita em junho, quem primeiro estabeleceu a ligação entre a roupa, a fotografia e o verso — entre o objeto, a imagem e o discurso — foi o próprio casal Tarsiwald, ao escolher o *Écossais* para o vernissage da primeira exposição individual de Tarsila.

o vestido de casamento

O pedido de casamento de Oswald a Tarsila aconteceu em dezembro de 1924, e, sobre esse momento de intimidade, é conhecida uma carta que ele lhe escreveu de Le Tremblay:

> Tarsila, aos seus argumentos d'outro dia, oponho a minha vontade de terminar com este estado de coisas. Quero casar-me com você. Será toda a minha felicidade e a sua. Autoriza-me você a agir nesse sentido? Pensei bem antes de lhe escrever esta carta. Posso considerar-me seu noivo, com a necessária reserva? Irei buscar a resposta amanhã à tarde. Seu, inteiramente seu, Oswald.[1]

O casamento só aconteceria dois anos depois, em 30 de outubro de 1926, um sábado, como noticiou, no dia seguinte à cerimônia, a "Crônica Social" do jornal *Diário da Noite*: "Realizou-se ontem às 17 horas, em oratório particular, à alameda Barão de Piracicaba, n. 44, o enlace da senhora Tarsila do Amaral, filha do sr. José Estanislau do Amaral, com o sr. Oswald de Andrade".[2]

O noivado oficial e, depois, o casamento põem fim a uma situação de clandestinidade parcial, mesmo entre os intelectuais e a alta-

-roda paulistanos. Em 30 de novembro de 1925, escrevendo a Anita Malfatti, que estava em Paris, Mário de Andrade conta sobre a oficialização do noivado e narra uma situação um tanto pouco à vontade: "Tarsila e Osvaldo estão noivos e partem breve pra Paris. Um noivado bonito que resolveu bem um caso que já estava se encompridando sem solução. Estamos todos contentes e o Osvaldo então parece que viu passarinho verde. Deita cada olhado nela que você não imagina".[3]

Quando estava em Roma com Oswald para a tal audiência com o papa, solicitando a anulação do seu primeiro casamento, Tarsila escreveu à família em 2 de maio de 1926: "Esperamos a anulação religiosa para fazer um casamento completo o que pensamos ser breve".[4] Pertencente à elite, numa época em que ainda não havia o divórcio no Brasil (que só foi instituído oficialmente por aqui em 1977), quando se tratou de dissolver relações conjugais, o casal Tarsiwald seguiu o padrão de comportamento de sua classe — a mãe de Oswald, a título de curiosidade, também tivera o primeiro casamento anulado. Mas, apesar dos esforços pela dissolução religiosa, e mesmo que Tarsila já estivesse separada havia quase vinte anos, ela e Oswald só puderam se casar no civil.

A legitimação de um casamento da alta-roda é uma instituição cara à burguesia e, como se sabe, envolve poderes políticos e econômicos. Na cerimônia ilustre, estiveram presentes nomes como Olivia Guedes Penteado, Paulo Prado, Júlio Prestes, o governador recém-eleito de São Paulo, e Washington Luís, o então presidente do Brasil — que, aliás, foi padrinho pelo lado do noivo. Àqueles que não foram convidados, o casal teve a gentileza de anunciar o enlace por meio de um comunicado luxuoso, impresso em papel requintado. Como está dito na nota sobre o acontecimento social no *Diário de S.Paulo*, a cerimônia aconteceu num palacete, solar que o pai de Tarsila trocaria com Oswald por terrenos no bairro de Pinheiros.

Tarsila se recorda de sua festa de casamento com Oswald como um evento refinado: "Nosso casamento foi de luxo, numa mansão. Era o tempo de Washington Luís, que foi padrinho. Tudo alta sociedade. Um vestido que veio do casamento da mãe dele [de Oswald], seda toda lavrada um andor de rainha. Não demorou muito esse casamento, ele era um temperamento esquisito".[5] O traje de noiva de Tarsila, que tem a etiqueta da *maison* Paul Poiret, teria sido criado, segundo Aracy Amaral, "com a cauda do vestido de casamento da mãe do escritor. De cor creme, de brocado e chamalote, em listas, tinha uma capa branca forrada de veludo creme, com gola em pé, à moda medieval...".[6]

Também Oswald, anos mais tarde, falaria sobre a união com Tarsila. E, bem a seu modo, seria implacável ao relacioná-lo ao ciclo econômico do café:

> Já tive ocasião de contar que esse grande casamento acompanhou o destino do café. Subiu às alturas, conseguiu um raro cartaz, depois rodopiou e caiu. Evidentemente, o culpado foi, com o destino, o autor deste diário. Em 1930, inaugurava eu uma vida completamente oposta à de tertúlias, viagens e festas que caracterizou o meu período modernista. Morava, antes, num velho solar da Rua Barão de Piracicaba, pertencente ao sogro da época, onde funcionou a minha roda literária — casa que, com toda a justiça, na sua célebre conferência do Itamarati, Mário de Andrade chamou de "Salão de Tarsila".[7]

No primeiro semestre de 1926, em Paris, ao mesmo tempo que cuidava da exposição na Galeria Percier, Tarsiwald preparava o enxoval para a casa onde iriam residir. Tarsila conta aos pais, em carta do dia 22 de março:

> Oswald já me fez presente de uma linda mobília de sala de jantar que figurou na Exposição de Artes Decorativas [segundo depoimento da artista a Aracy Amaral, esses móveis eram de Poiret]. Uma mesa lindíssima, 12 poltronas de madeira amarela, forradas de veludo verde, 6 cadeiras e 2 buffets. É muito moderna e decora-

tiva. Já escolhi uma mobília de quarto extremamente simples e nova de linha. É muito bonita. Já comprei as louças, serviços de cristal etc. [...] Estou esperando o Oswald que virá com o homem dos vinhos para me consultar sobre o que eu desejo para a nossa adega, que completará o que já tenho no Sertão. As louças e cristais que comprei completam perfeitamente para a nossa casa as que Oswald me fez de presente aqui e aí. Além de dois serviços finíssimos de chá e um de sobremesa ele acaba de me oferecer um para frutas e anda procurando talheres de prata.[8]

O fato de o casal ter escolhido seus objetos — do mobiliário ao vestuário — *chez* Paul Poiret é também um gesto revelador da classe abastada paulista, que, no campo político e cultural, procurava cobrir com um verniz moderno e industrial uma realidade econômica tradicional e agrária. A festa de casamento, os vernissages, os almoços oficiais, as viagens e até as temporadas nas fazendas são cerimônias em que a alta-costura é um traço, simbólico e tangível, da experiência de retroalimentação da classe burguesa, que cultiva e celebra sua própria distinção.[9]

o corpete

Apesar de o casamento de Tarsila e Oswald ter sido bastante explorado por aqueles que escreveram sobre o modernismo brasileiro, não é possível encontrar imagens do dia da cerimônia. Hoje, o vestido de noiva de Tarsila é um conjunto de fragmentos, guardado na Pinacoteca de São Paulo: um corpete, duas mangas, uma capa e três pedaços de tecido, todos feitos de um tipo de tafetá chamalote de seda adamascado.[10] Além desses objetos de vestuário, o traje de casamento está referido no item *"robe de mariée et cape Léda"* que aparece no recibo a Madame Tarsila de Andrade de abril de 1927 (p. 117). O corpete do vestido tem a etiqueta da *maison* Paul Poiret, em cujo verso, escrita num tipo de cartão costurado por trás, consta a inscrição *"65 903. Anyta. Mme. Tarsila, robe de mariée"* (ver imagem 14 do caderno de fotos). Pode ser que esse cartão diga respeito à prática da *maison* Poiret de inserir informações sobre a compradora do traje no verso da etiqueta. Ou talvez seja de alguma lavanderia, ou da própria *maison*, que também oferecia serviços de limpeza e reparo dos trajes. De todo modo, essa inscrição confirma tanto que o corpete pertenceu à Tarsila, quanto que foi usado como parte do vestido de casamento.

É provável que a forma e o material do vestido da mãe de Oswald obedeçam ao padrão dos trajes de noiva da elite do final do século XIX, por volta de 1880. Os vestidos da época costumavam ter caudas que se alongavam alguns centímetros pelo chão, corpete ajustado e estruturado com barbatanas de baleia, mangas longas ou na altura do cotovelo, justas e, às vezes, bufantes, com volume próximo aos ombros. Os tecidos usuais eram, como no vestido de Inês e Tarsila, tafetá e cetim de seda. O chamalote, que é também um tipo de seda, apresenta ondulações formadas por desenhos que são da mesma cor do tecido de base, mas destacam-se pelo brilho.

O corpete (ver imagem 16 do caderno de fotos) não tem mangas, e suas cavas foram arrematadas, ou seja, foram finalizadas com acabamento manual, o que significa que dificilmente as mangas guardadas na Pinacoteca de São Paulo foram usadas por Tarsila. As mangas bufantes que terminavam na altura do cotovelo, finalizadas com um adereço em forma de laço, fizeram parte da roupa de Inês e foram retiradas para adaptar a peça à ocasião em que vestiu Tarsila. As marcas de costura anteriores indicam que o corpete foi ajustado ao seu corpo e comprovam que foi modelado a partir de uma roupa pronta, e não cortado diretamente num tecido.

O corpete segue o modelo histórico do final do século XIX: forrado de seda, estruturado com barbatanas de baleia, com decote arredondado (gola canoa) e modelagem em bico na frente e atrás, costurado à máquina e arrematado à mão. Os recortes nas laterais, onde foram encaixadas as barbatanas, formam uma linha diagonal, e a frente do corpete é mais longa do que as costas. Há dois colchetes de pressão no bico da frente, onde provavelmente a saia era presa, e o corpete tem abotoamento frontal. Sua forma lembra os trajes feitos por Paul Poiret no início da década de 1900, quando suas criações ainda respondiam aos imperativos da silhueta espartilhada. Mas, como já foi dito, nas duas primeiras décadas do século XX a *maison* Poiret ganhou notoriedade na alta-costura francesa por ter contribuído para o afrouxamento da linha feminina.

Talvez a prática de fazer roupas a partir de um traje já existente não fosse incomum *chez* Poiret. O vestido de casamento *Sérail*, de 1923, de cetim branco bordado com motivos geométricos em aplicações de fio de ouro, também foi construído a partir de outro traje.[11] Mas existem diferenças importantes entre esse vestido e o corpete de Tarsila. Para começar, o *Sérail* é a adaptação de um modelo do próprio Paul Poiret. A roupa original, que foi transposta em vestido de casamento, tinha uma saia de lamê e um corpete de cetim. Além disso, o *Sérail*, que tem manga pagode e cintura afastada do corpo, apresenta silhueta bem diferente do corpete usado por Tarsila. O vestido de noiva da artista causa, sim, certo estranhamento. Que tipo de roupa *chez* Poiret poderíamos esperar para o casamento de um casal de artistas modernistas?

É inusitado que um modelo estruturado por barbatanas de baleia, cuja forma espartilhada é antiquada, tenha sido feito, mesmo que adaptado, em 1926. Por outro lado, sabemos que, entre 1924 e 1928, Tarsila e Oswald foram clientes assíduos da *maison* Poiret — e é bom lembrar que, em 1925, Paul Poiret perdera a autonomia de sua *maison*. Se a moda contribui para as estratégias de legitimação dos nossos modernistas, a clientela milionária sul-americana também é um mercado importante para a alta-costura nos anos 1920.

E, assim como Fernand Léger fez nas obras de arte, era uma boa ideia adaptar o mercado cultural parisiense — arte, moda — às necessidades de seus clientes, pelo menos daqueles que ainda mantinham certo gosto conservador e tradicional. "As interações artísticas entre centro e periferia", diz Sergio Miceli, marcam também "encomendas e obras vacilantes de mestres e epígonos atuantes em Paris, desejosos de satisfazer à demanda estrangeira por obras modernistas *ma non troppo*."[12] Poiret é um desses "epígonos", capazes de satisfazer padrões convencionais de gosto, que Tarsila, Oswald e também Paulo Prado e Olivia Guedes Penteado sustentavam.

Não fora Paul Poiret, afinal, que supostamente libertara as mulheres do espartilho? E não era, justamente, por aquilo que suas criações representavam em termos de ousadia e vanguarda, além de luxo, que Tarsiwald consumia Poiret? Por que Paul Poiret aceitou fazer o vestido a partir do traje de Inês? E por que preferiu criar uma roupa mais próxima do estilo que ele mesmo ajudou a ultrapassar? Teria obedecido a um pedido? Ou teria combinado, numa roupa, a tradição aristocrática do século XIX e o arrojo moderno dos novos-ricos dos anos 1920? Se fosse assim, onde estaria a vanguarda desse traje? Na saia? Na capa? No adereço de cabeça? Seria o vestido de casamento de Tarsila a representação de um paradoxo que atravessa o modernismo brasileiro?

a capa *léda*

Nos registros dos *dépôts de modèles* há uma capa *Léda*, datada de 23 de abril de 1926 (p. 181). No recibo estão listados, numa mesma linha, "vestido de casamento e capa *Léda*", comprados a 28 de julho de 1926, de modo que fica a impressão de que a capa faz parte do traje de noiva. Vale comparar a fotografia do modelo *Léda* registrado pela *maison* Paul Poiret à capa que está na Pinacoteca (ver imagem 15 do caderno de fotos). As duas têm a mesma modelagem: apresentam uma curva nos ombros, onde a peça é apoiada, além de pregas na altura do quadril, que ajustam a capa ao corpo. Cortada no fio reto, a capa que está na Pinacoteca, assim como a *Léda*, termina com os ângulos arredondados na parte da frente, formando uma ligeira curva embaixo. Além da modelagem e do comprimento, do encaixe nos ombros e das pregas na altura do quadril, pode ser que outra semelhança entre a capa do vestido de casamento de Tarsila e a *Léda* sejam os adereços de plumas — provavelmente, brancas.

A análise da capa que está na Pinacoteca permite inferir que ela tenha sido guarnecida com adereços. Os ornamentos se perderam com o tempo, mas restam vestígios, linhas soltas, fiapos e manchas escuras no tecido. Apesar do bom estado de conservação do forro de veludo e do exterior de tafetá, ao longo de toda a borda da capa existe uma linha grossa de seda que parece o resto de algum adereço que estava preso ali, ornamentando-a — provavelmente, um acabamento de pele ou pluma. Além da borda da capa, outros pontos apresentam indícios de que houvera ornamentos costurados: por cima das pregas nas costas, na altura do quadril; e nas laterais, em dois pontos, na parte superior, um pouco abaixo do ombro, na altura do busto, e na parte inferior, na altura dos joelhos. Como os fiapos que ainda estão presos são de linha grossa, é provável que os enfeites fossem pesados. E talvez não fossem pequenos, porque os retângulos de fragmentos das laterais vão de um lado a outro, fazendo a volta. Podia ser algum tipo de ornamento aplicado.

A partir dessas informações, vê-se que as duas capas apresentam mais traços em comum do que a princípio poderíamos supor. Os vestígios dos ornamentos no traje que foi de Tarsila coincidem com as posições que ocupam os adereços de pluma na capa *Léda*. A diferença mais notável entre uma e outra capa é a gola. A *Léda* não tem gola, enquanto a da Pinacoteca tem uma gola entretelada, dura, alta e franzida. A junção da gola com o

Registro da capa *Léda*, frente e costas, 23 abr. 1926.

restante da capa está acabada por um rolotê de seda fino. A gola alta, estruturada, que acompanha os ombros, destacando o pescoço, é chamada "gola Medici" e dá um ar suntuoso à roupa. A capa do vestido é feita do mesmo tecido do corpete e das mangas, tafetá chamalote, e o forro é de veludo de seda — que hoje tem cor champanhe, próximo do creme, mas que pode ter amarelado com o tempo. Talvez, de modo a enfatizar a pompa do traje e da ocasião, Tarsiwald tenha pedido a Poiret a gola Medici, que deu à artista status de rainha; ou, quem sabe, a proposta tenha partido do costureiro. A longa capa de tafetá e veludo, com a gola imponente, deve ter criado uma impressão majestosa no visual de Tarsila, reforçada pela sensualidade anacrônica do corpete espartilhado, sem mangas, decotado e terminando em bico.

Vale a pena analisar o nome *Léda* à luz da ocasião em que provavelmente a peça foi usada. O cisne, a que remete o nome, é símbolo, ao mesmo tempo, do feminino e do masculino, e por isso o animal é carregado de mistério. Leda foi um dos amores de Zeus, que se transformou em cisne para seduzi-la. A cena do cisne-deus possuindo Leda na beira do rio é um dos temas mais eróticos da arte ocidental. Dessa relação nasceram quatro filhos — entre eles, Helena de Troia.

Variando entre as culturas, o cisne representa a beleza feminina, deslumbrante e imaculada, ou a luz masculina, solar e fecundante. Trata-se de um elo, elemento de amor e de união, entre as duas polaridades do mundo. Sedução, desejo, união sexual. Elegância, nobreza e coragem. Prudência. Elevação do mundo visível para o céu do conhecimento. A força do poeta e da poesia. A capa *Léda*, como parte do vestido de noiva, remete também à palavra "Tarsiwald", a criação de Mário de Andrade que materializa aquilo que se deseja com o ato de amar: tornar-se um.

a saia

Falta supor: como terá sido a saia do vestido de casamento, já que dela, a princípio, não existe nenhum registro? Seguiria um estilo de vanguarda, e o traje de noiva, como o *Écossais*, procuraria combinar elementos da tradição e da modernidade? É possível que plumas brancas, como as dos adereços da capa, tenham enfeitado a saia. Essa seria, inclusive, uma razão material para que ela não exista mais, dada a velocidade com que plumagens se deterioram em comparação aos tecidos. A utilização de plumas e pelagens era frequente nas criações da *maison* Poiret, e esse estilo estava alinhado ao gosto do casal — tal como o *manteau Casoar*, que é ornamentado com plumas bastante raras.

Pode ser que o estilo da saia do vestido de noiva estivesse próximo do traje *Mythe*, usado por Denise Poiret, a esposa do costureiro, em 1919 (p. 184). Essa roupa, também chamada de

Faune, tem a saia ornamentada com pelo de macaco e lâminas de tecido dourado. O adereço de cabeça usado por Denise Poiret na fotografia é do mesmo material da saia. No registro, atrás de Denise, em segundo plano, está a escultura *O pássaro*, de Brancusi. Em texto da década de 1930, Tarsila faz referência à obra que decorava a *maison* de Poiret: "Vem [Brancusi] trabalhando há anos numa série de estudos para realizar *O pássaro*. Paul Poiret possui um deles, dos mais antigos, o qual apresenta, já bem simplificados, o corpo e os pés".[13]

Uma pista para descobrir como terá sido a saia do vestido de casamento talvez esteja no recibo onde constam "*robe de mariée et cape Léda*". Está ali listado o item "*aigrettes remontées*", um serviço prestado pela *maison*, o conserto de uma peça que poderia ser um adereço de cabeça. A *aigrette* — que chamamos egrete em português — é um enfeite confeccionado com plumas ornamentais que pode servir como adereço de cabeça, usado diretamente no penteado, ou então decorando um chapéu. O nome provém das plumas longas que ornamentam a cabeça de certas aves, como a garça, sobretudo no período reprodutivo. As plumas, artefatos de prestígio do vestuário, foram bastante usadas, no início do século XX, nas criações da alta-costura, em especial nos trajes de gala. Talvez a egrete de Tarsila estivesse presa a uma tiara (p. 185), o que era comum nos trajes de noiva desse período.

A fotografia de Denise Poiret usando o traje *Mythe* fornece um "modelo visual" que nos ajuda a entender o vestido de casamento de Tarsila. É possível que a saia do seu traje de noiva também tivesse relação com o adereço de cabeça. Se a *aigrette* do recibo foi o ornamento escolhido para compor o visual, talvez a saia fosse de plumas. No salão bem decorado do palacete à alameda Barão de Piracicaba, entra a noiva Tarsila vestida de modo luxuoso. A saia de plumas é ousada, e o corpete, tradicional e sedutor. À sua espera, além do noivo, Oswald, figuras importantes da política e das artes.

Denise Poiret usa o traje *Mythe*, 1919. Em segundo plano, a escultura *O pássaro*, de Brancusi.

Para Benedito Nunes, o "princípio ativo" do modernismo colocado em prática por Oswald de Andrade aproveita "aspectos 'bárbaros' da cultura brasileira" e absorve "aspectos ultracivilizados do mundo técnico-industrial".[14] O vestido de casamento de Tarsila pode ser interpretado como um gesto antropofágico, na medida em que mistura o traje de noiva da mãe do poeta — que representaria, mais do que uma memória familiar de Oswald, um traço da cultura brasileira — com a roupa da *maison* Paul Poiret — um objeto de moda, apesar de suas características antiquadas, exemplo bem-acabado do mundo técnico-industrial.

O vestido de casamento manifesta uma característica do movimento modernista, que procurou congregar uma força de enraizamento, fiando-se na crença de uma realidade nacional profunda, e outra de atualização. Assim, no quadro do modernismo, cumpre interpretar o sentido de brasilidade presente nessa roupa. E o fato é que esse traje, notadamente o corpete espartilhado, acaba por indiciar a sobrevivência de um estilo senhorial.

Se o traje de noiva de Tarsila — uma criação compartilhada entre o casal e Poiret — figura o que Benedito Nunes denomina o princípio ativo do modernismo, ele materializa aspectos da sociedade patriarcal, patrimonialista e de abissal desigualdade, herança do Brasil Colônia e Império. Para usar metáforas cunhadas pelo próprio Oswald no *Manifesto antropófago*, o vestido de casamento de Tarsila fala mais dos "maridos católicos suspeitosos postos em drama" do que do "matriarcado de Pindorama".

Tiara adereçada com egrete, 1922.

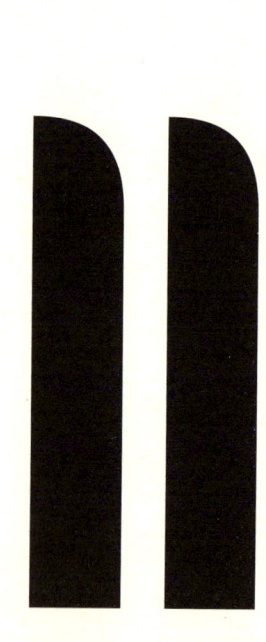

os lazeres na fazenda

Paisagem
O cafezal é um mar alinhavado
Na aflição humorística dos passarinhos
Nuvens constroem cidades nos horizontes dos carreadores
E o fazendeiro olha os seus 800 000 pés coroados
Oswald de Andrade

Os salões, clubes, circos, as viagens e, também, o espaço da fazenda — incorporado às obras e aos registros fotográficos — são os cenários em que se desenrolaram os atos da primeira fase do modernismo e a intensa sociabilidade dos modernistas na década de 1920. O dinheiro, os bens de consumo, a cultura material e os poderes políticos são peças fundamentais para compreender os sucessivos processos de legitimação por que passou o movimento modernista. É verdade que no projeto de arte moderna que elaboraram, Tarsila e Oswald incluíram suas presenças sociais, suas aparências, quase como um produto a ser exportado, como o café. Em *A querela do Brasil*, Carlos Zilio destaca que

a arte moderna surge no Brasil dentro dessa materialidade social. [...] As pesquisas de campo são, além da vivência íntima com a realidade das fazendas, as viagens ao Carnaval do Rio e ao interior de Minas, ou mesmo, como Mário de Andrade, por todo o Brasil. Investigação. Ver, revirar e recriar o Brasil. É bom ter cuidado. A aparente irresponsabilidade dos modernistas esconde uma enorme sensibilidade para a sua época.[1]

A última frase de Zilio é interessante, pois ressalta um aspecto contraditório do modernismo brasileiro. É claro que nossos artistas foram figuras de enorme sensibilidade estética — porém, não se pode negar que, na década de 1920, eram dotados de irresponsabilidade social. Pelo menos, esse foi o caso de Tarsila e Oswald. A fazenda, um dos locais onde se realizaram as "pesquisas de campo", é um espaço onde ficam evidentes as contradições do movimento modernista, pois ali conviveram forças paradoxais, tais como o fausto e a pobreza, o afeto e a violência, a liberdade e a opressão.

Fazem parte desse circuito as fazendas Santa Teresa do Alto, Morro Azul e Sertão, propriedades de Tarsila do Amaral e sua família; Santo Antonio, de Olivia Guedes Penteado; e São Martinho, de Paulo Prado. Pela "majestosa" São Martinho, aliás, "passa a bitola larga da Companhia Paulista de Estrada de Ferro, que transporta o café do conselheiro Antônio Prado ao porto de Santos. É cantada em versos de Oswald e em passagens do poeta Blaise Cendrars, que ali sempre vai a convite de Paulo e Marinette Prado", afirma Maria Augusta Fonseca.[2] Nas fazendas, circulam as figuras que compõem o quadro do modernismo brasileiro, de artistas de vanguarda a políticos conservadores, além, é claro, dos próprios fazendeiros. Ainda segundo Zilio,

> a conjugação de um pensamento cultural progressista com uma visão política tradicionalista mostra a complexidade ideológica da burguesia cafeicultora paulista, e principalmente a de seus filhos, capazes de conciliar os compromissos de classe com uma visão de mundo aberta para as transformações culturais.[3]

oswald fazendeiro

Além do Oswald burguês, homem de negócios, e do Oswald artista, poeta de vanguarda, nas fotografias surge também o Oswald

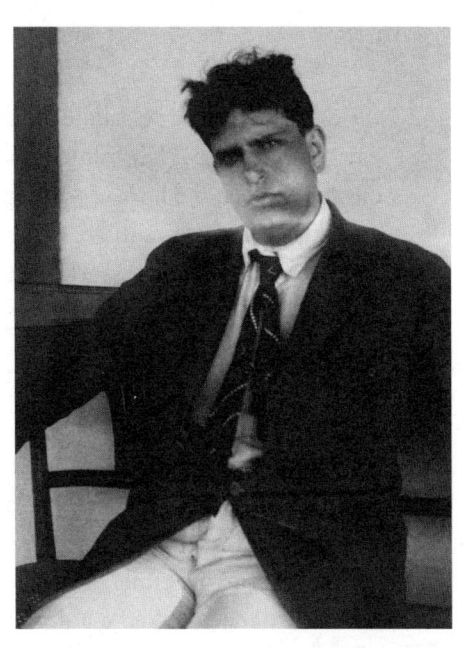

Oswald de Andrade na Fazenda Sertão, 1924.

fazendeiro, descontraído, com as mãos nos bolsos e botas de cano alto. É a versatilidade de sua aparência. Entretanto, mais do que ostentar poder, o fazendeiro Oswald de Andrade é um sujeito relaxado, vestido de modo informal. Fotos suas na Fazenda Sertão, em 1924 (acima), parecem o registro da naturalidade com que expunha os "reflexos desordenados de sua personalidade", como definiu Raul Bopp.[4]

Ele usa um paletó mesclado com calça ajustada e gravata moderna, de lenço de seda. A jaqueta é esporte, com bolsos largos e chapados. Seus gestos são irreverentes, e sua aparência, talvez por causa dos cabelos desgrenhados, do colarinho mole, com as pontas amassadas, ou da gravata, meio fora do lugar, é descontraída, relaxada. Na fazenda, Oswald está à vontade.

A Fazenda Sertão, da família de Tarsila, é citada pela artista em carta aos pais de 20 de junho de 1923. Em sua memória, o lugar é construído como a imagem do ideal Paris-Sertão, o refinamento, nascido do convívio entre modernização e sentimentalidade patriarcal, dando o tom da sociabilidade dos modernistas nas fazendas. De Paris, ela escreve: "Hoje estive me lembrando de papai quando fazia questão que eu lhe levasse um copo d'água com uma pedrinha de gelo. Primeiro lavar as mãos; depois lavar o copo, depois refrescar o copo antes de enchê-lo. — Meu ideal: Paris-Sertão".[5]

em paris e em santa teresa do alto

Tarsila foi fotografada com roupas da *maison* Paul Poiret tanto na Europa como nas plantações de café, e sua atitude ilustra o trânsito de uma sociabilidade burguesa e urbana que pode ser transportada para a fazenda. A moda ocidental foi construída como intrínseca à vida social e à dinâmica da cidade, e o fato de usar roupas da alta-costura em Santa Teresa do Alto sublinha a tensão, própria ao sentido do vestuário de moda, entre os espaços rural e urbano. Tudo isso fica ainda mais interessante quando pensamos que Tarsila usou o mesmo vestido em seu ateliê, em Paris (abaixo), e na Fazenda Santa Teresa do Alto (p. 191).

Tarsila e Oswald em Paris.

POIRET DONNE A LA ROBE LA PLUS

Miroir des Modes 1/7/24

Recorte do *clipping* de Paul Poiret.

Tarsila e Dulce na Fazenda Santa Teresa do Alto.

A revista *Miroir des Modes* de 1º de julho de 1924 publicou a fotografia de uma manequim usando a mesma roupa de Tarsila (acima, à esquerda): um vestido com ponta e pelerine estampadas de desenhos policromáticos em rosa e vermelho, arrematadas com plissado de organdi branco.[6] É uma roupa sem mangas e com silhueta tubular, mas que tem um ar romântico, conferido pelo plissado de organdi, pela pelerine — essa capa cobrindo os ombros que se prolonga pelas costas até a cintura — e pelo *paillasson*, um chapéu de palha com abas largas. Tarsila não usa chapéu em nenhuma das fotografias em que aparece com esse vestido, apesar de os espaços serem bem diferentes entre si.

Ao lado de Oswald, em seu ateliê, em Paris, Tarsila está num local fechado, com alto contraste de luz (p. 190). Vemos a estampa florida da pelerine que cobre seus ombros. Na foto, ela estaria segurando a escultura *Prometheus*, de Brancusi, comprada na década de 1920. Tarsila usa ainda longos brincos e uma touca, chamada *dormeuse*, uma peça de roupa usada em casa, que lembra a forma do chapéu *cloche*. Deixando para trás o ateliê parisiense e olhando para a fazenda paulista (p. 191, à direita), o que se vê é um morro baixo e uma casa pobre atrás de Tarsila e Dulce, abraçadas. A artista está com o mesmo vestido chique da *maison* Poiret, roupa com silhueta moderna, cujo ornamento remete a um estilo romântico.

lampion

As imagens de Tarsila usando moda francesa nas fazendas mostram que seu próprio corpo, vestido *chez* Poiret, é um desses "marcos materiais da modernidade econômica e industrial" que a artista, segundo Sergio Miceli, teve por hábito inserir em algumas

Registro do traje *Lampion*, frente e costas, 9 mar. 1926.

de suas telas da fase Pau-Brasil, como que de supetão, nas paisagens rurais e nas sociabilidades urbanas.[7] A maneira como os modernistas conviveram no espaço da fazenda congrega esses dois aspectos, o espaço rural e a vida social urbana. A fazenda é um lugar importante na vida afetiva dos modernistas. As datas das fotografias nos dizem que as temporadas nesses locais eram reservadas a ocasiões especiais, comemorações de aniversário, festas de fim de ano.

Em outubro de 1927, Mário de Andrade flagra Tarsila usando o vestido *Lampion*, da *maison* Paul Poiret, na Fazenda Santa Teresa do Alto.[8] As legendas de Mário no verso das fotografias indicam a data, os convidados e a ocasião. Foi um almoço realizado em 12 de outubro de 1927, dia de Nossa Senhora Aparecida — certamente uma data a ser comemorada pelos católicos Oswald e Mário, e é provável que também tenha sido festejado o aniversário do autor de *Macunaíma*, nascido a 9 de outubro.

Tarsila usa o *Lampion* na Fazenda Santa Teresa do Alto.

Esse evento contou com a presença ilustre de Abelardo Pinto, o palhaço Piolim, admirado pelos modernistas paulistas. Como disse Telê Ancona Lopez: "Os artistas e escritores modernos de São Paulo têm como privilégio conhecer e conviver com Piolim: aprendem humorismo e estudam a psicologia do brasileiro. Frequentam o circo, fazem programas com Piolim e convidam-no a participar de seus lazeres na fazenda".[9]

Lampion significa lanterna veneziana, luminária de papel, objeto colorido e delicado, e o traje é de uma delicadeza imensa (p. 192). A saia do vestido, em camadas, lembra a forma da lanterna de papel. Nos babados da saia e das mangas, o tecido é todo plissado, com dobras bem pequenas. A estampa, miúda, é uma folhagem delicada. O *Lampion* é arrematado por uma faixa de organdi fino com pequenos poás, cuja extremidade é plissada. A silhueta da roupa é tubular, mas o tecido maleável e os babados da saia facilitam os movimentos, como se pode ver na fotografia de Tarsila descendo a escada (p. 193). Mesmo sendo um modelo da alta-costura francesa, há características nele que remetem à esfera da intimidade: o fechamento transpassado, os babados, o plissado de organdi e o laçarote que ajusta o vestido atrás. Tudo isso aproxima o *Lampion* do *robe*, uma roupa para ser usada em casa, um traje de interior.

Nas fotografias do dia 12 de outubro, todos parecem animados. Mário é surpreendido ao piano, num momento de cantoria. Quando é ele o fotógrafo, registra Tarsila, Dulce e Oswald na varanda da Fazenda Santa Teresa do Alto. Oswald aparece sorridente sob o olhar de Mário, com as mãos na cintura, ao lado de Piolim e Haraldo Martins, os dois de ternos abotoados (p. 195). Próximo dos amigos, o traje moderno e informal de Oswald, uma jaqueta esportiva, salta aos olhos.

Oswald, Piolim e Haraldo Martins na Fazenda Santa Teresa do Alto, 12 out. 1927.

"five-o-clock da existência"

As fazendas aparecem em diferentes discursos do modernismo, seja na obra poética de Oswald, seja nas fotografias de Mário. Figura também no texto "Tarsila", publicado por Mário de Andrade na coluna "Arte", no *Diário Nacional*, em 21 de dezembro de 1927.[10] "No movimento moderno das artes brasileiras uma pessoa que tomou desde logo uma posição excepcional foi a sra. Amaral de Andrade. Nome que quase ninguém não conhece...", ele brinca logo no início, o que não deixa de ser uma provocação a Oswald. Tarsila, "a ilustre pintora", provém de "família tradicional, se sentindo muito a gosto dentro da realidade brasileira", justifica Mário, argumentando a favor da "brasileirice" da artista: "Um certo e muito bem aproveitado caipirismo de formas e de cor, uma sistematização inteligente do mau gosto que é dum bom gosto excepcional, uma sentimentalidade intimista, meio pequena, cheia de moleza e de sabor forte". A realidade brasileira em que Tarsila se sente muito à vontade vem desse contexto familiar — das fazendas de café escravocratas, chefiadas por patriarcas, cuja formação cultural, social e de gosto se dá a partir de valores europeus. A "brasileirice" apontada por Mário traz a imaginação que cria uma "realidade plástica" habitada por formas, cores e ritmos atravessados pela sociabilidade, ou melhor, sentimentalidade fazendeira.

Mário cita a vida mundana de Tarsila e certo desinteresse que ela vinha manifestando pela pintura. É na Fazenda Santa Teresa do Alto que acontece a reaproximação da artista com seu trabalho:

> Depois da exposição de Paris a grande pintora creio que sentiu-se fatigada. Abandonou os pincéis e foi pro *five-o-clock* da existência. Passeou, se divertiu, estudou, mas pintar não pintava mais nada e a inquietação desceu um crepúsculo escuro sobre os arraiais modernos de cá. Vinte horas, vinte e duas horas, vinte e três, meia-noite, uma, duas... São cinco horas da manhã e quem chega na fazenda de Santa Tereza do Alto encontra uma sala de jantar decorada recentemente pela pintora. Tarsila recomeçou a trabalhar e conta fazer uma exposição aqui no ano que vem. Será muito bom porque afinal de contas no Brasil, além de pequeno grupo de admiradores que frequenta o atelier da pintora os outros só conhecem reproduções imperfeitíssimas dos quadros dela. Na tal sala de jantar a pintora aliás se limitou a aperfeiçoar as pinturas ingênuas que já estavam lá, lhes dando valor plástico. Mas essas naturezas-mortas dantes duma vulgaridade aplicada, com as cores desmerecidas, se tornaram agora uma gostosura, uma delícia da gente olhar.[11]

Sabemos que a exposição no Brasil só aconteceria um ano e meio depois, em julho de 1929, e que, portanto, a maioria das obras de Tarsila permaneceria inédita ao público brasileiro até quase o final da década. Para Sergio Miceli, "essa apreensão de Mário revela aqueles sentidos da prática artística modernista que se pautava por esse empenho no resgate das marcas mais eloquentes do jeito brasileiro de existir". A intervenção de Tarsila nas telas da sala de jantar da Santa Teresa do Alto "teria a força de evocar, de cambulhada, as conversas, os enlevos, os devaneios, as preguiças, e toda sorte de emoções disparadas pela sociabilidade reinante em nossas fazendas e casarões urbanos".[12] Certamente, essa prática modernista de valorização de marcas brasileiras no jeito de existir não ficou restrita aos poemas de Oswald, ao texto de Mário, nem às cores usadas por Tarsila. Diz respeito também ao próprio gesto de Tarsila pintar sobre as naturezas-mortas de sua fazenda, gesto que resulta das tais "emoções disparadas" pela vida social na Santa Teresa do Alto.

Afinal, o ato de pintar sobre as telas marca seu reencontro com o trabalho artístico, e o modo como o "despertar" de Tarsila é narrado, meio fantástico, lembra o bater do relógio do coelho de Lewis Carrol em *Alice no país das maravilhas*. "Vinte horas, vinte e duas horas, vinte e três, meia-noite, uma, duas... São cinco horas da manhã e quem chega na fazenda de Santa Tereza do Alto encontra uma sala de jantar decorada recentemente pela pintora." A encenação de um jeito brasileiro de existir é atravessada por um clima de encantamento mágico.

mosquée

Em dezembro de 1927, poucos meses depois da festa de outubro, a casa da fazenda estava cheia novamente. Imagino que o texto de Mário de Andrade que fala das pinturas da sala de jantar de Tarsila, datado de 21 de dezembro, tenha sido escrito sob o calor da animação do dia 18, profusamente fotografado por ele. Na medida em que a experiência da vida social promovida pelos modernistas em suas fazendas foi transformada em obra, esses espaços privados, onde se desfruta a intimidade, tomam de empréstimo um estado público. As comemorações criaram boas condições de visibilidade para que as

Tarsila veste o traje *Mosquée* na Fazenda Santa Teresa
do Alto, 18 dez. 1927.

aparências dos convivas modernistas que se hospedavam na Fazenda Santa Teresa do Alto, e especialmente a de Tarsila, pudessem ser interpretadas como vetores de construção de sentido.

O fato de Tarsila dar vida às "naturezas-mortas com cores desmerecidas" pode ser compreendido como uma "pose", no sentido elaborado por Gonzalo Aguilar e Mario Cámara. Máscara e pose são "dispositivos da modernidade literária", sendo que a pose "envolve o corpo: a vestimenta, os gestos, certos trejeitos, a frequentação de determinados lugares, na medida em que esses aspectos adquiram um estado público", e a máscara "precisa de discurso".[13] Na verdade, o gesto de Tarsila só ganha a dimensão de "pose" por causa da "máscara" de Mário, construída discursivamente no texto sobre as intervenções na sala de jantar da fazenda.

Nas fotografias do dia 18 de dezembro de 1927, Tarsila aparece, ao lado de Dulce, Oswald e Ascenso Ferreira, usando o traje *Mosquée*,[14] da *maison* Poiret (p. 198). Tarsila olha para a câmera. Ela e Dulce têm o mesmo gesto: as mãos unidas diante do corpo, erguidas na altura da cintura. O *Mosquée* é um vestido de mangas justas e compridas. Não é volumoso, mas a silhueta da saia reta se amplia levemente a partir do quadril. Como em outras ocasiões, Tarsila prefere usar a roupa com a gola abaixada, ao estilo marinheiro. Em francês, "*mosquée*" significa "mesquita", e não apenas o título do traje, mas também o tecido e o bordado que o decoram fazem referência àquilo que Paul Poiret explorou como elemento de criação ligado ao campo do orientalismo.

A partir das publicações de uma fotografia do *Mosquée* nas revistas *Les Arts décoratifs modernes* e *Femina*, ambas de 1925, é possível compreender melhor a materialidade dessa roupa. O texto "La Mode et la mort", assinado por Paul Poiret, da *Les Arts*, foi acompanhado de dez fotografias de seus trajes, todas com título e uma breve descrição de cada modelo.[15] O *Mosquée* é um vestido de *kasha* branco, bordado de prata sobre fundo de cetim cinza. A *kasha* é um tecido rico, um tipo de lã misturada com pelo de cabra, macia e sedosa.

Já a revista *Femina* apresenta a matéria que tem o título "L'Influence orientale chez Poiret", com imagens e texto curto.[16] O *Mosquée* e outros quatro vestidos da *maison* foram fotografados, assim como em *Les Arts décoratifs modernes*, por Lipnitzki. A pequena explicação da revista indica o que esperar como resultado da influência oriental em suas criações: "Paul Poiret nos mostra admiráveis tecidos dispostos de modo simples e harmonioso". O *Mosquée* é descrito como "um vestido branco: harmonioso e belo ao andar, com seus godês e seu movimento leve que curva suavemente a cintura".

A riqueza elegante da cor branca, da lã fina e macia e do bordado de prata é conjugada à saia do vestido, que facilita a movimentação das pernas e parece ter sido uma escolha apropriada para o dia agitado que foi aquele 18 de dezembro. Nas palavras de Mário de

Andrade, Tarsila, com sua brasileirice, é capaz de "uma sistematização inteligente do mau gosto que é dum bom gosto excepcional" — mau gosto, é claro, compreendido como um conjunto de técnicas, formas e cores que antes parecia estar excluído do vocabulário artístico brasileiro. Do alto de sua riqueza, a "caipirinha vestida por Poiret" garante o bom gosto da sua produção de mau gosto.

mandelieu

Tarsila e Oswald seguiram para a França em maio de 1928 para a segunda exposição da artista em Paris, novamente na Galeria Percier, que durou de 18 de junho a 2 de julho. Nesse mesmo mês, eles já estavam de volta, retornando no navio *Asturias*. Em 1º de setembro de 1928, na sua festa de aniversário de 42 anos, ela vestiu de novo Paul Poiret na Fazenda Santa Teresa do Alto. Para a ocasião, escolheu o conjunto *Mandelieu* (abaixo),[17] listado no

Registro do conjunto *Mandelieu*, frente e costas, 25 fev. 1928.

recibo de julho do mesmo ano (p. 200). O conjunto tem origem no tailleur, que é a versão feminina do terno. As partes superior e inferior do traje, geralmente paletó e saia, apresentam coordenação entre cores e estampas. O conjunto feminino de duas peças não tem necessariamente a aparência rígida do terno masculino, às vezes é até mesmo uma roupa reservada ao espaço da casa, usada nos momentos de intimidade.

O *Mandelieu* — referência ao balneário francês próximo a Nice e Cannes, localizado na Côte d'Azur — é composto de saia plissada e blusa de mangas compridas com gola marinheiro, tendo como acessórios cinto e echarpe. A saia é curta, na altura dos joelhos, mas 1927 e 1928 foram os anos mais ousados das muitas pernas das mulheres que transitaram pelas cidades. No conjunto, a estampa xadrez da saia e da echarpe é coordenada com o desenho geométrico da blusa, no decote, nos bolsos e nos punhos. Nas fotografias em que Tarsila veste o *Mandelieu* em Santa Teresa do Alto, ela não usa a echarpe, mas houve outra ocasião em que a artista foi registrada com esse acessório — que faz parte do traje depositado pela *maison* —, com uma blusa sem mangas: em julho de 1929 na Cinelândia, no Rio de Janeiro, por conta de sua exposição no Palace Hotel.[18]

Numa das fotografias de sua festa de aniversário em setembro de 1928, Tarsila aparece com o *Mandelieu* acompanhada de Mário, sra. Clement-Simon e dois trabalhadores da fazenda Santa Teresa do Alto (pp. 202-3). Mário, assim como o homem a seu lado, tem mangas e bainhas arregaçadas. Os dois usam camisas sem colarinho. Na outra ponta, Tarsila segura um chapéu de palha na mão, talvez o *chapeau paillasson* comprado a 23 de junho de 1928. Como estava ventando, temos a rara oportunidade de visualizar a saia, plissada com dobras pequenas, aberta. Os modelos escolhidos por Tarsila para a vida social na fazenda são feitos de tecidos maleáveis, que assentam no corpo, mas não prendem os movimentos, e por isso mesmo parecem confortáveis, adequados às ocasiões que requerem deslocamento no espaço.

Vemos na imagem que todos pisam sobre a larga mancha da torra do café. Tarsila usa um escarpim assinado por Perugia, o famoso estilista de calçados, que na década de 1920 trabalhou em parceria com Paul Poiret em criações artesanais. O gesto retratado pode remeter à ideia de domínio, mas, na verdade, o modo como estão dispostas as figuras nesse quadro sugere certa promiscuidade, na acepção em que Sônia Salzstein emprega esta palavra: o "na-

Tarsila veste o *Mandelieu* sobre a torra do café.

cionalismo tarsiliano" expressaria "a reivindicação de um ponto de vista regional, embaralhando na mais pura promiscuidade as entidades do nacional (colônia) e do estrangeiro (metrópole)".[19]

Na foto, elementos do nacional (a torra do café) e do estrangeiro (o sapato Perugia) convivem "na mais pura promiscuidade". O café tem lugar de destaque, grãos e corpos ao ar livre, debaixo de forte luminosidade. O momento da torra é importante para a garantia da qualidade do café. A torração é provocada pelo efeito do calor, e é a tosta dos grãos de café que lhes dá o aroma e o sabor específicos. A imagem está, de fato, queimada, por isso a roupa de Tarsila aparece com as cores invertidas. A safra de setembro de 1928 do café da Fazenda Santa Teresa do Alto foi exclusiva: sabor especial garantido pela torra modernista.

mitos da infância na fazenda

O imaginário da fazenda foi evocado por Tarsila e é constantemente relacionado, pela crítica e pela historiografia do modernismo brasileiro, às suas criações. Em abril de 1923, na carta aos pais, a artista agradecia sua infância na fazenda, período que lhe fornecera as reminiscências a serem capitalizadas na realização de seu projeto de se firmar como artista, brasileira e moderna. No texto "Pintura pau--brasil e antropofágica", de 1939, ao relacionar a tela *Abaporu* às suas memórias infantis, Tarsila acaba por revelar a imensa violência que faz parte do ambiente patriarcal e escravocrata em que cresceu.

> Agora um parêntese: alguns anos depois [de 1928], Sofia Caversassi Villalva, temperamento de artista, irradiando beleza e sensibilidade, dizia que as minhas telas antropofágicas se pareciam aos seus sonhos. Só então compreendi que eu mesma havia realizado imagens subconscientes, sugeridas por histórias que ouvira em criança: a casa assombrada, a voz do alto que gritava do forro "eu caio" e deixava cair um pé (que me parecia imenso), "eu caio", caía outro pé, e depois a mão, outra mão, e o corpo inteiro, para o terror da criançada.[20]

A cena, que, como disse Tarsila, é de terror, mistura magia e violência. De quem é esse corpo que cai despedaçado, assombrando a casa? Um pé imenso, como o do *Abaporu*, ou de *A negra*, "figura sentada com dois robustos toros de pernas cruzadas, uma arroba de seio pesando sobre o braço, lábios enormes, pendentes, cabeça proporcionalmente pequena", como a define Tarsila, no mesmo texto. Cabe situar que Tarsila nasceu em 1886 e Oswald, em 1890, portanto em anos contíguos à abolição da escravatura e seus rumores, que muito atormentavam os fazendeiros. Para Carlos Zilio, ainda sobre a tela *A negra*, se em Brancusi ou em Picasso "a arte negra funciona como uma sugestão plástica, [...] o quadro de Tarsila não possui nenhuma referência imediata à arte negra. [...] O modelo mais presente para Tarsila é a própria figura do negro, retirada dos mitos de sua infância na fazenda".[21]

É interessante perceber como a artista constrói discursivamente sua trajetória. A mulher disciplinada e obstinada do final de 1923, que dissera que "o cubismo é exercício militar", transforma-se numa artista tomada pela criação inconsciente, mais próxima da subjetividade do surrealismo do que da racionalidade do cubismo. Ainda no artigo publicado dez anos após sua primeira exposição individual no Brasil, o "retorno à tradição, à simplicidade" é justificado por meio do "deslumbramento diante das decorações populares das casas de moradia" das cidades coloniais do interior de Minas Gerais. "Foi por ocasião da visita de Blaise Cendrars à nossa terra", ela narra, "que eu, sem premeditação, sem desejo de fazer escola, realizei, em 1924, a pintura a que chamaram Pau-Brasil." Soa estranha a insistência na ideia do encantamento, como se sua produção não tivesse sido resultado de um projeto, do planejamento de sua carreira. Além disso, devemos ter no horizonte da estética da ruptura a maneira como Tarsila define as telas da fase "que chamaram Pau-Brasil", apresentando o "retorno à tradição", associando-as, ainda, à ideia de "simplicidade".

Paulo Herkenhoff debate a esquizofrenia e as utilidades políticas do modernismo brasileiro, na medida em que o movimento participou da projeção simbólica, que visava à ascensão ao poder nacional, da elite rural paulista de raízes oligárquicas. Herkenhoff destaca que "ao se fixar como 'cor rural', a *cor Pau-Brasil* define a prevalência do sistema simbólico do mundo rural e emergente do período colonial como representação do Brasil, malgrado a urbanização, a industrialização e a imigração"[22] — malgrado, vale destacar, a violência que atravessa o mundo rural a que pertenceu Tarsila. Basta atentar para o modo como ela narra onde estaria a "origem" de suas telas antropofágicas.

Nas circunstâncias em que foi engendrada a relação amorosa de Tarsila e Oswald, a rede de articulações — artísticas, literárias, sociais, políticas — que sustenta as fases Pau-Brasil e Antropofágica é fruto de atuações realizadas em parceria. Na década de 1920, as criações de Tarsila e Oswald estiveram imbricadas: as experiências, muitas vezes vividas em conjunto, alimentaram as produções dos dois modernistas. É natural que a paixão trame um tipo de influência artística mútua.

os estandartes

Aquilo que Paulo Herkenhoff aponta como a "dificuldade de ser moderno e a persistência da tradição"[23] vem sendo debatido pela crítica e pela historiografia do modernismo brasileiro desde o final dos anos 1970. Como nota Silviano Santiago, já em 1924 existe "um discurso de restauração do passado dentro do modernismo". Tarsila e Oswald, por exemplo, "estão imbuídos da necessidade do apego à tradição colonial mineira", ao mesmo tempo que tentam "impor uma estética da originalidade entre nós". "A melhor mostra dessa valorização do nacional em política e do primitivismo em arte se encontra na obra de Tarsila, em termos plásticos, e na poesia de Oswald, em termos propriamente literários", diz Silviano.[24]

A maneira de o movimento modernista "ser moderno" é atravessada pelo "apego à tradição". Logo no início de sua narrativa autobiográfica, Oswald apresenta suas "altivas bandeiras":

São os quadros, as obras-primas da pintura moderna de que breve vou me desfazer. São os estandartes levantados na guerra que foi a minha vida. Um grande Chirico de 1914, da série *Piazze d'Italia*, onde se vê uma torre, um pequeno trem de ferro e dois homens minúsculos na solidão da praça onde se ergue uma estátua vestida de negro. É um dos quadros que criaram em Paris o Surrealismo. Chamam-no *L'énigme d'une journée*. Há também, em azul, a obra-prima de Tarsila, *O sono*. Duas joias de Cícero Dias, onde o mestre brasileiro liga o abstrato ao nativo. Os cavalinhos de Chirico, o Di, uma telinha de Rudá e outra de Nonê, meus filhos, e um guache de Picasso em azul e negro. São as minhas bandeiras que contam que nunca abdiquei na luta feroz dos meus dias.[25]

Observemos os estandartes de guerra de Oswald, elencados ao final de sua vida. Comprado por ele em Paris em 1924, o quadro *O enigma de um dia* "é uma visão da modernidade que se dá sem rompimento com o ideário renascentista", diz Vera Chalmers.[26] Assim, a dificuldade de ser moderno, ou a restauração do passado, que impõe ao modernismo brasileiro contradições intrínsecas, está em concordância com um aspecto presente nas "bandeiras altivas" da resistência "feroz" de Oswald: a ideia de uma modernidade que se funda sem rompimento com o passado.

A solidão e a presença do inconsciente são evidentes tanto na obra *O enigma de um dia* como em *O sono*, de Tarsila, tela de 1928, talvez qualificada por Oswald como sua obra-prima pela mesma razão que o faz apreciar Cícero Dias: a habilidade de "ligar o abstrato ao nativo". Esses quadros transmitem imagens de solidão e introspecção, ao mesmo tempo que estão representados enigmas, que convidam à reflexão. A tela *O sono* é atravessada por formas abstratas que se repetem em *mise en abîme*, como uma emoção reincidente, algo que atormenta e ativa. O enigma representa também uma ameaça, uma força de destruição: se não é possível decifrá-lo, ele é capaz de nos devorar. Mas isso não é o mais importante. A força do enigma está na tensão da resposta, da descoberta. Como afirma Vera Chalmers sobre a "invenção pictórica" de Chirico, ela se queria "filosófica propondo o enigma como o momento em que a ideia surgia sob a aparência das coisas".[27] O enigma nos obriga a pensar.

A própria figura de Oswald — que não deixa de ser um enigma, solitária em suas contradições — teve o seu jeito paradoxal de ser moderna, no que diz respeito à sua "enorme força de vida", notada por Antonio Candido, e ao fato de que "sempre arrastou tumultuosamente as contradições não solucionadas".[28] Oswald ofereceu sua vida ao âmbito público, e para o modernismo brasileiro sua personalidade significou a incitação, a mobilização de desejos, de reações, contra ou a favor. Como afirmara seu amigo Raul Bopp, sua versatilidade — manifestada, inclusive, em múltiplas aparências — se deu "às vezes com lampejos geniais, mas, também, algumas vezes, com destemperos incríveis".[29]

"800 000 pés coroados"

As fotografias nas fazendas mostram bem as contradições de que é feito nosso modernismo, como aquela de Tarsiwald deitado em redes na varanda da Fazenda Santa Teresa do Alto, em 1927 (p. 209). "O cafezal é um mar alinhavado", diz o poema de Oswald, e é o que se vê na imagem. O movimento dos corpos — os braços cruzados sob a cabeça, a entrega à rede, pernas abandonadas — revela uma cena de relaxamento e intimidade que tem a plantação de café e o telhado rendado da varanda como pano de fundo. Oswald parece estar de pijamas e usa *mules* (ou babuchas) nos pés. Além do desenho do telhado, a herança árabe, marcante no Brasil Colônia, também está presente nas chinelas de Oswald: a babucha[30] é um calçado oriental de couro macio ou tecido, com fundo aberto e sem salto, usado especialmente na Turquia e copiado no

Tarsila e Oswald na varanda da Fazenda Santa Teresa do Alto, 1927.

Ocidente como chinelas de quarto, calçados de interior, adequados para as circunstâncias da vida privada.

Raul Bopp registra seu depoimento sobre a tranquilidade dos tempos de fartura: "Havia, em São Paulo, uma pequena elite culta, que ia e vinha todos os anos da Europa. Uma seminobreza rural, com longas tradições de família, florescia à base do café. Eram tempos tranquilos e de fartura plena. Latifúndios opulentos. Cafezais a se perderem de vista".[31] A leveza expressa pelos gestos de Tarsila e Oswald parece estar irremediavelmente vinculada à "paisagem" da fotografia, com seus "800 000 pés coroados". No poema, estão relacionados, de modo sintético, os caminhos abertos pelos carreadores nas lavouras de café e a construção das cidades, no horizonte de urbanização que se colocava naquele momento. Tudo sob o olhar do fazendeiro, coroado, como seus pés de café.

12.

o entourage se desfaz

Apesar de a quebra da Bolsa de Valores de Nova York ter estourado em outubro de 1929, tudo indica que já ao final de 1928 a situação financeira do casal Tarsiwald não era mais tão confortável. Em dezembro de 1928, Dulce e Nonê estavam na Europa quando receberam uma carta de Tarsila comunicando nova combinação familiar: ela e Oswald não mais retornariam a Paris e seriam os filhos que voltariam ao Brasil. Como vimos, as encomendas de todo tipo de bens de consumo, e especialmente de itens de vestuário, são constantes na correspondência de Tarsila e Oswald com a família. Nessa carta não foi diferente. Embora afirme que deram um "balanço" em suas vidas e que está "contentíssima em pôr a nossa vida em ordem. Vamos agora ter um pouco de juízo e não gastar sem pensar como fazíamos", Tarsila avisa que mandou uma lista de encomendas a Angelina Agostini, que acompanhava Dulce e Nonê no estrangeiro, e faz uma série de pedidos específicos à filha, entre eles um enxoval para Nonê e lenços "de seda boa e cores bem vivas" para o irmão, José, orientando-a, também, a ser comedida com os gastos e a cuidar dos pertences na viagem.

Comprem só o necessário. Volor [Oswald] vai remeter para Angelina uma soma boa. Nonê que faça um smoking (com costuras que se possam aumentar, pois ele está crescendo)[,] umas camisas para smoking, colarinhos etc.[,] que traga alguns ternos de brim para a fazenda e roupas esportivas pois ele ficará alguns meses estudando lá conosco e depois veremos o que fazer. Vocês deixem no atelier tudo que for para esporte de inverno pois em 1930 é muito provável que vamos todos para ali em janeiro. [...] A bordo muito juízo. [...] Você, naturalmente, é que tomará conta do dinheiro de viagem. Não se fie a bordo nem nos criados nem nos passageiros. Nós viemos num vapor dos melhores. Pois na minha chegada ao Rio me roubaram uma bolsa linda e o vestido Petrushka que estava numa maleta sem chave na minha cabina que estava aberta. Ande sempre com a chave da cabina para não ter algum aborrecimento.[1]

Talvez o vestido *Petrushka* mencionado por Tarsila seja o modelo *Petrouchka*, da *maison* Paul Poiret, reproduzido numa ilustração em cores na revista *Art, goût, beauté* de agosto de 1926. "Vestido de três peças em crepe azul e vermelho e *duvetine* preta", diz a legenda que acompanha a imagem. Sendo a edição da revista de agosto de 1926, se de fato a referência de Tarsila é ao vestido de Poiret, seria possível imaginar que ele constasse na primeira página do recibo de 20 de abril de 1927. Seja como for, o vestido *Petrouchka* publicado na *Art, goût, beauté* segue certo padrão visível nas roupas de Tarsila, especialmente nos trajes de passeio informais, usados em ocasiões diurnas: sobreposição de camadas; cores vivas; saia plissada, que favorece o movimento das pernas; tecido maleável e confortável, como a lã aveludada dessa roupa.

Na carta de dezembro de 1928, antes de se despedir, Tarsila ainda diz à filha: "A nossa casa na fazenda está linda e o jardim coberto de flores". A chegada de Dulce e Nonê, no início de 1929, foi muito festejada, um evento bonito e animado na Fazenda Santa Teresa do Alto. "Colocaram arcos de bambus à nossa entrada", conta Angelina Agostini, "e houve festa (eu fazia a entrega da cerveja aos colonos em fila), 'pau de sebo' e baile (nós, os viajantes, abrimos o baile). E ainda visitamos a cavalo as fazendas vizinhas, da família."[2]

"tupy or not tupy"

Um abismo se abriu entre esse momento e os planos de retornar em família a Paris, em 1930. Segundo o escritor Raul Bopp, enquanto foram casados, Tarsila e Oswald fizeram do solar da Alameda Barão de Piracicaba

> um conhecido centro de debates literários. Eram acolhidos, diariamente, grupos de amigos da cidade e, também, intelectuais do Rio e dos estados, que passavam por São Paulo. O casal gostava de ter gente em casa, costumando ainda reservar determinados dias para um tipo de *open house*. Numa dessas ocasiões, acompanhada por um séquito de admiradores, apareceu miss Paraná, que estava sendo festejada em meios beletristas de São Paulo. A uma ligeira sugestão, miss Paraná encaminhou-se para o meio da sala e recitou "Dindinha Lua", para dar uma amostra do seu repertório. Pagu, que estava presente (ainda no tempo em que era favorecida com a tutela carinhosa de Tarsila), decidiu, também, dizer uns versos, de forte sabor poético, adicionando a eles umas ligeiras doses de malícia... Foi um sucesso total. O ambiente murchou numa parte da sala.[3]

Em meio à rica e tensa sociabilidade dos modernistas de São Paulo, que promoviam uma *high society* misturada por onde passavam políticos, intelectuais, jornalistas, artistas internacionais, misses e beletristas, surge o movimento antropofágico. Bopp, que àquela altura era namorado de Pagu, relata que a ideia de criação da Antropofagia, que ao mesmo tempo deveria reagir à "parca safra literária posterior à Semana" e desencadear um gesto "genuinamente brasileiro", e que conduziria a um "Brasil mais profundo, de valores indecifrados", surgiu numa noite em que o casal Tarsiwald levara alguns frequentadores do solar para comer rãs. "Quando, entre aplausos, chegou um vasto prato com a esperada iguaria", ele diz,

> Oswald levantou-se e começou a fazer o elogio da rã, explicando, com uma alta percentagem de burla, a teoria da evolução das espécies. Citou autores imaginários, os ovistas holandeses, a teoria dos "homúnculos", os espermatistas etc. para "provar" que a linha da evolução biológica do homem, na sua longa fase pré-antropoide, passava pela rã — essa mesma rã que estávamos saboreando entre goles de *Chablis* gelado. Tarsila interveio: "Em resumo, isso significa que, teoricamente, deglutindo rãs, somos uns… quase antropófagos". A tese, com um forte tempero de blague, tomou amplitude. Deu lugar a um jogo divertido de ideias. Citou-se logo o velho Hans Staden e outros clássicos da Antropofagia: "Lá vem a comida pulando". A Antropofagia era diferente dos outros menus. Oswald, no seu malabarismo de ideias e palavras, proclamou: "*Tupy or not tupy, that's the question*".[4]

abaporu

É conhecida a história do presente de aniversário dado por Tarsila a Oswald em janeiro de 1928, quando ela lhe mostra o quadro mais tarde intitulado *Abaporu*: "uma figura solitária monstruosa, pés imensos, sentada numa planície verde, o braço repousando num joelho, a mão sustentando o peso-pena da cabecinha minúscula", assim ela mesma descreve sua obra na crônica "Ainda a 'Semana'", de 1943. Como contou Tarsila, o *Abaporu*, batizado por Oswald e Raul Bopp, "sugeriu a Oswald de Andrade a ideia da terra, do homem nativo, selvagem, antropófago, e daí o movimento criado por ele".[5]

A tela *Abaporu* teve a importante função de organizar algumas ideias, antes dispersas. As obras de Tarsila produzidas entre 1927 e 1929 se tornam mais interessantes, mais originais e criativas, a meu ver. Ela foi a madrinha da Antropofagia, assim nomeada por Raul Bopp. "Oswald ia na vanguarda, irreverente, naquele solecismo social de São Paulo. Foi elemento de resistência e agressão. Pôs a Antropofagia no cartaz, com uma técnica de valorização."[6]

Tarsila se lança à exploração plástica das suas emoções e à utilização de elementos da mitologia brasileira em sua obra, como na pintura *Urutu*, de 1928. Do tupi, "urutu" é uma serpente sul-americana, venenosa, que chega a medir dois metros de comprimento. Mas a tela de Tarsila reúne outras coisas, além da serpente: estão representados um ovo, branco, que ocupa grande parte do quadro, e uma abertura no solo, que lembra uma boca, ou uma vagina, por onde sai um cone comprido, esguio e pontiagudo. A serpente circula a forma fálica, dominando-a, estrangulando-a, como uma mão gigante que responde à força invisível do desejo. Ao mesmo tempo, a cobra é dominada pelo ovo. As figuras se conectam, dispostas no verde do solo côncavo que ressalta o clima onírico de certa perspectiva grande-angular, e ganham luminosidade mística por conta do esbranquiçado que sutilmente as distingue do fundo azul.

O ovo do mundo, anúncio de vida e criação, repousa sobre a serpente, enquanto a cobra grande aperta o falo encaixado na boca. Segundo Sergio Miceli,

> ao que tudo leva a crer, o contexto de criação dessa tela está enganchado na crise das parcerias amorosas no interior do grupo antropofágico, crise motivada pelo enlevo de Oswald por Pagu, até então namorada de Bopp, que acabou por desencadear o desmonte dessas alianças de amizade e trabalho.[7]

Se de fato essa obra está relacionada à ciranda de paixões que motivou a separação de Tarsila e Oswald, consumada no final de 1929, parece que confusões já atravessavam aquelas relações amorosas desde o ano anterior.

vestida com o *dieppe* para almoçar piolim

O *Manifesto Antropófago* foi publicado em 1º de maio de 1928, no primeiro número da *Revista de Antropofagia*, dirigida por Bopp e Alcântara Machado. A antropofagia foi um movimento permeado pelo humor e pela blague, mas também pela violência e por disputas políticas vinculadas à sucessão presidencial. Teve duas fases, ou "dentições", como diriam os próprios modernistas. Na primeira, a *Revista de Antropofagia* teve periodicidade mensal e durou dez meses. A partir de 17 de março de 1929 até agosto, foi lançada em sua segunda dentição, publicada semanalmente, aos domingos, no *Diário de S.Paulo*, de Assis Chateaubriand, "sob o comando do 'açougueiro' Geraldo Ferraz — página que provocou logo protestos de seus assinantes em defesa de suas pudicas famílias", informa Mário da Silva Brito.[8]

No número 2 da *Revista de Antropofagia*, saído a 24 de março, foi publicada a nota "almoçaremos Piolim": "No dia 27, Quarta-feira de Cinzas, Piolim será vastamente almoçado pelo Clube de Antropofagia, que assim inaugura o seu menu".[9] Marcado para as 12h30 no restaurante da Casa Mappin, em São Paulo, o almoço em homenagem a Piolim comemorava o seu aniversário. "Clube de feições britânicas. Criados com luvas brancas", ironiza Bopp,[10] o Clube de Antropofagia teve suas bases no palacete de Tarsila e Oswald. O tradicional *Correio Paulistano* não deixou de destacar que "a essa homenagem, por todos os títulos significativa, aderiram, não só os membros daquele clube, mas também seus simpatizantes, assim como os melhores e mais destacados elementos da nossa sociedade e das letras".[11] Na ocasião do almoço antropofágico em homenagem a Piolim, a madrinha do movimento usou o vestido *Dieppe*, da *maison* Poiret[12] (p. 217).

Como indica Maria Augusta Fonseca, aos "salões, fazendas, ateliês parisienses, viagens pelo Brasil, incansáveis roteiros no exterior, teatros, concertos, cafés, livrarias, exposições, confeitarias, a

Registro do vestido *Dieppe*, frente e costas, 25 fev. 1928.

tudo isso se junta outro atrativo para os modernistas — os barracões dos circos paulistanos".[13] O modernismo brasileiro reconhece no circo, e especialmente no palhaço Piolim, como ressalta, por sua vez, Telê Ancôna Lopez, "a criação espontânea de formas de expressão e comunicação, capazes de refletir a psicologia do povo, porque nascem dele e a ele se dirigem".[14] O almoço é noticiado como evento social na imprensa. Também aparece na matéria "Antropofagia — Piolim comido", publicada na revista *Para Todos...*, com fotografias do evento.[15] "E Abelardo Pinto: Piolim que se vê na fotografia de cima em pé, de copo na mão, e na fotografia de baixo, sentado entre Antonieta Rudge e Elsie Houston Perét. À esquerda, Tarsila do Amaral", diz a publicação (p. 218).

Dieppe — nome que alude à cidade francesa localizada na região da Normandia — é um vestido de passeio informal, com mangas justas e compridas. Parece de seda e é todo estampado

217

O Club de Antropofagia, de São Paulo, realisou no dia 27 de Março o seu primeiro almoço. Foi em homenagem a Piolin. No Mappin Stores Tomaram parte: Tarsila do Amaral, Antonieta Rudge, Anita Malfatti, Alice da Silva Telles, Baby de Almeida, Leonor Celso Antonio Helena Rudge Miller, Maria Paula Else Houston Peret, Oswald de Andrade, Guilherme de Almeida, Celso Antonio, Oswaldo Costa, Couto de Barros, Raul Bopp, Menotti Del Picchia, Paulo Mendes de Almeida, Hugo Adami, Jayme Adour da Camara, Plinio Cavalcanti, Alberto de Araujo, Luiz Amaral, Americo R. Netto, Geraldo Ferraz, Francisco da Silva Telles, Benjamin Peret, Israel Souto, Luiz Moura's, H. Martins, Galeão Coutinho, E Abelardo Pinto: Piolin que se vê na photographia de cima em pé, de copo na mão, e na photographia de baixo, sentado entre Antonieta Rudge e Elsie Houston Peret A' esquerda, Tarsila do Amaral.

Tarsila veste o *Dieppe* no almoço em homenagem a Piolim.

com um desenho de pequenas formas arredondadas, que lembram flores. O traje tem uma visualidade inusitada, talvez por causa dos recortes na gola, nos punhos e na bainha da saia, ou pelo volume na frente do vestido, graças a uma faixa de tecido amarrada, que ajusta a roupa ao corpo, na altura do quadril.

Nas costas, então, sobressai uma capinha. É uma roupa graciosa, enfeitada, e a estampa miúda contribui para a aparência divertida. Parece óbvio que Tarsila estava consciente do traje adequado para a ocasião, uma festa em homenagem a Piolim, que também visava angariar fundos para o artista. A iniciativa teve sucesso, como é possível conferir na lista de adesão à contribuição de 20 mil-réis que cada participante ofereceu, guardada entre os documentos de Oswald de Andrade.[16]

Dentre os nomes listados, nota-se a ausência de Mário de Andrade, um dos maiores fãs de Piolim. Em artigo publicado no *Diário Nacional* em agosto de 1931, Mário admite que "o entusiasmo dos modernistas de S. Paulo não era pelo circo, era por Piolim". O poeta justifica a importância social e estética do circo e da comicidade de Piolim na medida em que o jogo divertido encenado pelo palhaço tinha a habilidade de designar traços importantes do homem contemporâneo: "Nessa ordem geral do ser humano, que parece criada pela inquietação e pelas enormes perplexidades deste fim de civilização, ser que nós todos profundamente sentimos em nós, nas nossas indecisões e gestos contraditórios, é que o tipo de Piolim se coloca também".[17]

Ao que tudo indica, Mário teria se afastado de Tarsiwald por discordar das posições tomadas na *Revista de Antropofagia*. Raul Bopp avalia que ele "não mostrava interesse em ter participação ativa num movimento onde ele não era o único chefe. Estava satisfeito com a partilha que lhe coube no inventário da Semana".[18] De todo modo, o caráter burlão que o movimento antropofágico inicialmente teve, nascido entre goles de Chablis, aos poucos ganha contornos menos aprazíveis e bastante violentos, e o fato é que, até meados de 1929, não apenas Mário, mas diversos companheiros se afastam de Oswald, e o entourage modernista se desfaz.

Em 4 de julho de 1929, em carta escrita a Tarsila para ser "lida confidencialmente apenas por você e Oswaldo pois que só a você é dirigida", Mário responde a um convite que recebeu da artista, negando-o, e justifica a razão do seu afastamento. Embora os motivos não sejam evidentes, o que se nota é mágoa e sofrimento:

> [...] as acusações, insultos, caçoadas feitos a mim não podem me interessar. [...] Mas não posso ignorar que tudo foi feito na assistência dum amigo meu. Isso é que me quebra cruelmente, Tarsila, e apesar de meu orgulho enorme, não tenho força no momento que me evite de confessar que ando arrasado de experiência.

O tom de ruptura fica claro ao final, quando Mário, num gesto de absoluta formalidade, pede ao casal "licença pra cumprimentá-los quando nos encontrarmos".[19]

a primeira exposição de tarsila no brasil

É nesse clima pouco amistoso que acontece o vernissage da primeira exposição de Tarsila no Brasil, no sábado, 20 de julho de 1929, no Palace Hotel à avenida Rio Branco, no Rio de Janeiro. Após duas mostras na França, que marcam sucessivos processos de legitimação, sete anos haviam se passado desde a Semana de Arte Moderna e, mesmo assim, as telas de Tarsila receberam algumas críticas violentas da imprensa carioca. Das 35 obras exibidas, catorze foram produzidas a partir de 1927.

Em 1926, em Paris, o catálogo contou com poemas de Blaise Cendrars. Já em 1929, no ambiente brasileiro, que em parte era hostil à antropofagia e às suas pinturas, Tarsila e Oswald procuraram legitimar as obras apresentando um catálogo com as críticas saídas na imprensa francesa sobre as duas exposições anteriores. O catálogo foi o mesmo no Rio de Janeiro e em São Paulo, quando, em setembro, a exposição seguiu para o edifício Glória, à rua Barão de Itapetininga (num vernissage que, como vimos, é provável que Tarsila tenha usado novamente o vestido *Écossais*).

Nota-se grande tensão nos textos saídos na imprensa nos dias que se sucederam ao vernissage. A 26 de julho, o professor e crítico de arte Flexa Ribeiro publicou em *O Paiz* o pedante artigo "Tarsila retardatária", em que a acusa de usar "uma linguagem muito curiosa, mas já desusada, com *clichés* conhecidos".[20] Mais adiante, falando sobre a criação de uma pintura que fosse, "na epiderme, completamente diversa da que se pratica em Paris", Flexa Ribeiro não poderia ter deixado de citar os "formosos dotes" de Tarsila, jogando com o duplo significado da "moda de Paris": "Ora, Tarsila é uma libertária. [...] Com os formosos e preciosíssimos dotes que possui, sua fina visão de colorista, só lhe falta vencer o último preconceito: a moda de Paris".

Como resposta de Tarsila, no dia seguinte o jornal *Crítica*, do Rio de Janeiro, publicou "Uma entrevista em torno de três perguntas", com o subtítulo "O momento da arte brasileira e a atitude de Tarsila do Amaral".[21] Saída uma semana após o vernissage, a entrevista sublinha o "êxito que vem coroando a exposição" e o "público numeroso e elegantíssimo". Logo na primeira pergunta, "Acredita na vitória definitiva dos modernos contra o academicismo frio e convencional?", Tarsila rebate o artigo de Flexa Ribeiro, evocando algumas das críticas positivas que recebera na imprensa francesa, inseridas no catálogo da exposição. "Essa vitória é definitiva", ela afirma.

> As suas manifestações já são mesmo consideradas retardatárias. Quando vim ao Rio, julguei que a minha exposição trouxesse alguma coisa de novo e constato, agora, que a Escola de Belas Artes é que é futurista, achando, através da palavra do sr. Flexa Ribeiro, já velha a minha arte. Entretanto, não foi essa a opinião de Paris culto.

Se mereci críticas nas minhas exposições de 26 e 28, foi justamente por ter levado à Europa uma arte tropical e inédita, sem nenhum preconceito, aliás, de brasileirismo.

Faz parte ainda do debate em torno da exposição de Tarsila um artigo anônimo publicado na coluna "Notas de arte" do *Jornal do Comércio* no domingo, 28 de julho de 1929. O tom é de extrema violência contra as obras da artista: "De sorte que são imagens brasileiras toda aquela coleção de figuras monstruosas, peças de anatomia conservadas em álcool e retiradas dos seus recipientes para as telas da sra. Tarsila".[22] Sem perder a oportunidade de destacar a aparência da artista — "Evidentemente, mulher muito bela, a julgar pelo retrato que ilustra o seu catálogo" —, o artigo se levanta contra a atitude do casal Tarsiwald de exibir as notícias do sucesso ocorrido na França: "Não gostar da arte da sra. Tarsila [...] é querer passar por atrasado, conhecedor infeliz da evolução, retrógrado. E, como argumento máximo, arrasante, esta frase final: 'Veja o que escreveram os 'críticos' da Europa'".

Nesse contexto, os artigos que se colocam a favor das telas de Tarsila evidenciam o sucesso da exposição entre o público que a frequentava. O que está em jogo é uma classe selecionada que circula "no ambiente intelectual do Rio de Janeiro", como afirma o jornal *Crítica*:

> Desde sábado último, quando teve lugar o seu vernissage, que constituiu um acontecimento de larga repercussão mundana — essa mostra de quadros vem recebendo a mais culta e seleta frequência. Este fato indica a evidência, o grão de interesse e curiosidade com que no ambiente intelectual do Rio de Janeiro se acolheu a iniciativa da ilustre senhora, inaugurando entre nós uma exposição de arte nitidamente moderna.[23]

princesa de "são paulo oropa frança e antropofagia"

Conhecemos uma fotografia do vernissage no Rio de Janeiro (pp. 224-5), publicada na revista *Para Todos...*, edição de 27 de julho de 1929. Tarsila, que usou o vestido *Flûte*, da *maison* Poiret, comprado — vestido e jaqueta *Flûte* — em 23 de junho de 1928, está centralizada diante de um grande grupo de pessoas. Ao fundo, alguns de seus quadros, entre eles *Floresta*, *O lago*, *Anjos* e *A família*. A legenda da foto, que registrou esse "acontecimento de larga repercussão mundana", valoriza a elegância do público que estivera na ocasião:

> Sábado da outra semana, no Parque [sic] Hotel, quando Tarsila inaugurou a sua primeira exposição no Brasil. Todo o Rio de Janeiro inteligente e elegante esteve lá. E lá tem voltado. Nunca uma mostra de arte interessou tanto a cidade. Os amigos da pintora, que tanto pediram a vinda dela à terra carioca, estão contentes.[24]

No artigo que acompanha a fotografia, e que tem ainda ao centro da página um retrato de Tarsila assinado por Di Cavalcanti, fica ressaltada a potência da ordem em suas obras: "Tudo nos seus lugares, tudo perfilado, numa atitude de parada militar". Suas telas têm "a força de *matière*, de acabamento, de recorte, as coisas, nos quadros de Tarsila, têm um relevo de aparição". Sobre as influências, o texto diz que Tarsila "tritura-as, imediatamente, na sua personalidade". E, depois de afirmar que "a pintura de Tarsila é de Tarsila e do Brasil", o articulista compara-a, paradoxalmente, às "avenidas de New York, os seus quadros não precisam de títulos. Podem figurar assim no catálogo: 'Brasil nº 1, Brasil nº 2, Brasil nº 3, etc., etc....'". Murilo Mendes relata um episódio que ajuda a compor a visualidade apurada de Tarsila vestida com o *Flûte*: na "exposição histórica da pintora no Palace Hotel", um hóspede teria

lhe perguntado: "'— Quem é aquela princesa?'. E ele respondeu: 'É a princesa Tarsila de São Paulo Oropa França e Antropofagia'".[25]

Nas informações do Victoria & Albert, em Londres, museu que tem em sua coleção de indumentária um exemplar do vestido *Flûte*, ele está descrito como "vestido de cetim guarnecido com aplicação de adereço dourado e forrado parcialmente com chiffon de seda"[26] (ver imagem 17 do caderno de fotos). *Flûte* é um substantivo feminino com vários sentidos. Significa flauta, taça, ou tipo de pão alongado, como uma baguete. Numa acepção familiar, pernas, *"les flûtes"*, quando usado no plural. A roupa assim intitulada é um vestido tubular de cetim de seda, com a parte de cima branca, e a de baixo, preta. O vestido guardado na reserva técnica do museu Victoria & Albert, o qual pude consultar, tem aproximadamente 108 centímetros de comprimento. O decote do vestido é quadrado, e as mangas, muito longas, medem a partir da costura dos ombros pouco mais de sessenta centímetros e têm uma abertura no final.

A revista *Para Todos...* registra o vernissage de Tarsila no Palace Hotel, no Rio de Janeiro, jul. 1929.

Na fotografia em que Tarsila está vestida com o *Flûte*, dá para ver que as mangas se prolongam para além do punho, terminando no início das mãos, e parece que a artista usa duas pulseiras por cima das mangas, uma em cada braço. O bordado de fios dourados está aplicado no centro do traje, fixado com costura manual. Nas costas, o recorte que liga o corpo do vestido, branco, à saia, preta, é muito bonito, um arabesco sofisticado. É um traje ajustado, cujo fechamento se dá por aberturas nas duas laterais, que se unem por meio de colchetes internos. Logo abaixo do bordado, na frente da saia, abre-se uma prega que contribui para o movimento e a mobilidade da mulher vestida com o *Flûte*. Flauta, taça, seja como for, o nome remete a uma forma alongada, tubular, exatamente como é a silhueta do vestido.

Embora Tarsila tenha usado trajes da *maison* Paul Poiret tanto no vernissage em Paris, em 1926 (p. 161), como no Rio de Janeiro, em 1929, são roupas bastante diferentes entre si. Cabe olhar com atenção para o modo como Tarsila se apresenta nas duas oca-

225

siões, observando o papel da alta-costura na sua trajetória. Se na Galeria Percier, em 1926, Tarsila e Oswald inserem elementos da brasilidade modernista na aparência da artista, o que foi encenado no Palace Hotel? Certamente não foi à toa a opção por um traje visualmente mais sóbrio para o vernissage de 1929, no Brasil.

entre o *écossais* e o *flûte*

Existem diferenças significativas entre os dois modelos. A começar pelos tecidos: o primeiro, xadrez, estampado; o segundo, com cores sólidas, branco e preto, liso. A saia do *Écossais* é longa e volumosa, a do *Flûte*, mais curta e estreita. O vestido de 1926 é levemente piramidal, lembrando a linha *robe de style*, enquanto o de 1929 é tubular e corresponde a uma silhueta retilínea. Um é adereçado, laços, gola, punhos, mangas bufantes; o outro é seco, econômico, tem apenas uma aplicação de bordado de metal. Nas fotografias de Tarsila com esses trajes, ela está de cabelos presos, brincos longos, sem chapéu. A altura da saia é uma diferença fundamental entre as duas roupas, sendo o vestido usado no Rio de Janeiro bem mais curto. Além de demonstrar a confiança adquirida de Tarsila, o comprimento da saia revela a norma da moda feminina do período, já que na imagem podemos ver como muitas senhoras expõem suas panturrilhas, deixando os joelhos cobertos.

Tarsila e Oswald souberam usar a moda francesa para divulgar imagens diferentes da artista. A *maison* Poiret ajudou a criar um estilo de apresentação social que se pretendeu artístico — estilo este transformado pelo casal em assinatura, ou em cartão de visitas. Se na França, em 1926, na chamada fase Pau-Brasil, a performance da aparência remete à tensão entre tradição e modernidade, em que fica acentuado o caráter "exótico" da figura de Tarsila, no Brasil, no vernissage de julho de 1929, sobressai um visual elegante, discreto, com uma silhueta modernizada.

As performances da aparência de Tarsila em seus vernissages remetem a duas linhas diferentes que predominaram na moda feminina francesa na década de 1920, cada uma atrelada a um campo simbólico distinto: aquela projetada pelo vestido reto, tubular, cujo exemplo é o traje *Flûte*, e a outra conseguida por meio do vestido chamado em francês *robe de style* (ou *picture dress*, em inglês), que apresenta saia longa e volumosa, como o modelo *Écossais*. A silhueta cilíndrica, com um volume que tende a ser homogêneo nas três linhas principais — busto, cintura e bainha —, com a saia terminando na altura dos joelhos, expressa um visual modernizado.

O visual era arrematado por características que estavam ligadas aos valores da moda masculina, como a economia de adereços e volumes e o uso de cores neutras: branco, preto, cinza, bege. Não obstante os dois estilos de vestuário terem participado da Exposição de Artes Decorativas em Paris, em 1925, onde conviveram obras art déco e minimalistas e objetos ornamentados, que remontavam ao século XVIII, eles acabam por representar gostos distintos — um mais tradicionalmente feminino, com inspirações românticas, e outro mais moderno.

uma festa de alegria

Os vestidos confeccionados sob o modelo *robe de style* têm corpete justo, que marca a cintura, e saia sino, rodada, longa e volumosa, com a largura se ampliando na direção da bainha e comprimento na altura do tornozelo. São feitos com tecidos estruturados e brilhosos, como tafetá, chamalote, organdi e organza, e enfeitados com bordados, fitas, laços, flores de pano e renda. Representam um modelo de suntuosidade que havia sido abalado por conta das consequências da Primeira Guerra Mundial. No guarda-roupa de Tarsila do Amaral, além do *Écossais*, outro vestido que segue a silhueta *robe de style* é o *Esméralda*, fo-

Tarsila entre amigos na festa em sua homenagem no Palace Hotel, Rio de Janeiro, ago. 1929.

tografado a bordo do *Almanzora*, em agosto de 1926, e usado de novo pela artista numa festa em sua homenagem em agosto de 1929 no Rio de Janeiro, no Palace Hotel.

"Uma festa de alegria", diz a matéria da *Para Todos...* do dia 10, que publicou uma fotografia do evento (acima). E continua: "O salão de frente do Palace Hotel abrigou, segunda-feira de noite, uma porção de criaturas inteligentes que foram contar à Tarsila o bem que lhe querem".[27] Um vasto grupo de homens (a maior parte das "criaturas inteligentes") está de pé, atrás de uma fileira de cadeiras em que está sentada a maioria das mulheres. Tarsila, na frente e ao centro da imagem, está séria, mas simpática; os corpos convergindo para sua presença. Mesmo que ela esteja sentada, vemos perfeitamente o *Esméralda*, um traje de gala. É um evento solene em que, para saudá-la, seus amigos estão vestidos de modo bastante formal. Oswald, um pouco distante, de pé atrás de Tarsila, usa smoking, vestindo black tie. Sentada também, no canto da foto, está Pagu. "Uma festa de alegria", título um tanto irônico para a triste realidade que a foto não foi capaz de esconder.

mussangulá

Como se sabe, a separação de Tarsila e Oswald se aproximava. Patrícia Galvão, a Pagu, acusada de ser o estopim do rompimento do casal, fez parte da comitiva paulistana que acompanhou Tarsila ao Rio de Janeiro, por conta da primeira exposição no Brasil. Data de 24 de maio de 1929 o início de um diário escrito por Pagu e Oswald, onde se pode ler: "Se Pagu soubesse o que tem sido a minha vida desde maio! Só tê-la, só merecê-la, só alcançá-la".[28] Segundo depoimento de Flávio de Carvalho, Pagu "era uma colegial que Tarsila e Oswald resolveram transformar em boneca. Vestiam-na, calçavam-na, penteavam-na, até que se tornasse uma santa flutuando sobre as nuvens".[29] E, ainda, de acordo com Maria de Lourdes do Amaral Faccio, sobrinha da pintora, "Tarsila emprestava os vestidos para Pagu, aqueles vestidos bonitos. Pagu ficou quase como uma filha da casa. Iam para a fazenda. Oswald de Andrade, sem-vergonhão como ele era, se apaixonou por ela. E deu o fora em tia Tarsila".[30]

Parece que a sociabilidade e a afetividade antropofágicas vão além de certo moralismo reducionista. Sobre as paixões envolvendo Tarsila e Oswald, cabe lembrar de uma das teses da antropofagia, desenvolvidas nas reuniões do movimento no Clube de Antropofagia: "mussangulá". Como a define Raul Bopp,

> posição de espírito que condensa problemas de personalidade, numa acomodação surrealista. É um estado de aceitação, de instinto obscuro, subconsciente, mágico, pré-lógico, que renuncia compreender claramente as coisas. Espécie de preguiça filosófica, de moldura brasileira: "Estou de mussangulá". A palavra entrou para o idioma, significando uma defesa de espírito, que não quer se enquadrar em preceitos. Portanto, contra tudo o que é coerente, silogístico, geométrico, cartesiano.[31]

O jogo de mussangulá atribui à preguiça (que entendo como um estado de fruição) um modo brasileiro de filosofar, gozo da liberdade e evasão da realidade objetiva, encaminhando o sujeito às esferas instintivas, mágicas, do subconsciente. Entretanto, é preciso cuidado ao se abrir aos desejos profundos. No estado de mussangulá, no lugar da racionalidade exigida quando se está diante do enigma, o sujeito deseja ser devorado. Conta Raul Bopp:

> Desprevenidamente, a libido entrou, de mansinho, no Paraíso Antropofágico. Cessou, abruptamente, aquele labor beneditino de trabalho. Deu-se um *changé des dames* geral. Um tomou a mulher do outro. Osvaldo desapareceu. Foi viver o seu novo romance numa beira de praia, nas imediações de Santos. Tarsila não ficou mais em casa. A reação emocional se processou em série. Nesses agitados desajustamentos domésticos, pelo menos oito pessoas do grupo se desemparceraram voluntariamente.

E conclui: "A Antropofagia dos grandes planos, com uma força que ameaçava desabar estruturas clássicas, ficou nisso... provavelmente anotada nos obituários de uma época".[32]

Porém, se esteticamente e nos planos da moral e da libido Oswald foi um sujeito libertário e audacioso, na conjuntura da eleição presidencial de 1929, em meio às tensões que culminaram com o fim da Primeira República (ou República Velha), ele se alinhou àqueles com quem partilhava a vida social, Washington Luís e Júlio Prestes, seus compadres. Na dinâmica da República do café com leite, que — aos trancos — conjugava interesses das oligarquias paulista e mineira, Washington Luís, o presidente do país, representante de São Paulo, insistiu na candidatura de um paulista à sua sucessão: Júlio Prestes, que era governador do estado. Essa atitude, somada à debacle financeira mundial em outubro de 1929, gerou a crise política que motivou a cisão entre a elite paulista, de um lado, e a mineira e gaúcha, de outro, e desembocou na chamada Revolução de 1930. Nesse quadro, é importante sublinhar a criação do Partido Democrático, em 1926. Com um programa liberal, o PD formava uma oposição ao Partido Republicano Paulista, o PRP, que dominava a situação política de São Paulo.[33]

Vimos que Tarsila e Oswald eram íntimos de Washington Luís e Júlio Prestes. Já no contexto das brigas políticas de 1929, Prestes é recebido por Tarsiwald na Fazenda Santa Teresa do Alto, com direito a repente de violeiros que festejaram sua presença.[34] Numa carta redigida a Oswald de Andrade em papel timbrado do *Correio Paulistano*, Oswaldo Costa, que fazia parte da *Revista de Antropofagia*, anuncia que "a aliança mineiro-gaúcha veio agitar os meios políticos. Todavia o Júlio está firme, pois todos os demais estados — à exceção de Paraíba — estão com São Paulo. Mesmo o próprio Amazonas, cujo governador é mineiro. A luta, porém, já está assentada". Vê-se que existe um importante e incômodo vínculo entre o movimento antropofágico e o Partido Republicano Paulista.

Estrangulado pela pressão financeira, um gesto de Oswald, que era extremamente crédulo e religioso, é revelador do desespero que talvez o tenha tomado por essa época. Conta Aracy Amaral que "nem a presença de Antenor, o feiticeiro, intermediário entre os espíritos e os negócios, que a pedido de Oswald ficou morando na casa de Tarsila nos últimos tempos que antecederam a debacle, conseguiu afastar os males que, de fato, sobrevieram". Por fim, Oswald teria ateado fogo a "uma tela de Rêgo Monteiro, cujo tema central era meio escabroso (um homem segurando a cabeça de outro, degolado, em cores fortes)", depois de alguém ter comentado "que o quadro 'devia dar azar'".[35]

Oswald, como disse Lívio Xavier, "conciliava a sua revolução literária particular com a ilusão de participar da coisa pública e do governo federal no próximo quatriênio".[36] Enquanto Mário de Andrade filiava-se ao Partido Democrático, Oswald, sempre próximo do poder oligárquico, selava sua posição política conservadora. O irônico é que o líder dos antropófagos, figura que até a Revolução de 1930 partilhava a mesa com os donos do poder, muda drasticamente a partir de então, quando, já empobrecido, torna-se comunista — para muitos anos depois ser resgatado pelos tropicalistas.

arremate

A aparência de Tarsila e Oswald e o visual que cada um elaborou para si foram importantes dentro de suas trajetórias individuais, e essa imagem não esteve desassociada de seus discursos. Nascidos na alta sociedade, ambos foram donos de guarda-roupas ilustres — o figurino da "brasilidade modernista" leva a assinatura da alta-costura francesa. O guarda-roupa modernista, montado a partir de resíduos de Tarsiwald — aquilo que permanece como a memória de suas existências —, confirma a impressão de que a artista e o poeta pretendiam ser vistos e gostavam de ser admirados. "De tudo ficou um pouco", diz o poema de Carlos Drummond de Andrade:

> [...]
> *Ficou um pouco de tudo*
> *no pires de porcelana,*
> *dragão partido, flor branca,*
> *ficou um pouco*
> *de ruga na vossa testa,*
> *retrato.*[1]

Relembro que a constelação de fragmentos dispersos que compõem o guarda-roupa modernista foi reunida pela primeira vez aqui. E a reconstrução do passado — que também implica sua preservação — está inevitavelmente impregnada da experiência daquele que se dispõe a escrever a história. Conectar fragmentos do passado não é apenas reconstruir o que não é mais visível ou organizar cronologicamente uma sucessão de acontecimentos, mas interpretar aquilo que resta a ser visto. Nas fotos, a aparência faz parte das sutilezas que regem o convívio entre as pessoas e nos mostram a humanidade de cada corpo: olhos apertados, mãos entrelaçadas, cabelo repartido no meio, um jeito de ficar em pé, de colocar as mãos nos bolsos, de abraçar.

Dizem que o guarda-roupa, por esconder uma passagem, é um objeto mágico, que algo se revela através dele. Neste caso, o segredo que o guarda-roupa modernista nos dá a conhecer é a fantástica possibilidade de experimentar um encontro mais tangível com o casal Tarsila e Oswald e todos os seus sentimentos mais humanos — alegrias, vaidades, paixões, tristezas, saudade.

referências bibliográficas

AGUILAR, Gonzalo; CÁMARA, Mario. *A máquina performática: A literatura no campo experimental*. Trad. de Gênese Andrade. Rio de Janeiro: Rocco, 2017.

ALMEIDA, Paulo Mendes de. *De Anita ao museu*. São Paulo: Conselho Estadual de Cultura; Comissão de Literatura, 1961.

AMARAL, Aracy. "As artes plásticas (1917-1930)". In: ÁVILA, Affonso (Org.). *O modernismo*. São Paulo: Perspectiva, 1975, p. 121-6.

_____. *Artes plásticas na Semana de 22*. São Paulo: Ed. 34, 1998.

_____. *Tarsila: sua obra e seu tempo*. 3. ed. São Paulo: Ed. 34; Edusp, 2010.

AMARAL, Tarsila do. "Uma entrevista em torno de três perguntas: O momento da arte brasileira e a atitude de Tarsila do Amaral". *Crítica*, Rio de Janeiro, edição 217, p. 2, 27 jul. 1929. Disponível em: <memoria.bn.br/DocReader/372382/1603>.

_____. *Crônicas e outros escritos de Tarsila do Amaral*. Org. de Laura Taddei Brandini. Campinas: Editora da Unicamp, 2008.

ANDRADE, Carlos Drummond de. "A caravana passa". *Correio da Manhã*, Rio de Janeiro, 22 maio 1968, Segundo Caderno, p. 1.

_____. "De Aiuruoca a Vigário Geral". *Correio da Manhã*, 3 abr. 1973.

ANDRADE, Gênese. "Amizade em mosaico: A correspondência de Oswald a Mário de Andrade". *Teresa: Revista de Literatura Brasileira*, São Paulo, n. 8-9, p. 162, 2008. Disponível em: <revistas.usp.br/teresa/article/view/116698/114261>.

ANDRADE, Mário de. "Circo de cavalinhos". In: _____. *Táxi e crônicas no Diário Nacional*. Estabelec. de texto, intr. e notas de Telê Porto Ancona Lopez. São Paulo: Duas Cidades; Secretaria da Cultura, Ciência e Tecnologia, 1976.

_____. *Aspectos da literatura brasileira*. 6. ed. São Paulo: Livraria Martins Editora, 1978.

_____. *Cartas a Anita Malfatti*. Org. de Marta Rossetti Batista. Rio de Janeiro: Forense Universitária, 1989.

_____. *O turista aprendiz*. Estabelec. de texto, intr. e notas de Telê Porto Ancona Lopez. Belo Horizonte: Itatiaia, 2002.

ANDRADE, Mário de; AMARAL, Tarsila do. *Correspondência Mário de Andrade & Tarsila do Amaral*. Org., intr. e notas de Aracy do Amaral. São Paulo: Edusp; IEB, 2001.

ANDRADE, Mário de; BANDEIRA, Manuel. *Correspondência Mário de Andrade & Manuel Bandeira*. Org., intr. e notas de Marcos Antonio de Moraes. São Paulo: Edusp; IEB, 2000.

ANDRADE, Oswald de. *Obras completas*. 2. ed. Intr. de Benedito Nunes. Rio de

Janeiro: Civilização Brasileira, 1970. v. VI: Do pau-brasil à antropofagia e às utopias (Manifestos, teses de concurso e ensaios).

ANDRADE, Oswald de. *Os dentes do dragão: Entrevistas*. Pesq., org., intr. e notas de Maria Eugenia Boaventura. São Paulo: Globo; Secretaria de Estado da Cultura, 1990.

_____. *Estética e política*. Pesq., org., intr., notas e estabelecimento de texto de Maria Eugenia Boaventura. São Paulo: Globo, 1992.

_____. *Um homem sem profissão: Memórias e confissões. 1890-1919. Sob as ordens de mamãe*. São Paulo: Companhia das Letras, 2019.

ANTELO, Raúl. *Literatura em revista*. São Paulo: Ática, 1984.

ARGAN, Giulio Carlo. *História da arte como história da cidade*. Trad. de Pier Luigi Cabra. 5. ed. São Paulo: Martins Fontes, 2005.

BARTHES, Roland. *Inéditos*. Trad. de Ivone Castilho Benedetti. São Paulo: Martins Fontes, 2005. v. 3: Imagem e moda.

BAUDOT, François. *Poiret*. Paris: Assouline, 1997. (Coleção Mémoire de la Mode).

_____. *Moda do século*. Trad. de Maria Thereza de Rezende Costa. São Paulo: Cosac Naify, 2000.

BOIME, Albert. "Les Hommes d'affaires et les arts en France au 19ème siècle". *Actes de la recherche en sciences sociales — Les fonctions de l'art*, v. 28, pp. 57-75, jun. 1979. Disponível em: <persee.fr/doc/arss_0335-5322_1979_num_28_1_2640>.

BONADIO, Maria Claudia. *Moda e sociabilidade: Mulheres e consumo na São Paulo dos anos 1920*. São Paulo: Editora Senac, 2007.

_____. "O exótico e a moda brasileira". *International Journal of Fashion Studies*, Bristol, v. 1, n. 1, pp. 57-74, abr. 2014.

BONNEY, Thérèse; BONNEY, Louise. *A Shopping Guide to Paris*. Nova York: Robert M. McBride & Company, 1929.

BOPP, Raul. *Movimentos modernistas no Brasil, 1922-1928*. Apresentação de Gilberto Mendonça Telles. Rio de Janeiro: José Olympio, 2012.

BOURDIEU, Pierre. *A produção da crença: Contribuição para uma economia dos bens simbólicos*. 3. ed. Trad. de Maria da Graça Jacintho Setton. Porto Alegre: Zouk, 2014.

BREWARD, Christopher. *The Suit: Form, Function & Style*. Londres: Reaktion, 2016.

BRITO, Mario da Silva. *Ângulo e horizonte: De Oswald de Andrade à ficção científica*. São Paulo: Livraria Martins Editora, 1969.

_____. *Diário intemporal*. Rio de Janeiro: Civilização Brasileira, 1970.

BUENO, Maria Lucia. "O mercado de arte no Brasil em meados do século XX". In: _____. (Org.). *Sociologia das artes visuais no Brasil*. São Paulo: Senac São Paulo, 2012, pp. 75-95.

BUENO, Maria Lucia. "Moda, gênero e ascensão social: As mulheres da alta-costura — de artesãs a profissionais de prestígio". *Dobras*, São Paulo, v. 11, n. 24, pp. 102-30, nov. 2018. Disponível em: <dobras.emnuvens.com.br/dobras/article/view/776/508>.

CALIL, Carlos Augusto. "A mais linda paulista do mundo". São Paulo, *Revista da Biblioteca Mário de Andrade*, v. 64, out. 2008.

_____. "A fotografia que (não) foi feita na Semana". *Folha de S.Paulo*, São Paulo, 13 out. 2019.

CALLAN, Georgina O'Hara. *Enciclopédia da moda: De 1840 à década de 90*. Trad. de Gloria Maria de Mello Carvalho e Maria Ignez França. São Paulo: Companhia das Letras, 2007.

CANDIDO, Antonio. *Recortes*. 1. reimp. São Paulo: Companhia das Letras, 1996.

_____. *Vários escritos*. 4. ed. reorg. pelo autor. Rio de Janeiro: Ouro sobre Azul; São Paulo: Duas Cidades, 2004.

_____. "Prefácio inútil". In: ANDRADE, Oswald. *Um homem sem profissão: Memórias e confissões; 1890-1919; Sob as ordens de mamãe*. São Paulo: Companhia das Letras, 2019.

CHAILLE, François. *L'Abcdaire de la cravate*. Paris: Flammarion, 1999.

CHALMERS, Vera M. "Passagem do inferno". *Remate de Males*: IEL-Unicamp, v. 6, 1986.

CHATAIGNIER, Gilda. *Fio a fio: Tecidos, moda e linguagem*. São Paulo: Estação das Letras, 2006.

CHENOUNE, Farid. *Des Modes et des hommes: Deux siècles d'élégance masculine*. Paris: Flammarion, 1993.

DAVIS, Mary E. *Classic Chic: Music, Fashion and Modernism*. Los Angeles: University of California Press, 2006.

DELBOURG-DELPHIS, Marylene. *Le Chic et le look: Histoire de la mode féminine et des moeurs, de 1850 à nos jours*. Paris: Hachette, 1981.

DELPIERRE, Madeleine. *Le Costume: De 1914 aux années folles*. Paris: Flammarion, 1990.

DEMPSEY, Amy. *Estilos, escolas e movimentos: Guia enciclopédico da arte moderna*. São Paulo: Cosac Naify, 2003.

DESLANDRES, Yvonne. "L'Influence du costume traditionnel sur les creations de Paul Poiret". In: 1 Colloque du Musée de L'Homme — Vêtement et sociètes. 2-3 mar. 1979.

_____. *Paul Poiret*. Paris: Éditions du Regard, 1986.

DESLANDRES, Yvonne; MÜLLER, Florence. *Histoire de la mode au XXe siècle*. Paris: Editions Somogy, 1986.

DIOR, Christian. *Conferências escritas por Christian Dior para a Sorbonne, 1955--1957*. Trad. de Mariana Echalar. São Paulo: Martins Fontes, 2011.

DURAND, José Carlos. *Arte, privilégio e distinção: Artes plásticas, arquitetura e classe dirigente no Brasil, 1855/1985*. São Paulo: Perspectiva; Edusp, 1989.

ESCOLA Senai Eng. Adriano José Marchini; Centro Nacional de Tecnologia em Vestuário. *Terminologia do vestuário*. Pesquisa de Célia Anhesini e Fernanda Queiroz. São Paulo: Senai-SP Editora, 1996.

ENCICLOPÉDIA Einaudi. "v. 32: Soma/psique — corpo". Trad. de Maria Bragança. Lisboa: Imprensa Nacional-Casa da Moeda, 1995.

EULALIO, Alexandre. *A aventura brasileira de Blaise Cendrars: Ensaio, cronologia, filme, depoimentos, antologia, desenhos, conferências, correspondência, traduções*. 2. ed. rev. e ampl. por Carlos Augusto Calil. São Paulo: Edusp; Fapesp, 2001.

FAUSTO, Boris. *História do Brasil*. 14. ed. São Paulo: Edusp, 2012.

FONSECA, Maria Augusta. *Oswald de Andrade: biografia*. 2. ed. São Paulo: Globo, 2007.

FURLANI, Lúcia Maria Teixeira; FERRAZ, Geraldo Galvão. *Viva Pagu: Fotobiografia de Patrícia Galvão*. Santos: Unisanta; São Paulo: Imprensa Oficial do Estado de São Paulo, 2010.

GONTIJO, Silvana. *80 anos de moda no Brasil*. Desenhos de Milene Barbosa. Rio de Janeiro: Nova Fronteira, 1987.

GOTLIB, Nádia Battella. *Tarsila do Amaral: a modernista*. 3. ed. São Paulo: Editora Senac, 2003.

GRUMBACH, Didier. *Histórias da moda*. Trad. de Dorothée de Bruchard, Joana Canêdo, Flávia Varela e Flavia do Lago. São Paulo: Cosac Naify, 2009.

GUILLEMARD, Colette. *Les Mots du costume*. Paris: Belin, 1995.

HOLLANDER, Anne. *O sexo e as roupas: A evolução do traje moderno*. Trad. de Alexandre Tort. Rio de Janeiro: Rocco, 1996.

IANNI, Octavio. *A ideia de Brasil moderno*. São Paulo: Brasiliense, 1992.

INOJOSA, Joaquim. *O movimento modernista em Pernambuco*. Rio de Janeiro: Gráfica Tupy Editora, 1968. v. 2.

JARDIM, Eduardo. *A brasilidade modernista: Sua dimensão filosófica*. Ed. rev. e atual. Rio de Janeiro: PUC-Rio; Ponteio, 2016.

KAWAMURA, Yuniya. *Fashion-ology: An Introduction to Fashion Studies*. Oxford; Nova York: Berg, 2006.

KYBALOVÁ, Ludmila; HERBENOVA, Olga; LAMAROVA, Milena. *Encyclopédie illustrée du costume et de la mode*. Pref. de Claude-Salvy. Trad. de Gilberte Rodrigue. Paris: Gründ, 1989.

KURKDJIAN, Sophie. "D'une Guerre à l'autre: Les femmes et la mode dans l'entre-deux guerres". *Apparence(s): Histoire et culture du paraître*, v. 7, 2017. Disponível em: <journals.openedition.org/apparences/1349>.

LEHMANN, Ulrich. *Tigersprung: Fashion in Modernity*. Cambridge: The MIT Press, 2000.

LIPOVETSKY, Gilles. *O império do efêmero: A moda e seu destino nas sociedades modernas*. Trad. de Maria Lúcia Machado. São Paulo: Companhia das Letras, 2006.

LOOS, Adolf. *Ornamento e crime*. Trad. de Lino Marques. Lisboa: Cotovia, 2004.

LOPEZ, Telê Porto Ancona. "Os modernistas de São Paulo e o circo". *O Estado de S. Paulo*, 26 abr. 1969. Suplemento Literário.

MANSFIELD, Alan; CUNNINGTON, Philis. *Handbook of English Costume in the 20th Century: 1900-1950*. Londres: Faber and Faber Limited, 1973.

MENDES, Valerie; HAYE, Amy de la. *A moda do século XX*. Trad. de Luís Carlos Borges. Rev. téc. de José Luiz Andrade. São Paulo: Martins Fontes, 2009. (Coleção Mundo da Arte).

MICELI, Sergio. *Nacional estrangeiro: História social e cultural do modernismo artístico em São Paulo*. São Paulo: Companhia das Letras, 2003.

MILLIET, Maria Alice. *Tarsila: Os melhores anos*. São Paulo: M10 Editora e Design, 2011.

MINDLIN, José (Org.). *RASM*. São Paulo: Metal Leve, 1984.

MORAES, Rubens Borba de. *Testemunha ocular (recordações)*. Org. e notas de Antonio Agenor Briquet de Lemos. Brasília: Briquet de Lemos, 2011.

MÜLLER, Florence. *Arte & moda*. Trad. de Vera Sílvia Magalhães Albuquerque Maranhão. São Paulo: Cosac Naify, 2000.

NAVA, Pedro. *Beira-mar*. São Paulo: Companhia das Letras, 2013.

NUNES, Benedito. *Oswald canibal*. São Paulo: Perspectiva, 1979.

PAGÈS-DELON, Michèle. *Le Corps et ses apparences: L'Envers du look*. Paris: L'Harmattan, 1989.

PERROT, Philippe. "A riqueza escondida: Por uma genealogia da austeridade das aparências". Trad. de Maria Cristina Volpi. *Dobras*, São Paulo, v. 8, n. 18, 2015. Disponível em: <dobras.emnuvens.com.br/dobras/article/view/98/97>.

PITTA, Fernanda. Tarsila do Amaral, Academia n. 4, 1922. *Blog IMS*. 16 set. 2011. Disponível em: <blogdoims.com.br/tarsila-do-amaral-academia-n-4-1922-por-fernanda-pitta/>.

POIRET, Paul. *En Habillant l'époque*. Paris: Bernard Grasset, 1930.

POLLE, Emmanuelle. *Jean Patou: Une vie sur mesure*. Paris: Flammarion, 2013.

RAMOS, Roberta Fabron. *Feira das Quintas: Crítica e polêmica nas crônicas oswaldianas*. Campinas: IEL-Unicamp, 2008. Dissertação (Mestrado em Teoria e História Literária).

RIBEIRO, Flexa. "Tarsila retardatária". *O Paiz*, Rio de Janeiro, edição 16350, p. 3, 26 jul. 1929. Disponível em: <memoria.bn.br/DocReader/178691_05/39035>.

RIBEIRO, Maria Izabel Branco. "Tarsila: Modernismo e moda nos anos 1920". *Nava*, Juiz de Fora, v. 1, n. 1, pp. 108-27, jul.-dez. 2015. Disponível em: <periodicos.ufjf.br/index.php/nava/article/view/32199/21307>.

RIVIÈRE, Jean-Loup. "Gesto". In: *Enciclopédia Einaudi*. Lisboa: Imprensa Nacional-Casa da Moeda, 1987. v. 11: Oral/escrito-Argumentação.

SANT'ANNA, Mara Rúbia. *Elegância, beleza e poder na sociedade de moda dos anos 50 e 60*. São Paulo: Estação das Letras e Cores, 2014.

SANTIAGO, Silviano. "Permanência do discurso da tradição no modernismo". In: BORNHEIM, Gerd et al., *Cultura brasileira: Tradição/contradição*. Rio de Janeiro: Jorge Zahar, 1987.

SCHOEFFLER, O. E.; GALE, William. *Esquire's Encyclopedia of 20th Century Men's Fashions*. Nova York: McGraw-Hill, 1973.

SCHWARTZ, Jorge. *Fervor das vanguardas: Arte e literatura na América Latina*. São Paulo: Companhia das Letras, 2013.

SIMILI, Ivana Guilherme; BONADIO, Maria Claudia (Orgs.). *Histórias do vestir masculino: Narrativas de moda, beleza, elegância*. Maringá: Eduem, 2017.

SIMIONI, Ana Paula. "Modernismo brasileiro: Entre a consagração e a contestação". *Perspective*, v. 2, 2013. Disponível em: <perspective.revues.org/5539>.

SOUZA, Gilda de Mello e. "Vanguarda e nacionalismo na década de vinte". In: _____. *Exercícios de leitura*. São Paulo: Duas Cidades, 1980, pp. 249-77.

_____. *A ideia e o figurado*. São Paulo: Duas Cidades; Ed. 34, 2005.

_____. *O espírito das roupas: A moda no século XIX*. 2. ed. São Paulo: Companhia das Letras; Ouro sobre Azul, 2019.

STALLYBRASS, Peter. *O casaco de Marx: Roupas, memória, dor*. 3. ed. Trad. de Tomaz Tadeu. Belo Horizonte: Autêntica, 2008.

STEELE, Valerie. "Fashion". In: GECZY, Adam; KARAMINAS, Vicki. *Fashion and Art*. Londres: Bloomsbury Academic, 2013.

STERN, Radu. *Against Fashion: Clothing as Art, 1850-1930*. Cambridge: The MIT Press, 2004.

SÜSSEKIND, Flora. "O figurino e a forja". In: _____. *Papéis colados*. Rio de Janeiro: Editora UFRJ, 1993.

TAYLOR, Lou. *The Study of Dress History*. Manchester: Manchester University Press, 2002.

_____. *Establishing Dress History*. Manchester: Manchester University Press, 2004.

TEIXEIRA, Lucia. "Tarsila do Amaral, musa do modernismo". *Itinerários*, Araraquara, n. 14, 1999, pp. 43-57. Disponível em: <periodicos.fclar.unesp.br/itinerarios/article/view/3383>.

TROY, Nancy. *Couture Culture: A Study in Modern Art and Fashion*. Cambridge: The MIT Press, 2003.

VELOSO, Caetano. "Antropofagia". In: _____. *Verdade tropical*. Ed. comemorativa. São Paulo: Companhia das Letras, 2017.

VOLLI, Ugo. "¿Semiótica de la moda, semiótica del vestuario?". *deSignis*, Rosario; Lille, n. 1, pp. 57-69, set. 2001.

VOLPI, Maria Cristina. "As roupas pelo avesso: Cultura material e história social do vestuário". IX Colóquio de Moda, 2013, acesso on-line.

_____. *Estilo urbano: Modos de vestir na primeira metade do século XX no Rio de Janeiro*. São Paulo: Estação das Letras e Cores, 2018.

WHITE, Palmer. *Poiret, o magnífico: O destino de um grande costureiro*. Trad. de Bertha Halpern Gurovitz e Yvonne Felice Gonçalvez. São Paulo: Globo, 1990.

WILSON, Elizabeth. *Enfeitada de sonhos: Moda e modernidade*. Trad. de Maria João Freire. Lisboa: Edições 70, 1989.

ZANON Johanna. "Une Robe nommée désir: Contribution à la titrologie de mode dans l'entre-deux guerres". *Livraisons de l'histoire de l'architecture* [En ligne], v. 27, pp. 129-52, 2014. Disponível em: <lha.revues.org/384>.

ZDATNY, Steven. "The Boyish Look and the Liberated Woman: The Politics and Aesthetics of Women's Hairstyles". *Fashion Theory*, Londres, v. 1, n. 4, pp. 367-98, 1997.

ZILIO, Carlos. *A querela do Brasil: A questão da identidade da arte brasileira — a obra de Tarsila, Di Cavalcanti e Portinari, 1922-1945*. 2. ed. Rio de Janeiro: Relume-Dumará, 1997.

catálogos de exposições

BRASIL: 1º TEMPO MODERNISTA — 1917/29. Documentação BATISTA, Marta Rossetti; LOPEZ, Telê Porto Ancona; LIMA, Yone Soares de. São Paulo: IEB, 1972.

EUROPE: 1910-1939, quand l'art habillait le vêtement. Paris: Éditions des musées de la Ville de Paris, 1997. Catálogo da exposição realizada no Musée de la Mode et du Costume, Palais Galliera, em 1997.

IMAGINÁRIOS SINGULARES. São Paulo: Fundação Bienal de São Paulo, 1987. Catálogo da exposição realizada no Pavilhão da Bienal de São Paulo, Parque Ibirapuera, 2 out.-13 dez. 1987.

LES ANNÉES FOLLES: 1919-1929. Paris: Paris Musées, 2007. Catálogo da exposição realizada no Museu Galliera, 20 out. 2007-29 fev. 2008.

PAUL POIRET ET NICOLE GROULT: Maîtres de la Mode Art Déco. Paris: Paris Musées, 1986. Catálogo da exposição realizada no Museu Palais Galliera, de 5 jul.-12 out. 1986.

POIRET. Catálogo da exposição realizada no Metropolitan Museum of Art, em Nova York, 9 maio-5 ago. 2007. New Haven; Londres: Yale University Press, 2007.

ROMAN D'UNE GARDE-ROBE: le chic d'une parisienne de la belle époque aux années 30. Paris: Paris Musées, 2013. Catálogo da exposição realizada no Museu Carnavalet, 17 out. 2013-16 mar. 2014.

TARSILA ANOS 20. Catálogo da exposição. Galeria de Arte do SESI, São Paulo, 29 set.-30 nov.1997. Curadoria e organização do catálogo de Sônia Salzstein. São Paulo: Página Viva, 1997.

TARSILA DO AMARAL: Inventing Modern Art in Brazil. New Haven: Yale University Press, 2017. Catálogo de exposição realizada no Museu de Arte Moderna de Nova York (MoMa), 11 fev. 2018-3 jun. 2018.

TARSILA POPULAR. São Paulo: Museu de Arte de São Paulo Assis Chateaubriand, 2019. Catálogo da exposição realizada no MASP, 5 abr.-28 jul. 2019.

TARSILA VIAJANTE. Catálogo de exposição. Apresentação Marcelo Mattos Araujo e Eduardo Costantini. Textos Aracy Abreu Amaral e Regina Teixeira de Barros. São Paulo: Pinacoteca do Estado, 2008.

TOUCHES D'EXOTISME: XIVe — XXe siècles. Paris: Union Centrale des Arts Décoratifs; Musée de la mode et du textile, 1998. Catálogo da exposição realizada no Museu de Artes Decorativas de Paris, 24 jan. 1998-1 mar. 1999.

notas

apresentação [pp. 15-25]

1. Eduardo Jardim, *A brasilidade modernista: Sua dimensão filosófica*. Ed. rev. e atual. Rio de Janeiro: PUC-Rio; Ponteio, 2016.

2. Tomo de empréstimo a expressão usada por Gonzalo Aguilar e Mario Cámara em *A máquina performática: A literatura no campo experimental*. Trad. de Gênese Andrade. Rio de Janeiro: Rocco, 2017.

3. Gilda de Mello e Souza, *O espírito das roupas: A moda no século XIX*. 2. ed. São Paulo: Companhia das Letras; Ouro sobre Azul, 2019, p. 41.

4. Em 18 de novembro de 1925, quase um ano depois de vender parte de sua *maison* para uma associação de banqueiros, Paul Poiret, de modo a sanar suas dívidas, fez um leilão da sua coleção de arte, que ostentava obras de Derain, Van Dongen, Henri Doucet, Raoul Dufy, Fauconnet, Fournier, La Fresnaye, Othon Friesz, Max Jacob, Modigliani, Picabia, Picasso, Vera Rockline, Gaston Thiesson, Truchet, Utrillo, Vuillard, entre outros. Ver o catálogo da exposição *Paul Poiret et Nicole Groult: Maîtres de la Mode Art Déco* (Paris: Paris Musées, 1986, p. 205).

5. Mário da Silva Brito, *Diário intemporal*, p. 6.

6. Antonio Candido publicou a carta de Rudá de Andrade em *Vários escritos*, pp. 63-4. Ana Paula Simioni, em "Modernismo brasileiro: Entre a consagração e a contestação", ressalta que, "por sua importância literária, estética e também política, a obra de Antonio Candido desempenhou um papel fundamental na veiculação da concepção do modernismo como um modelo canônico para o Brasil" (*Perspective*, v. 2, 2013, p. 7. Disponível em: <perspective.revues.org/5539>).

7. Depoimento de Antonieta Marília de Andrade ao Museu da Imagem e do Som de São Paulo. *Entrevista de Antonieta Marília de Andrade*, 21 jun. 1990, n. do item 00387COA00035AD.

8. Caetano Veloso, "Antropofagia". In: _____. *Verdade tropical*. Ed. comemorativa. São Paulo: Companhia das Letras, 2017, p. 260.

9. Segundo Ana Paula Cavalcanti Simioni, op. cit., e Maria Lucia Bueno, "O mercado de arte no Brasil em meados do século XX". In: _____. (Org.). *Sociologia das artes visuais no Brasil*. São Paulo: Senac São Paulo, 2012, pp. 75-95.

10. Carlos Drummond de Andrade, "De Aiuruoca a Vigário Geral". *Correio da Manhã*, 3 abr. 1973.

11. Sônia Salzstein, "A saga moderna de Tarsila". *Tarsila anos 20.* Catálogo de exposição realizada na Galeria de Arte do Sesi, São Paulo, 29 set. 1997-30 nov. 1997, p. 9.

12. Ibid., p. 11.

13. Reproduzida em Tarsila do Amaral, *Crônicas e outros escritos de Tarsila do Amaral.* Org. de Laura Taddei Brandini. Campinas: Editora da Unicamp, 2008, pp. 509-11.

14. Sônia Salzstein, op. cit., p. 9.

1. "minha adorada mamãe" [pp. 27-39]

1. Oswald de Andrade, *Um homem sem profissão: Memórias e confissões; 1890-1919; Sob as ordens de mamãe.* São Paulo: Companhia das Letras, 2019, pp. 49-50. *Um homem sem profissão* seria o título do conjunto de quatro narrativas autobiográficas que Oswald de Andrade deixou inconcluso quando morreu, em outubro de 1954.

2. Ibid., p. 28.

3. Ibid., p. 29.

4. Ibid., p. 19.

5. Antonio Candido, "Prefácio inútil". In: Oswald de Andrade, *Um homem sem profissão*, p. 12.

6. José Oswald de Andrade, "Carta a Oswald de Andrade", São Paulo, 14 abr. 1912, CEDAE-Unicamp, Fundo Oswald de Andrade, n. do item BR UNICAMP IEL/CEDAE OA 02 2 00150.

7. *O Pirralho* foi a revista fundada por Oswald de Andrade em agosto de 1911. José Oswald de Andrade, "Cartão-postal a Oswald de Andrade", São Paulo, 18 jul. 1912, CEDAE-Unicamp, Fundo Oswald de Andrade, n. do item BR UNICAMP IEL/CEDAE OA 02 2 00177.

8. Oswald de Andrade, *Um homem sem profissão*, p. 67.

9. Ibid., p. 55.

10. Ibid., p. 31.

11. Ibid., p. 43.

12. "Recado de Dona Inês", São Paulo, 22 abr. 1912, CEDAE-Unicamp, Fundo Oswald de Andrade, n. do item BR UNICAMP IEL/CEDAE OA 02 2 00154.

13. Oswald de Andrade, "A minha adorada mamãe", 1912, CEDAE-Unicamp, Fundo Oswald de Andrade, n. do item BR UNICAMP IEL/CEDAE OA 02 2 00071.

14. José Oswald de Andrade, "Carta a Oswald de Andrade", São Paulo, 3 abr. 1912, CEDAE-Unicamp, Fundo Oswald de Andrade, n. do item BR UNICAMP IEL/CEDAE OA 02 2 00148.

15. José Oswald de Andrade, "Carta a Oswald de Andrade", São Paulo, 25 maio 1912, CEDAE-Unicamp, Fundo Oswald de Andrade, n. do item BR UNICAMP IEL/CEDAE OA 02 2 00164.

16. Foram consultadas as seguintes cartas no CEDAE-Unicamp, Fundo Oswald de Andrade: "Recado de Dona Inês", São Paulo, 22 abr. 1912, n. do item BR UNICAMP IEL/CEDAE OA 02 2 00154; "Carta a Oswald de Andrade", São Paulo, 14 jul. 1912, n. do item BR UNICAMP IEL/CEDAE OA 02 2 00174; "Carta a Oswald de Andrade", São Paulo, 18 jul. 1912, n. do item BR UNICAMP IEL/CEDAE OA 02 2 00176; "Carta a Oswald de Andrade", São Paulo, 19 jul. 1912, n. do item BR UNICAMP IEL/CEDAE OA 02 2 00178.

17. "Carta a Oswald de Andrade", São Paulo, 19 jul. 1912, CEDAE-Unicamp, Fundo Oswald de Andrade, n. do item BR UNICAMP IEL/CEDAE OA 02 2 00178.

18. "Oswald de Andrade", 4 mar. 1912, Museu da Imagem e do Som de São Paulo, n. do item 00133MOD001040FTA.

19. Pedro Nava, *Beira-mar*. São Paulo: Companhia das Letras, 2013, pp. 245-7.

20. Oswald de Andrade, *Um homem sem profissão*, p. 93.

21. Ibid., p. 95.

2. nêmesis, sibila, musa, tarsila [pp. 41-57]

1. "Tarsila do Amaral", *IstoÉ: O brasileiro do século*. São Paulo: Editora Três, 2000.

2. Diz o texto da matéria: "Conhecendo Tarsila do Amaral e toda sua obra, Araci [sic] Amaral começou a trabalhar com a artista em junho de 1966. Utilizou o que ela mesma chama de 'processo analítico' fazendo visitas semanais sempre ao mesmo dia e hora, durante muito tempo. Isto permitiu a familiarização das duas e depois a intimidade. O entusiasmo e a boa memória de Tarsila, seu cuidado em guardar tudo, absolutamente tudo — bilhetes, cartas, telegramas, flores, rolhas de champanha — tornaram esse contato mais rendoso". *Jornal do Brasil*, Rio de Janeiro, 20 abr. 1969.

3. A exposição Tarsila do Amaral: Inventing Modern Art in Brazil foi inaugurada no Instituto de Arte de Chicago e teve duração de 8 de outubro de 2017 a 7 de janeiro de 2018. De lá, a mostra seguiu para o MoMA. Cabe destacar que a tela *A lua* (1928) foi a primeira obra de Tarsila comprada pelo MoMA, em fevereiro de 2019.

4. Mário de Andrade e Tarsila do Amaral, *Correspondência Mário de Andrade & Tarsila do Amaral*. Org., intr. e notas de Aracy do Amaral. São Paulo: Edusp; IEB, 2001, pp. 57-8.

5. *Jornal do Brasil*, Rio de Janeiro, 20 abr. 1969.

6. Gilda de Mello e Souza, "Vanguarda e nacionalismo na década de vinte". In: ____. *Exercícios de leitura*. São Paulo: Duas Cidades, 1980, pp. 249-77.

7. Lucia Teixeira, "Tarsila do Amaral, musa do modernismo". *Itinerários*, Araraquara, n. 14, 1999, pp. 43-57. Disponível em: <periodicos.fclar. unesp.br/itinerarios/article/view/3383>.

8. O depoimento de Maria de Lourdes do Amaral Faccio está reproduzido em Nádia Battella Gotlib, *Tarsila do Amaral: a modernista* (3. ed. São Paulo: Editora Senac, 2003, p. 27).

9. Aracy Amaral, *Tarsila: sua obra e seu tempo*. 3. ed. São Paulo: Ed. 34; Edusp, 2010, pp. 45-6.

10. Tarsila do Amaral, *Crônicas e outros escritos de Tarsila do Amaral*, pp. 725-6.

11. Depoimento de Maria de Lourdes do Amaral Faccio, reproduzido em Nádia Battella Gotlib, op. cit., p. 35.

12. Nascido em 13 de maio de 1855, José Estanislau do Amaral morreu em 1947. Crônica publicada no *Diário de S.Paulo* em 20 nov. 1949 e reproduzida em Tarsila do Amaral, *Crônicas e outros escritos de Tarsila do Amaral*, pp. 651-4.

13. Todos os grifos são de Tarsila. As cartas trocadas entre Tarsila do Amaral e Anita Malfatti estão no Arquivo IEB-USP, Fundo Aracy Abreu Amaral.

14. O depoimento de Tarsila do Amaral ao Museu da Imagem e do Som de São Paulo, concedido em 13 de maio de 1971, n. do item 00133MOD00001AD, está disponível no site do MIS, em duas partes: <acervo.mis-sp.org.br/audio/depoimento-de-tarsila-do-amaral-parte-12> (parte 1) e <acervo.mis--sp.org.br/audio/depoimento-de-tarsila-do-amaral-3> (parte 2).

15. Arquivo IEB-USP, Fundo Aracy Abreu Amaral, n. do item AAA-TA--CT1-014. O grifo é de Tarsila.

16. Giulio Carlo Argan, *História da arte como história da cidade*. Trad. de Pier Luigi Cabra. 5. ed. São Paulo: Martins Fontes, 2005, p. 43.

17. Elizabeth Wilson, *Enfeitada de sonhos: Moda e modernidade*. Trad. de Maria João Freire. Lisboa: Edições 70, 1989, p. 192.

18. Tarsila do Amaral, *Crônicas e outros escritos de Tarsila do Amaral*, p. 727.

19. Ibid., p. 727.

20. Publicada originalmente como "Recordações de Paris" em *Habitat — Revista das Artes no Brasil* (São Paulo, n. 6, 1952) e reproduzida em Tarsila do Amaral, *Crônicas e outros escritos de Tarsila do Amaral*, p. 731.

21. Tarsila do Amaral, *Crônicas e outros escritos de Tarsila do Amaral*, p. 700.

22. Maria Alice Milliet, *Tarsila: Os melhores anos*. São Paulo: M10 Editora e Design, 2011, p. 7.

3. "aquele fogo interior" [pp. 59-67]

1. Oswald de Andrade, *Um homem sem profissão*, p. 131.
2. Paulo Mendes de Almeida, *De Anita ao museu*. São Paulo: Conselho Estadual de Cultura; Comissão de Literatura, 1961, pp. 6-8.
3. Oswald de Andrade, *Um homem sem profissão*, p. 161.
4. Conforme Eduardo Jardim, op. cit.
5. Octavio Ianni, *A ideia de Brasil moderno*. São Paulo: Brasiliense, 1992, p. 24.
6. Depoimento reproduzido em Aracy Amaral, *Artes plásticas na Semana de 22*. São Paulo: Ed. 34, 1998, p. 128.
7. Emiliano Di Cavalcanti, *Viagem da minha vida: O testamento da alvorada*, citado por Aracy Amaral, *Artes plásticas na Semana de 22*, p. 129.
8. Mário da Silva Brito, *Ângulo e horizonte: De Oswald de Andrade à ficção científica*. São Paulo: Livraria Martins Editora, 1969, p. 11.
9. Pedro Nava, op. cit., p. 244.
10. Tarsila do Amaral, "Recordações de Paris". Reproduzido em Tarsila do Amaral, *Crônicas e outros escritos de Tarsila do Amaral*, pp. 731-6.
11. Menotti del Picchia assina Helios na coluna "Crônica Social", publicada no jornal *Correio Paulistano*. São Paulo, 1º set. 1922. Disponível em: <memoria.bn.br/DocReader/090972_07/9555>.
12. Joaquim Inojosa, "Os 'novos' de São Paulo", *Jornal do Comércio*, Recife, 3 abr. 1925; *ABC*, Rio de Janeiro, 25 abr. 1925. Trechos reproduzidos em Aracy Amaral, *Tarsila: sua obra e seu tempo*, p. 72.
13. Mário de Andrade e Tarsila do Amaral, op. cit., p. 51.
14. As cartas enviadas por Oswald de Andrade a Mário de Andrade estão no Arquivo do IEB-USP, Fundo Mário de Andrade, n. do item MA-C--CPL599. *Correspondência Mário de Andrade & Oswald de Andrade*. Org. de Gênese Andrade. São Paulo: Edusp; IEB-USP, no prelo.

4. etiqueta modernista: modos de usar [pp. 69-81]

1. Mário de Andrade e Manuel Bandeira, *Correspondência Mário de Andrade & Manuel Bandeira*. Org., intr. e notas de Marcos Antonio de Moraes. São Paulo: Edusp; IEB, 2000, p. 148.
2. Philippe Perrot, "A riqueza escondida: Por uma genealogia da austeridade das aparências". Trad. de Maria Cristina Volpi. *Dobras*, São Paulo, v. 8, n. 18, pp. 145-8, 2015.
3. Adolf Loos, *Ornamento e crime*. Trad. de Lino Marques. Lisboa: Cotovia, 2004, p. 122.

. Agradeço à professora Telê Ancona Lopez pela conversa que tivemos por e-mail sobre essa fotografia.

5. O modelo do chapéu-coco que conhecemos foi criado pelos irmãos Thomas e William Bowler, daí o nome *bowler*. É, portanto, uma criação essencialmente inglesa, de meados do século XIX.

6. Paulo Mendes de Almeida, op. cit., p. 27.

7. Mário da Silva Brito, *Diário intemporal*. Rio de Janeiro: Civilização Brasileira, 1970, p. 155.

8. De acordo com as informações apuradas por Carlos Augusto Calil em "A fotografia que (não) foi feita na Semana" (*Folha de S.Paulo*, São Paulo, 13 out. 2019). O artigo foi retificado pelo ensaio "Paulo Prado no centro [da fotografia que não é] da Semana de Arte Moderna" (no prelo, editora Sesc).

9. A fotografia sem cortes é facilmente encontrada na internet. Por exemplo, no site do Museu da Imagem e do Som de São Paulo, no seguinte endereço: <acervo.mis-sp.org.br/fotografia/almoco-realizado-no-antigo-hotel-terminus-vendo-se-da-esquerda-para-direita-couto-de>.

10. Ibid.

11. François Chaille, *L'Abcdaire de la cravate*. Paris: Flammarion, 1999, p. 88. Tradução livre.

12. Joaquim Inojosa, *O movimento modernista em Pernambuco*. Rio de Janeiro: Gráfica Tupy Editora, 1968, pp. 48-9. v. 2.

13. Jean-Loup Rivière, "Gesto". In: *Enciclopédia Einaudi*. Lisboa: Imprensa Nacional-Casa da Moeda, 1987, p. 11. v. 11: Oral/escrito-Argumentação.

14. Oswald de Andrade, *Obras completas*. 2. ed. Intr. de Benedito Nunes. Rio de Janeiro: Civilização Brasileira, 1970, p. 9. v. VI: Do pau-brasil à antropofagia e às utopias (Manifestos, teses de concurso e ensaios).

5. oswalds [pp. 83-95]

1. Antonio Candido, *Vários escritos*. 4. ed. reorg. pelo autor. Rio de Janeiro: Ouro sobre Azul; São Paulo: Duas Cidades, 2004, p. 48.

2. Ibid., p. 48.

3. Oswald de Andrade, *Um homem sem profissão*, p. 68.

4. Citado por Raúl Antelo, *Literatura em revista*. São Paulo: Ática, 1984, p. 334.

5. Antonio Candido, *Recortes*. 1. reimp. São Paulo: Companhia das Letras, 1996, p. 37.

6. Oswald de Andrade, *Os dentes do dragão: Entrevistas*. Pesq., org., intr. e notas de Maria Eugenia Boaventura. São Paulo: Globo; Secretaria de Estado da Cultura, 1990, p. 230.

7. "Apesar de todas as oficiais reconciliações e palinódias, guardo um íntimo

horror pela mentalidade da nossa escola de Direito. Por instinto e depois conscientemente, sempre repeli esse Direito ali ensinado para engrossar a filosofia do roubo que caracteriza o capitalismo." Oswald de Andrade, *Um homem sem profissão*, p. 69.

8. José Oswald de Andrade, "Carta a Oswald de Andrade", São Paulo, jun. 1916, CEDAE-Unicamp, Fundo Oswald de Andrade, n. do item BR UNICAMP IEL/CEDAE OA 02 2 00192.

9. Farid Chenoune, *Des Modes et des hommes: Deux siècles d'élégance masculine*. Paris: Flammarion, 1993, p. 148.

10. Rubens Borba de Moraes, *Testemunha ocular (recordações)*. Org. e notas de Antonio Agenor Briquet de Lemos. Brasília: Briquet de Lemos, 2011, p. 170.

11. Esse documento pode ser consultado no Centro de Documentação Alexandre Eulalio, Unicamp, Fundo Oswald de Andrade, n. do item OA 01 00008.

12. Oswald de Andrade, "Carta a Tarsila do Amaral", Paris, 9 fev. 1925, CEDAE--Unicamp, Fundo Oswald de Andrade, n. do item BR UNICAMP IEL/CEDAE OA 02 1 00079.

13. Citado em Radu Stern, *Against Fashion: Clothing as Art, 1850-1930* (Cambridge: The MIT Press, 2004, p. 181).

14. Ibid., p. 64.

15. F. Scott Fitzgerald, *O grande Gatsby*. Trad. de Vanessa Barbara. São Paulo: Penguin-Companhia, 2011, p. 154.

16. Publicado em dezembro de 1927 no n. 4 da revista *Verde*, de Cataguases.

17. Gênese Andrade, "Amizade em mosaico: A correspondência de Oswald a Mário de Andrade". *Teresa: Revista de Literatura Brasileira*, São Paulo, n. 8-9, p. 162, 2008. Disponível em: <revistas.usp.br/teresa/article/view/ 116698/ 114261>.

18. Oswald de Andrade, "Para ser lida e gozada numa 3ª feira", Lisboa, 29 jan. 1923, Arquivo IEB-USP, Fundo Mário de Andrade, n. do item MA-C-CPL594.

19. Grifos do autor. Carta com data de 1 dez. 1924. Mário de Andrade e Tarsila do Amaral, op. cit., p. 86.

20. Carta com data de 26 set. 1928. Mário de Andrade e Manuel Bandeira, op. cit., p. 406.

21. Maria Augusta Fonseca, *Oswald de Andrade: biografia*. 2. ed. São Paulo: Globo, 2007, p. 183.

22. Mário de Andrade, *O turista aprendiz*. Estabelec. de texto, intr. e notas de Telê Porto Ancona Lopez. Belo Horizonte: Itatiaia, 2002, pp. 174-6.

23. Mário da Silva Brito, *Ângulo e horizonte*, p. 15.

24. Mário de Andrade, *Aspectos da literatura brasileira*. 6. ed. São Paulo: Livraria Martins Editora, 1978, p. 237.

6. a grife tarsiwald [pp. 97-113]

1. Tarsila do Amaral, "Aos pais adorados", Paris, abr. 1923, Arquivo IEB-USP, Fundo Aracy Abreu Amaral, n. do item AAA-TA-CT1-010.
2. Ibid.
3. Nádia Battella Gotlib, op. cit., p. 89.
4. "Blaise Cendrars", crônica de Tarsila publicada no *Diário de S.Paulo*, em 19 out. 1938 e reproduzida em Tarsila do Amaral, *Crônicas e outros escritos de Tarsila do Amaral*, pp. 352-5.
5. Tarsila do Amaral, "Aos pais adorados", Paris, 11 jun. 1923, Arquivo IEB-USP, Fundo Aracy Abreu Amaral, n. do item AAA-TA-CT1-009.
6. Id., "Aos pais adorados", Paris, 22 jul. 1923, Arquivo IEB-USP, Fundo Aracy Abreu Amaral, n. do item AAA-TA-CT1-007.
7. Id., "Aos pais adorados", Roma, 21 ago. 1923, Arquivo IEB-USP, Fundo Aracy Abreu Amaral, n. do item AAA-TA-CT1-006.
8. Id., "Aos pais adorados", Paris, 29 set. 1923, Arquivo IEB-USP, Fundo Aracy Abreu Amaral, n. do item AAA-TA-CT1-005.
9. Id., "Aos pais adorados", Paris, 29 set. 1923, Arquivo IEB-USP, Fundo Aracy Abreu Amaral, n. do item AAA-TA-CT1-005.
10. Id., "Aos pais adorados", Paris, 8 out. 1923, Arquivo IEB-USP, Fundo Aracy Abreu Amaral, n. do item AAA-TA-CT1-002.
11. Id., "Aos pais adorados", Paris, 13 out. 1923, Arquivo IEB-USP, Fundo Aracy Abreu Amaral, n. do item AAA-TA-CT1-004.
12. Id., "Carta para a mãe", Paris, 31 out. 1923, Arquivo IEB-USP, Fundo Aracy Abreu Amaral, n. do item AAA-TA-CT1-003.
13. Citada por Aracy Amaral em *Tarsila: sua obra e seu tempo*, p. 139.
14. Tarsila do Amaral, "Aos pais adorados", Paris, 20 jun. 1923, Arquivo IEB-USP, Fundo Aracy Abreu Amaral, n. do item AAA-TA-CT1-013.
15. Id., "Carta para a mãe", Paris, 31 out. 1923, Arquivo IEB-USP, Fundo Aracy Abreu Amaral, n. do item AAA-TA-CT1-003.
16. Ibid.
17. Sergio Miceli, *Nacional estrangeiro: História social e cultural do modernismo artístico em São Paulo*. São Paulo: Companhia das Letras, 2003, pp. 129-30.
18. Pierre Bourdieu, *A produção da crença: Contribuição para uma economia dos bens simbólicos*. 3. ed. Trad. de Maria da Graça Jacintho Setton. Porto Alegre: Zouk, 2014, p. 160.
19. "Minha querida mamãe", carta transcrita no livro de Aracy Amaral, *Tarsila: sua obra e seu tempo*, pp. 407-8.
20. Apud Aracy Amaral, *Tarsila: sua obra e seu tempo*, p. 103.

21. Ibid.

22. Sergio Miceli, op. cit., p. 130.

23. Oswald de Andrade, "Carta a Mário de Andrade", Paris, abr. 1923, Arquivo IEB-USP, Fundo Mário de Andrade, n. do item MA-C-CPL601.

24. De acordo com a cronologia escrita por Carlos Augusto Calil e publicada em Alexandre Eulalio, *A aventura brasileira de Blaise Cendrars: Ensaio, cronologia, filme, depoimentos, antologia, desenhos, conferências, correspondência, traduções*. 2. ed. rev. e ampl. por Carlos Augusto Calil. São Paulo: Edusp; Fapesp, 2001, pp. 261-364.

25. Eduardo Jardim, op. cit., p. 66.

26. Na verdade, em 1924 Tarsila do Amaral completou 38 anos.

27. Pedro Nava, op. cit., p. 250. Carlos Drummond de Andrade, que esteve com eles no Grande Hotel, em Belo Horizonte, e que havia convocado uma rapaziada — em que se incluía Pedro Nava — para ver os paulistas, assim se lembraria do encontro com a "caravana modernista" e da sensação de conhecer Mário de Andrade pessoalmente: "Fomos visitá-la [a caravana modernista] no fim do jantar, quando um francês de braço cortado, Blaise Cendrars, conversava com Mário e Oswald de Andrade, Gofredo Teles (pai), Tarsila do Amaral e um garoto que viria a ser o pintor Oswald de Andrade Filho. Essa turminha movimentada fora visitar as cidades históricas do ouro e voltaria para São Paulo no dia seguinte bem cedo. Já não lembro do que falamos: de tudo. As respostas de Mário às nossas inquietações eram ruas que se abriam, perspectivas, ideias, tudo novo, provocante. Uma coisa é a ideia literária no papel, abstração mais ou menos atraente; outra é o movimento corporal, a ideia que agita os braços, ri, careteia súbito fica séria, crava sua lâmina na gente, pela voz e pelo gesto. Dessa viagem a Minas saíram os poemas pau-brasil de Oswald, o 'Noturno de Belo Horizonte', de Mário, as cores coloniais, tão subversivas para o tempo, de Tarsila, alguns poemas de Cendrars. Para nós — para mim — seria a descoberta de Mário de Andrade, logo explorada em profundidade nas cartas que lhe mandávamos, e que ele respondia com a extensão e a força de um rio ordenado...". Carlos Drummond de Andrade, "A caravana passa". *Correio da Manhã*, Rio de Janeiro, 22 maio 1968, Segundo Caderno, p. 1.

28. A correspondência trocada entre Tarsila do Amaral e Oswald de Andrade datada de 1924 está reproduzida no livro de Aracy Amaral, *Tarsila: sua obra e seu tempo*. Esta carta de Tarsila enviada a Oswald consta na página 171.

29. Aracy Amaral, *Tarsila: sua obra e seu tempo*, p. 174.

30. Ibid., p. 174.

31. Ibid., p. 173.

32. Ibid., p. 175.

33. Ibid., p. 175.

34. Ibid., p. 176.

35. Maria Lucia Bueno, "Moda, gênero e ascensão social", p. 112.

36. Apud Aracy Amaral, *Tarsila: sua obra e seu tempo*, p. 184.

37. Rubens Borba de Moraes, op. cit., p. 170.

38. Aracy Amaral, *Tarsila: sua obra e seu tempo*, p. 184.

39. Aracy Amaral, "As artes plásticas (1917-1930)". In: Affonso Ávila (Org.), *O modernismo*. São Paulo: Perspectiva, 1975, p. 125.

40. Aracy Amaral, *Tarsila: sua obra e seu tempo*, p. 226.

41. Conforme texto do catálogo da exposição Paul Poiret et Nicole Groult, 1986, p. 190.

42. Ibid., p. 183.

43. José Carlos Durand, *Arte, privilégio e distinção: Artes plásticas, arquitetura e classe dirigente no Brasil, 1855/1985*. São Paulo: Perspectiva; Edusp, 1989, p. 82. O artigo de Albert Boime a que Durand se refere foi publicado em *Actes de la recherche en sciences sociales — Les fonctions de l'art*, v. 28, pp. 57-75, jun. 1979. Disponível em: <persee.fr/doc/arss_0335-5322_1979_num_28_1_2640>.

44. Albert Boime, op. cit., p. 67.

7. madame tarsila de andrade [pp. 115-31]

1. Maria Lucia Bueno, "Moda, gênero e ascensão social", pp. 102-30.

2. Esses documentos podem ser consultados nos Arquivos de Paris, os modelos de objetos de vestuário de inúmeras casas de alta-costura registrados entre 1881 e 1950, mas, em maior número, entre 1917 e 1937. Os registros nos *dépôts de modèles* da *maison* Paul Poiret começam em junho de 1919 e terminam em março de 1928.

3. Conheço três recibos da *maison* Paul Poiret em nome de Tarsila. Não tive acesso aos originais, somente por meio da publicação desses documentos em livros. O mais antigo, com data de 18 de dezembro de 1924, não apresenta a lista dos itens comprados e é endereçado a "Madame De Amaral". Foi reproduzido no livro de Aracy Amaral, *Tarsila: sua obra e seu tempo*, p. 173. Os outros dois recibos, de 20 de abril de 1927 e 17 de julho de 1928, têm a lista das compras e são em nome de "Madame Tarsila de Andrade". O de abril de 1927 também está publicado no livro de Aracy Amaral, p. 226, apenas a segunda e última página, onde consta a soma total das compras e as contas do casal na *maison*. O de julho de 1928 pôde ser reconstituído integralmente. Apesar de suas pági-

nas estarem publicadas de maneira dispersa, foi possível montá-lo a partir da data da emissão. A primeira folha do recibo foi reproduzida no livro *Tarsila do Amaral*, produzido e editado pela Fundação Finambrás em homenagem aos cinquenta anos do Museu de Arte Moderna de São Paulo, com textos de Aracy Amaral, 1998, p. 206. Já a segunda pode ser consultada tanto no livro de Nádia Battella Gotlib, op. cit., p. 155, quanto na obra *Tarsila por Tarsila*, escrita pela sobrinha-neta da artista, Tarsila do Amaral (São Paulo: Celebris, 2004, p. 138).

4. Aracy Amaral, *Tarsila: sua obra e seu tempo*, p. 227.

5. Para calcular o valor em euros, usou-se o conversor franco-euro disponível no site do Institut national de la statistique et des études économiques (Insee): <www.insee.fr/fr/information/2417794>.

6. De acordo com Sergio Miceli, op. cit., p. 26.

7. A viagem a que Dulce se refere é aquela que eles fizeram ao Norte da África e à Grécia no início de 1926. A carta de Dulce à família, datada de 27 de fevereiro de 1926, foi reproduzida em Aracy Amaral, *Tarsila: sua obra e seu tempo*, 2010, p. 222.

8. Thérèse Bonney e Louise Bonney, *A Shopping Guide to Paris*. Nova York: Robert M. McBride & Company, 1929, pp. v-vi.

9. A carta a Tristão de Athayde foi depois reproduzida na crônica "Um documento", publicada na coluna "Feira das Quintas" (*Jornal do Commercio*, São Paulo, 7 abr. 1927). Consultada em Roberta Fabron Ramos, *Feira das Quintas: Crítica e polêmica nas crônicas oswaldianas*. Campinas: IEL-Unicamp, 2008, p. 197. Dissertação (Mestrado em Teoria e História Literária).

10. Oswald de Andrade, *Um homem sem profissão*, p. 93.

11. Conforme o texto de Sylvie Legrand-Rossi no catálogo da exposição Touches d'Exotisme: XIVe-XXe siècles, realizada no Museu de Artes Decorativas de Paris, no período 24 jan. 1998-1 mar. 1999 (Paris: Union Centrale des Arts Décoratifs; Musée de la moda et du textile, 1998, p. 114).

12. Maria Lucia Bueno, "Moda, gênero e ascensão social", pp. 121-2.

13. Conforme Amy Dempsey em *Estilos, escolas e movimentos: Guia enciclopédico da arte moderna*. São Paulo: Cosac Naify, 2003, p. 136.

14. De acordo com o catálogo da exposição Paul Poiret et Nicole Groult: Maîtres de la Mode Art Déco (Paris: Paris Musées, 1986, p. 184), realizada no Museu Palais Galliera, no período 5 jul.-12 out. 1986.

15. Yvonne Deslandres, *Paul Poiret*. Paris: Éditions du Regard, 1986, p. 150.

16. De acordo com Palmer White, *Poiret, o magnífico: O destino de um grande costureiro*. Trad. de Bertha Halpern Gurovitz e Yvonne Felice Gonçalvez. São Paulo: Globo, 1990, p. 210, e Yvonne Deslandres, op. cit., p. 149.

17. José Carlos Durand, op. cit., p. 82.

18. É a crônica "Fernand Léger", publicada em 2 abr. 1936 no *Diário de S.Paulo*. Reproduzida em Tarsila do Amaral, *Crônicas e outros escritos de Tarsila do Amaral*, pp. 56-8.
19. Depoimento concedido ao MIS, 13 maio 1971.
20. O Fruit défendu foi um perfume criado por Paul Poiret em 1916.
21. Depoimento concedido ao MIS, 13 maio 1971.
22. No catálogo da exposição Les Années Folles, realizada com peças do acervo do museu Palais Galliera, em Paris, dos 103 modelos reproduzidos, apenas quatro têm a cor roxa. Entre os trajes roxos está o conjunto *Bengale*, criação de Paul Poiret, 1925. *Les Années Folles: 1919-1929*. Paris: Paris Musées, 2007. Catálogo da exposição realizada no Museu Galliera, de 20 out. 2007 a 29 fev. 2008.
23. O depoimento de Flávio de Carvalho sobre Tarsila está na matéria "Tarsila, a arte brasileira em linguagem universal". *Jornal do Brasil*, Rio de Janeiro, 20 abr. 1969.
24. Além de Aracy Amaral e José Carlos Durand, já mencionados, outros estudiosos do modernismo brasileiro — e da aparência de Tarsila do Amaral — são Lucia Teixeira, Nádia Battella Gotlib, Maria Alice Milliet e Maria Izabel Branco Ribeiro.

8. a bordo de um navio [pp. 133-53]

1. Depoimento inédito de Tarsila do Amaral publicado logo após o seu falecimento no jornal *O Estado de S. Paulo*, 1973. Recorte de jornal consultado no Arquivo IEB-USP, coleção Tarsila do Amaral, n. do item TA-P11-95.
2. *Caixa de papelão para chapéu*. 1 caixa, papelão, 22 cm (alt.) × 44,5 cm (diâm.). Coleção Tarsila do Amaral, Acervo Biblioteca Walter Wey/ Pinacoteca de São Paulo, n. do item DOC.00172.
3. Mário de Andrade e Manuel Bandeira, op. cit., p. 256.
4. Registrado nos *dépôts de modèles* em 9 ago. 1924.
5. Flora Süssekind, "O figurino e a forja". In: *Papéis colados*. Rio de Janeiro: Editora UFRJ, 1993, p. 208.
6. Depoimento concedido ao MIS, 13 maio 1971.
7. Registrado nos *dépôts de modèles* em 6 fev. 1924.
8. Diz o anúncio, publicado na edição de setembro de 1926 da *Vogue* francesa, no mesmo número em que saíra uma coluna sobre a exposição de Tarsila na Galeria Percier, em Paris: "*Ces voyages en Afrique du Nord organisés comme ils sont et pour lointains qu'ils paraissent, réalisent absolument cet idéal de repos dans le confort dont est friand notre monde civilisé*". Disponível em: <gallica.bnf. fr/ark:/12148/bpt6k65386973>.

9.   Registrado nos *dépôts de modèles* em 9 mar. 1926, assim como as roupas que têm os títulos *Lampion*, *Righi* e *Turquerie*.

10.   Registrado nos *dépôts de modèles* em 9 mar. 1926. Esse vestido consta no recibo de 20 abr. 1927.

11.   A Pinacoteca de São Paulo guarda um pente espanhol e uma mantilha negra que pertenceram a Tarsila do Amaral, provavelmente os mesmos com que a artista foi registrada nessa fotografia. *Peineta de tartaruga com mantilha de renda preta.* 1 peineta (30 cm × 18,4 cm); 1 mantilha (84 cm × 222 cm), Coleção Tarsila do Amaral, Acervo Biblioteca Walter Wey/ Pinacoteca de São Paulo, n. do item DOC.00170.

12.   Essa fotografia foi publicada no livro de Aracy Amaral, *Tarsila: sua obra e seu tempo*, com a legenda: "Oswald de Andrade, Tarsila e um grupo de passageiros a bordo do transatlântico 'Cap Polonio', na viagem de ida à Europa em dezembro de 1925". Como o vestido *Esméralda* que Tarsila do Amaral está usando foi registrado em março de 1926, essa foto não é de dezembro de 1925.

13.   Carlos Augusto Calil, "A mais linda paulista do mundo". São Paulo, *Revista da Biblioteca Mário de Andrade*, v. 64, out. 2008, p. 40.

14.   Farid Chenoune, op. cit., p. 111.

15.   Citado por Aracy Amaral em *Tarsila: sua obra e seu tempo*, p. 220.

16.   Registrado nos *dépôts de modèles* em 9 mar. 1926.

17.   Registrado nos *dépôts de modèles* em 4 nov. 1925.

9. "caipirinha vestida por poiret" [pp. 155-71]

1.   Tarsila do Amaral, "Carta de Tarsila do Amaral para seus pais", Paris, 19 mar. 1923, Arquivo IEB-USP, Fundo Aracy Abreu Amaral, n. do item AAA--TA-CT1-011.

2.   Tarsila do Amaral, "*Aos pais adorados*", Paris, abr. 1923, Arquivo IEB-USP, Fundo Aracy Abreu Amaral, n. do item AAA-TA-CT1-010.

3.   Tarsila do Amaral, "Aos pais adorados", Paris, 20 jun. 1923, Arquivo IEB--USP, Fundo Aracy Abreu Amaral, n. do item AAA-TA-CT1-013.

4.   Tarsila do Amaral, "Carta para a mãe", Paris, 31 out. 1923, Arquivo IEB--USP, Fundo Aracy Abreu Amaral, n. do item AAA-TA-CT1-003.

5.   Paulo Herkenhoff, "As duas e a única Tarsila", texto publicado no catálogo da exposição Tarsila Popular (São Paulo: Museu de Arte de São Paulo Assis Chateaubriand, 2019, pp. 102-3).

6.   Mário de Andrade e Tarsila do Amaral, op. cit., p. 79.

7.   "Tarsila do Amaral, a interessante artista brasileira, dá-nos as suas impressões". Entrevista ao *Correio da Manhã*, Rio de Janeiro, 25 dez. 1923. Reproduzida por Aracy Amaral em *Tarsila: sua obra e seu tempo*, pp. 417-9.

8. Paulo Venancio Filho, "A dificuldade de ser fantástico". *Imaginários Singulares*. São Paulo: Fundação Bienal de São Paulo, 1987. Catálogo da exposição realizada no Pavilhão da Bienal de São Paulo, Parque Ibirapuera, no período 2 out.-13 dez. 1987, p. 13.

9. Lydia Dias do Amaral, "Carta à neta Dulce", São Paulo, 26 mar. 1924. Arquivo IEB-USP, Coleção Tarsila do Amaral, n. do item TA-P04-13.

10. Betita é Albertina Guedes, irmã de Olivia Guedes Penteado. Carta citada por Aracy Amaral em *Tarsila: sua obra e seu tempo*, p. 185.

11. "*Prenez tout votre temps. Les belles choses se font lentement. Il vous faut une bonne douzaine de toiles, à partir du Morro da Favela, avant de songer à exposer.*" Tradução livre. Blaise Cendrars estava em Le Tremblay-sur--Mauldre. Suas cartas ao casal Tarsiwald estão reproduzidas, em francês, no livro de Aracy Amaral, *Tarsila: sua obra e seu tempo*, p. 185.

12. Oswald de Andrade, "Carta a Tarsila [do Amaral] incentivando seu trabalho e a montagem de uma exposição", Paris, 29 mar. 1925, CEDAE-Unicamp, Fundo Oswald de Andrade, n. do item BR UNICAMP IEL/CEDAE OA 02 1 00080.

13. De acordo com Jorge Schwartz, "Oswald deixou pouquíssimos manuscritos de sua poesia; excepcionalmente, há oito versões manuscritas do poema 'Atelier'". Jorge Schwartz, *Fervor das vanguardas: Arte e literatura na América Latina*. São Paulo: Companhia das Letras, 2013, p. 240.

14. Entre 18 de junho e 2 de julho de 1928, Tarsila do Amaral realizou ainda uma segunda exposição individual, também na Galeria Percier, mas desse vernissage não conheço registro fotográfico.

15. "*Je vous envoie ci-joint la liste des personnes que vous pouvez inviter personnellement de ma part. Et une liste des Journaux et des Revues qu'il ne faut pas oublier. […] Adressez-vous à Léger pour avoir la liste des critiques à inviter. Oswald, de son côté invitera les Cocteau, Rosenberg, etc. etc. que j'ai cru inutile de vous marquer.*" Tradução livre. As duas cartas de Blaise Cendrars enviadas em 1º abr. 1926, uma a Tarsila e a outra a Oswald, foram consultadas em Aracy Amaral, *Tarsila: sua obra e seu tempo*, pp. 408-9.

16. "*Je pense que tu vas t'occuper activement de l'exposition Tarsila et compléter mes listes. Faites une exposition Française, Parisienne et non pas une manifestation sud-américaine. Le danger pour vous c'est l'officialité. Dommage que je ne sois pas là. […] C'est une affaire de doigté. Use cette fois-ci de ton flaire d'Indiens et n'oublie pas tout ce que je t'ai déjà dit à ce sujet.*" Tradução livre.

17. Mário de Andrade e Tarsila do Amaral, op. cit., p. 95.

18. Carta reproduzida em Aracy Amaral, *Tarsila: sua obra e seu tempo*, p. 229.

19. Tarsila do Amaral fala de Pierre Legrain na crônica "Das margens do Nilo ao livro moderno", publicada no *Diário de S.Paulo* em 8 set. 1936. A artista

se refere à repercussão das molduras que Legrain criara para as telas expostas na Galeria Percier em 1926: "Legrain tornou-se um colaborador do pintor, e isso deu margem a muita discussão. Tive a prova nas críticas da exposição de pintura que fiz, em Paris, em 1926, onde, pela primeira vez, as molduras de Legrain foram vistas em conjunto publicamente". Reproduzida em Tarsila do Amaral, *Crônicas e outros escritos de Tarsila do Amaral*, pp. 135-7. Em *Tarsila: sua obra e seu tempo*, Aracy Amaral cita inúmeros trechos da repercussão na imprensa francesa da exposição de 1926 (Aracy Amaral, *Tarsila: sua obra e seu tempo*, pp. 237-50). De acordo com Aracy Amaral, "Tarsila pagou mais a Pierre Legrain pelas molduras de sua exposição em 1928, 6 mil francos, que o valor, segundo depoimento da própria artista, que ela teria pago pela célebre tela de Robert Delaunay, a Tour Eiffel" (p. 11). Na Biblioteca Kandinsky do Centro Georges Pompidou de Paris é possível consultar recortes sobre as exposições de Tarsila do Amaral na Galeria Percier em 1926 e 1928.

20. Carlos Augusto Calil, "A mais linda paulista do mundo", p. 43.

21. Registrado nos *dépôts de modèles* em 2 mar. 1926.

22. Gonzalo Aguilar e Mario Cámara, op. cit., p. 11.

23. Citado por Aracy Amaral, *Tarsila: sua obra e seu tempo*, p. 418.

24. Paul Poiret, *En Habillant l'époque*. Paris: Bernard Grasset, 1930, p. 108.

25. Tarsila do Amaral, "O que seria aquela coisa?". Entrevista por Leo Gilson Ribeiro. *Veja*, 23 fev. 1972.

26. "*Nous consacrons toute une colonne de* 'turn' *pour reproduire les oeuvres de votre amie Madame Tarsila*." Tradução livre. Esse documento foi reproduzido no livro *Tarsila por Tarsila* (São Paulo: Celebris, 2004, p. 115), escrito pela sobrinha da artista, Tarsilinha do Amaral.

27. "*Du bleu de ciel, du vert cru, une touche de rouge çà et là pour le toit d'une maison ou un signal de passage à niveau*." Tradução livre. *Vogue*, Paris: Les Éditions Condé Nast, v. 7, n. 9, 1 set. 1926. Disponível em: <gallica.bnf.fr/ark:/12148/bpt6k65386973.item>.

28. Além da fotografia de Tarsila do Amaral, analisei outros cinco registros: a artista Madeleine Soria fotografada ao lado de uma de suas pinturas expostas no 3º Salão de Teatro em Paris; Lucien Muratore fotografado com um de seus quadros expostos no 3º Salão de Teatro em Paris; Jan Martel fotografado em seu ateliê ao lado de um busto da filha do engenheiro B. Watkins, *Miss Watkins*; Erté fotografado em seu ateliê; Marie Cuttoli fotografada em sua galeria — Maison de Costura Myrbor — e, atrás dela, uma tapeçaria de Fernand Léger.

29. Tarsila do Amaral, "Recordações de Paris". Reproduzida em Tarsila do Amaral, *Crônicas e outros escritos de Tarsila do Amaral*, pp. 731-6.

30. Sergio Miceli, op. cit., p. 135.

31. Tecido de origem escocesa no qual diferentes padrões são usados para identificar os clãs. Conforme a *Enciclopédia da moda*, de Georgina O'Hara Callan, "o tecido possui listras coloridas que se cruzam, criando desenhos em xadrez de várias larguras". *Enciclopédia da moda: De 1840 à década de 90*. São Paulo: Companhia das Letras, 2007.

32. Entrevista a *O Jornal*, do Rio de Janeiro, em 9 dez. 1928. Reproduzida em Aracy Amaral, *Tarsila: sua obra e seu tempo*, p. 297.

33. Sergio Miceli, op. cit., p. 125.

34. Esse manuscrito está entre os papéis de Mário de Andrade guardados no Arquivo do IEB. Foi reproduzido no artigo "Centenário de nascimento de Tarsila do Amaral (1886-1973)", assinado por Marta Rossetti Batista, junto com outros documentos que pertenceram à artista e que fazem parte das coleções de Mário no IEB. Entre eles, a fotografia de Tarsila na Galeria Percier, na abertura da sua primeira exposição individual. Marta Rossetti Batista, "Centenário de nascimento de Tarsila do Amaral (1886-1973)". *Revista do IEB*, São Paulo, n. 26, 1986, pp. 115-29.

10. o vestido de casamento [pp. 173-85]

1. Oswald de Andrade, "Carta a Tarsila [do Amaral], pedindo-a em casamento", Le Trembley, 14 dez. 1924, CEDAE-Unicamp, Fundo Oswald de Andrade, n. do item BR UNICAMP IEL/CEDAE OA 02 1 00078. Ao final, depois da assinatura de Oswald de Andrade, segue a observação: "Pode fazer o uso que quiser desta carta".

2. Notícia reproduzida em Aracy Amaral, *Tarsila: sua obra e seu tempo*, p. 252.

3. Mário de Andrade, *Cartas a Anita Malfatti*. Org. de Marta Rossetti Batista. Rio de Janeiro: Forense Universitária, 1989, p. 107.

4. Esta carta de Tarsila foi reproduzida em Aracy Amaral, *Tarsila: sua obra e seu tempo*, p. 228.

5. Conforme depoimento de Tarsila do Amaral recolhido por Ana Márcia Lagoa em fevereiro de 1972 e publicado no jornal *O Estado de S. Paulo* em janeiro de 1973, por ocasião do falecimento da artista. Recorte de jornal consultado no Arquivo IEB-USP, coleção Tarsila do Amaral, n. do item TA-P11-95.

6. Aracy Amaral, *Tarsila: sua obra e seu tempo*, p. 227.

7. Oswald de Andrade, *Estética e política*. Pesq., org., intr., notas e estabelecimento de texto de Maria Eugenia Boaventura. São Paulo: Globo, 1992, p. 135.

8. Carta reproduzida por Aracy Amaral em *Tarsila: sua obra e seu tempo*, p. 225.

9. Na esteira do pensamento de Pierre Bourdieu, op. cit., p. 172.

10. Na base de dados on-line da Pinacoteca do Estado de São Paulo, os cinco pedaços do vestido de casamento, doados à instituição em 1973, ano da mor-

te de Tarsila, estão assim descritos: corpete do vestido de noiva, tafetá chamalote, 41 cm × 78,3 cm, DOC. 00169, com etiqueta de tecido no forro "Paul Poiret a Paris"; pedaço de tecido do vestido de noiva, tafetá chamalote, 101 cm × 30 cm, DOC. 00168; manga do vestido de noiva, tafetá chamalote, 38,7 cm × 22,5 cm, DOC. 00167; manga do vestido de noiva, tafetá chamalote, 39,4 cm × 21,5 cm, DOC. 00166; capa do vestido de noiva, veludo, tafetá chamalote, 135 cm × 172 cm, DOC. 00165.

11. Pertencente ao acervo do museu Palais Galliera, o vestido *Sérail* pode ser consultado no seguinte endereço: <parismuseescollections.paris.fr/en/node/ 194945#infos-principales>.

12. Sergio Miceli, op. cit., p. 15.

13. "Brancusi", texto de Tarsila publicado no *Diário de S.Paulo* em 6 maio 1936. Reproduzido em Tarsila do Amaral, *Crônicas e outros escritos de Tarsila do Amaral*, pp. 72-4.

14. Benedito Nunes, *Oswald canibal*. São Paulo: Perspectiva, 1979, p. 28.

11. os lazeres na fazenda [pp. 187-209]

1. Carlos Zilio, *A querela do Brasil: A questão da identidade da arte brasileira — a obra de Tarsila, Di Cavalcanti e Portinari, 1922-1945*. 2. ed. Rio de Janeiro: Relume-Dumará, 1997, p. 55.

2. Maria Augusta Fonseca, op. cit., p. 197.

3. Carlos Zilio, op. cit., p. 55.

4. Raul Bopp, *Movimentos modernistas no Brasil, 1922-1928*. Apresentação de Gilberto Mendonça Telles. Rio de Janeiro: José Olympio, 2012.

5. Tarsila do Amaral, "Aos pais adorados", Paris, 20 jun. 1923, Arquivo IEB--USP, Fundo Aracy Abreu Amaral, n. do item AAA-TA-CT1-013.

6. Recorte consultado no *clipping* do costureiro Paul Poiret, que está no Centro de Documentação do Museu de Artes Decorativas de Paris, *Album*, n. 6, n. do inventário 2005.37.6.6.

7. Sergio Miceli, op. cit., p. 139.

8. Registrado nos *dépôts de modèles* em 9 mar. 1926.

9. Telê Porto Ancona Lopez, "Os modernistas de São Paulo e o circo". *O Estado de S. Paulo*, 26 abr. 1969. Suplemento Literário.

10. Esse texto de Mário de Andrade foi reproduzido no catálogo da exposição Tarsila, de 1929, realizada no Rio de Janeiro e depois em São Paulo, a primeira mostra da artista no Brasil. O texto foi publicado na *Correspondência Mário de Andrade & Tarsila do Amaral*, pp. 131-2, e também no catálogo da exposição *Brasil: 1º tempo modernista — 1917/29*. Documentação, Marta Rossetti Batista; Telê Porto Ancona Lopez; Yone Soares de Lima. São Paulo: IEB, 1972, pp. 124-6.

11. Mário de Andrade e Tarsila do Amaral, op. cit., pp. 131-2.
12. Sergio Miceli, op. cit., p. 141.
13. Gonzalo Aguilar e Mario Cámara, op. cit., p. 141.
14. Registrado nos *dépôts de modèles* em 14 fev. 1925.
15. *Les Arts décoratifs modernes*, Paris, n. especial de Vient de Paraître, pp. 61-6, 1925.
16. *Femina*, Paris, p. 11, mar. 1925.
17. Registrado nos *dépôts de modèles* em 25 fev. 1928.
18. Fotografia publicada com texto de João Ribeiro sobre Tarsila na revista *Para Todos...*, n. 558, de 24 ago. 1929. A artista está acompanhada de Álvaro Moreyra, Augusto Frederico Schmidt, Oswald, Osvaldo Goeldi, João Ribeiro, Pettoruti, Eugenia Moreyra e Angelina Agostini.
19. Sônia Salzstein, op. cit., p. 10.
20. Publicado no número 1 da *Revista Anual do Salão de Maio* (*RASM*). É importante dizer que a *RASM*, de 1939, ficou anos "virtualmente esquecida", conforme indica texto de apresentação da edição fac-símile de 1984. José Mindlin (Org.), *RASM*. São Paulo: Metal Leve, 1984.
21. Carlos Zilio, op. cit., p. 49.
22. Paulo Herkenhoff, op. cit., p. 113. Grifos do autor.
23. Ibid., p. 113.
24. Silviano Santiago, "Permanência do discurso da tradição no modernismo". In: Gerd Bornheim et al., *Cultura brasileira: Tradição/contradição*. Rio de Janeiro: Jorge Zahar, 1987, pp. 126-7.
25. Oswald de Andrade, *Um homem sem profissão*, p. 21.
26. Vera M. Chalmers, "Passagem do inferno". *Remate de Males*: IEL-Unicamp, v. 6, 1986, p. 56.
27. Ibid., p. 58.
28. Antonio Candido, *Recortes*, p. 35.
29. Raul Bopp, op. cit.
30. Babucha, palavra feminina, foi incorporada à nossa língua no início do século XIX. Do francês *babouche*, pelo árabe *babush*, do persa *papush*.
31. Raul Bopp, op. cit.

12. o entourage se desfaz [pp. 211-31]

1. Tarsila do Amaral, "À filha Dulce", São Paulo, 10 dez. 1928, Acervo Cedoc da Pinacoteca do Estado de São Paulo, n. do item AA 12075.
2. Depoimento reproduzido no livro de Aracy Amaral, *Tarsila: sua obra e seu tempo*, p. 298.
3. Raul Bopp, op. cit.

4. Ibid.

5. Tarsila do Amaral, "Ainda a 'Semana'", texto publicado no *Diário de S.Paulo* em 28 jul. 1943. Reproduzido em Tarsila do Amaral, *Crônicas e outros escritos de Tarsila do Amaral*, pp. 538-40.

6. Raul Bopp, op. cit.

7. Sergio Miceli, op. cit., p. 148.

8. Mário da Silva Brito, *Ângulo e horizonte*, op. cit., p. 25.

9. *Revista de Antropofagia*. Ed. fac-similar. Org. de Pedro Puntoni e Samuel Titan Jr. Ensaio de Eucanaã Ferraz. São Paulo: Imprensa Oficial do Estado de São Paulo; Biblioteca Brasiliana Guita e José Mindlin, 2014. (Coleção Revistas do Modernismo 1922-1929).

10. Raul Bopp, op. cit.

11. Homenagem a Piolim. *Correio Paulistano*, São Paulo, p. 2, 27 mar. 1929. Disponível em: <memoria.bn.br/DocReader/090972_07/34876>.

12. Comprado no dia 23 de junho, o vestido *Dieppe* consta no recibo em nome de Madame Tarsila de Andrade de 17 jul. 1928. Foi registrado nos *dépôts de modèles* em 25 fev. 1928. Os vestidos *Dieppe, Printaniere, Coquille, Flûte*, além da jaqueta *Flûte*, custaram, juntos, 15 mil francos.

13. Maria Augusta Fonseca, op. cit., p. 198.

14. Telê Porto Ancona Lopez, op. cit.

15. *Para Todos...*, Rio de Janeiro, ano 11, n. 539, 13 abr. 1929.

16. *Lista de contribuição para almoço a ser realizado no Mappin Stores, em homenagem ao palhaço Piolim*, São Paulo, 1929. CEDAE-Unicamp, Fundo Oswald de Andrade, n. do item BR UNICAMP IEL/CEDAE OA 6 01335.

17. Mário de Andrade, "Circo de cavalinhos". In: *Táxi e crônicas no Diário Nacional*. Estabelec. de texto, intr. e notas de Telê Porto Ancona Lopez. São Paulo: Duas Cidades; Secretaria da Cultura, Ciência e Tecnologia, 1976, pp. 403-5.

18. Raul Bopp, op. cit.

19. Mário de Andrade e Tarsila do Amaral, op. cit., pp. 105-8.

20. Flexa Ribeiro, "Tarsila retardatária". *O Paiz*, Rio de Janeiro, edição 16350, p. 3, 26 jul. 1929. Disponível em: <memoria.bn.br/DocReader/178691_05/39035>.

21. Tarsila do Amaral, "Uma entrevista em torno de três perguntas: O momento da arte brasileira e a atitude de Tarsila do Amaral". *Crítica*, Rio de Janeiro, edição 217, p. 2, 27 jul. 1929. Disponível em: <memoria.bn.br/DocReader/372382/1603>.

22. "Notas de Arte", *Jornal do Commercio*, Rio de Janeiro, p. 14, 28 jul. 1929. Edição 179. Disponível em: <memoria.bn.br/DocReader/364568_11/36447>.

23. Tarsila do Amaral, "Uma entrevista em torno de três perguntas".

24. *Para Todos...*, Rio de Janeiro, ano 11, n. 554, 27 jul. 1929.
25. Citado por Nádia Battella Gotlib, op. cit., p. 157.
26. Disponível em: <collections.vam.ac.uk/item/O110447/la-flute-dress-
    -paul-poiret/>.
27. *Para Todos...*, Rio de Janeiro, ano 11, n. 556, 10 ago. 1929.
28. Citado por Lúcia Maria Teixeira Furlani; Geraldo Galvão Ferraz. *Viva
    Pagu: Fotobiografia de Patrícia Galvão*. Santos: Unisanta; São Paulo: Im-
    prensa Oficial do Estado de São Paulo, 2010, p. 53.
29. Ibid., p. 48.
30. Depoimento reproduzido no livro de Nádia Battella Gotlib, op. cit., p. 158.
31. Raul Bopp, op. cit.
32. Ibid.
33. Segundo Boris Fausto, "até 1930 pelo menos, os quadros dirigentes do
    PD, em sua maioria, constituíam-se de profissionais liberais de prestígio
    e jovens filhos de fazendeiros de café. [...] Para presidir o partido foi es-
    colhido o respeitado conselheiro Antônio Prado, representante da grande
    burguesia paulista e velho adversário do 'perrepismo'. O PD atraiu alguns
    imigrantes, mas a linha de seu jornal — o *Diário Nacional* — indica que
    suas bases estavam na classe média dos 'quatrocentões'". Boris Fausto, *His-
    tória do Brasil*. 14. ed. São Paulo: Edusp, 2012, p. 272.
34. De acordo com Aracy Amaral, que reproduz o papel timbrado da fazenda,
    que estampa o nome do dr. Oswald de Andrade, com o "registro do repente
    em homenagem a Júlio Prestes realizado por um violeiro na Fazenda Santa
    Teresa do Alto, em 1929". *Tarsila: sua obra e seu tempo*, pp. 327-8.
35. Ibid., p. 335.
36. Lívio Xavier, "Quarenta anos de Antropofagia", Suplemento Literário do
    Minas Gerais, Belo Horizonte, e Suplemento Literário de *O Estado de S.
    Paulo*, São Paulo, 28 abr. 1968. Reproduzido em Aracy Amaral, *Tarsila: sua
    obra e seu tempo*, p. 300.

arremate [pp. 233-4]

1. Carlos Drummond de Andrade, *A rosa do povo*. São Paulo: Companhia
   das Letras, 2012, p. 72.

créditos das imagens

Todos os esforços foram feitos para determinar a origem das imagens deste livro. Nem sempre isso foi possível. Teremos prazer em creditar as fontes, caso se manifestem.

miolo

pp. 29, 38, 77, 87, 90, 135, 140, 141, 190, 191 (*dir.*), 193, 209, 218: Museu da Imagem e do Som de São Paulo

pp. 53, 149, 189: Fundo Aracy Abreu Amaral, IEB-USP

pp. 72, 161, 195, 198, 202-3: Fundo Mário de Andrade, IEB-USP

p. 74: Fundo Monteiro Lobato, Centro de Documentação Cultural Alexandre Eulalio

pp. 88, 138-9, 144, 150: Fundo Oswald de Andrade, Centro de Documentação Cultural Alexandre Eulalio

p. 117: Aracy Amaral, *Tarsila: sua obra e seu tempo* (São Paulo: Ed. 34, 2010, p. 226)

pp. 128, 142, 145, 164, 181, 192, 200, 217: Archives de Paris

p. 147: Aracy Amaral, *Tarsila: sua obra e seu tempo* (São Paulo: Ed. 34, 2010, p. 216)

p. 166: revista *Vogue* (Paris: Les Éditions Condé Nast, v. 7, n. 9, p. 60. 1 set. 1926)

p. 184: Palais Galliera, Musée de la Mode de la Ville (Paris)

p. 185: Kunstbibliothek der Staatlichen Museen zu Berlin — Preußischer Kulturbesitz

p. 191 (*esq.*): Musée des Arts Décoratifs (Paris)

pp. 224-5: revista *Para Todos...* (Rio de Janeiro, ano 11, n. 554, p. 14, 27 jul. 1929)/ Biblioteca Mário de Andrade

p. 228: Revista *Para Todos...* (Rio de Janeiro, ano 11, n. 556, p. 29, 10 ago. 1929)/ Biblioteca Mário de Andrade

caderno de fotos

1: Coleção de Artes Visuais do IEB-USP. Reprodução de Romulo Fialdini/ Tempo Composto

2: Coleção Museu Nacional de Belas Artes. Reprodução de Jaime Acioli

3, 4: Acervo Artístico-Cultural dos Palácios do Governo do Estado de São Paulo. Reprodução de Romulo Fialdini/ Tempo Composto

5: Coleção particular. Reprodução de Romulo Fialdini/ Tempo Composto
6: Coleção de Artes Visuais do IEB-USP. Reprodução de Romulo Fialdini/
    Tempo Composto
7: Revista *Monsieur* (Paris, abr. 1922)
9: Coleção particular. Reprodução de Romulo Fialdini/ Tempo Composto
10: Casa Mayença (São Paulo, 1922)
11: Pinacoteca do Estado de São Paulo. Reprodução de Romulo Fialdini/
    Tempo Composto
12: Coleção particular. Reprodução de Romulo Fialdini/ Tempo Composto
13 (*dir.*): Musée des Arts Décoratifs (Paris)
13 (*esq.*): Fundo Aracy Abreu Amaral, IEB-USP
14 a 16: Acervo Biblioteca Walter Wey/ Pinacoteca de São Paulo
17: Victoria & Albert Museum

índice remissivo

Os números em *itálico* indicam imagens

ESTA OBRA FOI COMPOSTA EM MINION PELO ESTÚDIO
O.L.M. / FLAVIO PERALTA E RAUL LOUREIRO, E IMPRESSA EM OFSETE
PELA LIS GRÁFICA SOBRE PAPEL PÓLEN SOFT DA SUZANO S.A.
PARA A EDITORA SCHWARCZ EM JANEIRO DE 2022